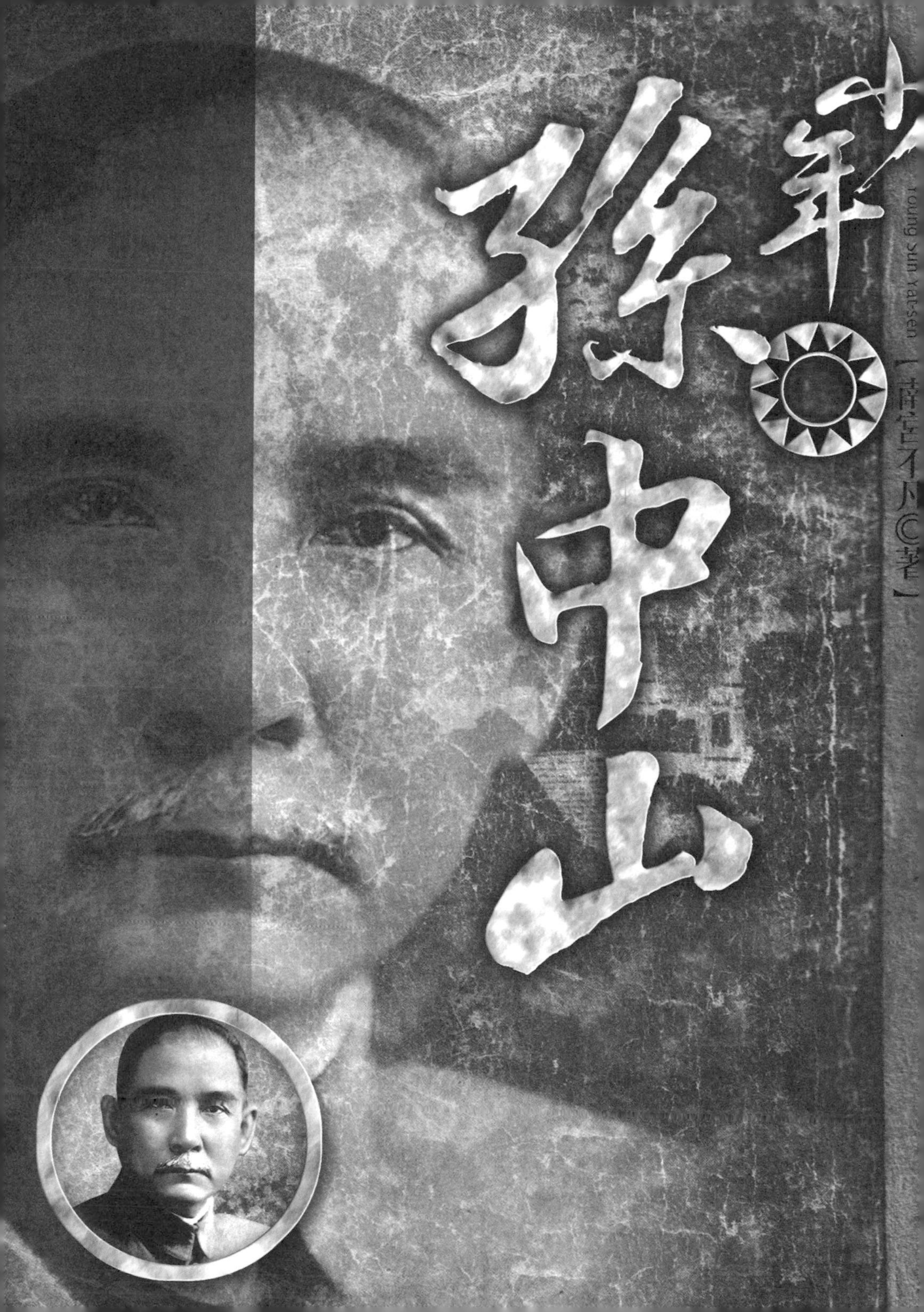
少年孫中山
Young Sun Yat-sen
【高宣不凡©著】

關於作者

南宮不凡

自小學五年級暑假無意中看到《三國志》，開始對歷史產生莫名狂熱，國一時已經讀完柏楊版《白話題治通鑑》與《二十四史》。

白天是認真負責的科技公司小主管，晚上化身成為歷史名人研究專家，對於古今中外的名人有相當專精而獨到的看法。

對於中國帝王學尤其偏愛，耗時近十年，在繁浩的歷史典籍史料、民間流傳軼事中去蕪存菁，經過反覆的消化、整編，運用古典小說形式，完成秦始皇、漢文帝、漢武帝、唐太宗、宋太祖、成吉思汗、明太祖、康熙、雍正、乾隆、孫中山、毛澤東等十二位深具特色的領袖人物少年時代的風雲變幻。

書中每一位主宰歷史的偉大人物，都蘊藏著一部感人至深的故事。書中將這些領袖人物的親情、友情、愛情，以及自身對命運的努力和追求都融入到了扣人心弦的故事情節當中。

作者的生花妙筆讓書中主角仿如活生生的重現眼前，讓讀者深切感受他們的理想、信唸、胸懷、情操，對我們學習如何做人、做學問、做事業都有很大的益處。尤其對於青少年朋友來說，這些故事除了好看之外，更是瞭解歷史、啟迪人生的最佳朋友。

總序

「江山如此多嬌，引無數英雄競折腰。」五千年的歷史風煙，數百計的王朝興替，太多的帝王傳奇，讀來無不令人盪氣迴腸、掩卷低吟。中華帝王自秦統一六國起，秦皇漢武、唐宗宋祖、一代天驕成吉思汗……或以蓋世雄才稱霸天下、或以雄韜偉略彪炳史冊、或以勤政愛民流芳千古、或以絕妙文采震古鑠今，譜寫了一曲曲世世代代傳唱不衰的浩氣長歌。

當我們追溯這些歷史巨人的足跡，不難發現他們建立豐功偉業時大多數始於風華正茂、才思敏捷的青少年時期：秦始皇十三時歲即位，二十一歲時正式「親理朝政」，三十九歲終於完成了統一中國的歷史大業；唐太宗十六歲應募勤王，嶄露頭角，十八歲晉陽起兵反隋，並成為獨當一面的大將軍；康熙皇帝十四歲親政，十六歲智擒權臣鰲拜，二十歲剷撤三藩，三十歲南收台灣，三十二歲北拒沙俄；國父孫中山十三歲便遠離家鄉，由香港乘船赴夏威夷，去實現「有慕西學之心，窮天地之想」的志向……他們追求卓越的精神和把握機遇的能力，以及在一連串關乎國家前途命運的抉擇中所表現出來的少年睿智、堅毅果敢、沉著隱忍、顧全大局、百折不撓的性格特質，無不令人肅然起敬。這一切對今天的青少年朋友都具有極大的啟迪、教育和滲透力。正是基於這一點，我們編撰了《少年帝王》這套系列書籍。

本系列書籍選取了中國歷史上的十大著名帝王和近代孫中山、毛澤東兩位來做為陳述的主體，在史料記載和民間傳說的基礎上，運用中國古典小說形式，向讀者展示秦始皇、漢文帝、漢武帝、唐太宗、宋太祖、成吉思汗、明太祖、康熙、雍正、乾隆、孫中山、毛澤東這些九五之尊和開國領袖少年時代的風雲變幻和個人奮鬥歷程。

正所謂高山仰止，以上這些主角有的脫穎於帝王之家，有的揚名於行伍之中爍古有的雄起於部落之上、有的崛起於市井之鄉；或雄才、或豪邁、或隱忍、或倔強，文治武功各有偏長，運籌帷幄隨才器使。但無一例外的是，他們都憑藉著自身的努力，在風雲際會中抓住了歷史的機遇，走上了成功的頂峰。

這些主宰歷史的偉大人物，都蘊藏著一部感人至深的故事。作者將這些領袖人物的親情、友情、愛情，以及自身對命運的努力和拼勁都融入到了扣人心弦的故事情節當中，同時也彰顯了人性與慾望的較量，情感與倫理的衝突，智慧時時閃耀在字裡行間。

作者在尊重歷史的基礎上又不拘泥於歷史，用一種演義的手法，展示古今帝王領袖精彩的少年生涯，為我們深入人物的內心世界，拓展開一個嶄新的視角，提供一個詮釋人物命運的獨特方式。仔細閱讀這些書，猶如看到主角的少年生活在面前完整呈現，讓我們感受到他們的理想、信唸、胸懷、情操，對我們學習如何做人、做學問、做事業都有很大的益處。

尤其對於準備高飛人生的青少年朋友來說，這些故事除了好看之外，更是青少年擴大胸懷、啟迪人生的最佳朋友。

序文

孫中山是偉大的革命先行者，是領導人民推翻帝制的鬥士，他以鮮明的革命民主派立場，和中國封建社會最後一個王朝——滿清政府進行了堅忍不拔的對抗，經過數次艱苦的武裝起義，最終推翻帝制，結束了中國長達二千多年的封建制度，在東方古國創建了第一個民主共和國家——中華民國。在進行革命鬥爭和創建民國的過程中，孫中山提出了三民主義，指導革命事業，推動國家和社會進步，其思想在近代中國革命史上起了巨大的積極作用，也影響了亞洲殖民地、半殖民地國家進行反帝反封建的民族革命。

孫中山出生在廣東香山縣翠亨村一個普通的農民家庭。面對艱苦的生活，幼小的孫中山表現出勤勞勇敢的本性，勇於追問世間不平；他聰穎好學，性格堅強，多次與仗勢欺人的惡勢力對抗，產生了推翻滿清的蒙昧膚淺想法；當他遠渡重洋，見到了先進的科技文明，以及良好的社會秩序時，思想上受到巨大衝擊，他開始逐漸反思中西方差異，試圖尋找改造中國的方法。

深受西學影響的孫中山加入基督教，撕毀神像，呼籲華人破除迷信，接受先進的科技文明，儘管遭到家人和村人驅逐，亦不改志向。在香港碼頭，孫中山眼見工人們拒為法國戰艦運送煤炭的義舉，「始決傾覆清廷、創建民國之志」。其後，他「以學堂為鼓吹之地，藉醫術為入世之媒」，開始了學醫救國之路。然而殘酷的社會現實告訴他，救國必須革命！於是，他創建興中會，提出「驅除韃虜，恢復中華」的政治綱領，帶領革命同伴開始了顛覆滿清，取消帝制，創建民國的艱難道路，並於1911年建立中華民國。

在本書中，我們將透過有趣動聽的故事為您描述孫中山少年時期點點滴滴的生活情況，以豐富詳實的資料為您展示孫中山成長的歷程，呈現一位不屈不撓，勤奮好學，勇於反抗，無私無畏的少年形象。做為後人，在追思一代偉人的光輝成就之時，我們也應該向他學習，學習他一旦確定了目標就堅持自己的理念，努力奮鬥，永不言棄的精神。

目錄

導讀

西元1866年11月12日，國父孫中山誕生在廣東省香山縣翠亨村一個普通的農民之家。

當時，深受滿清政府和列強雙重欺壓的中國人生活在水深火熱之中，他們辛苦種地卻吃不飽飯，慘遭海盜洗劫卻無處告狀，連鞋匠的兒子都還光著腳丫。男孩子讀八股，女孩子纏足，走著封建老路。幼小的孫中山看到這些不平事，發出了強烈的追問。

小小少年，因洪秀全的故事而興天下之志，他人小膽大，為了勸阻賭錢的楊帝祝，差點賠上性命；為了懲罰仗勢欺人的方大頭，被打得昏迷不醒。

12歲時，他踏上遠赴檀香山的巨輪，見識了新天地，「自是有慕西學之心，窮天地之想」。意奧蘭尼學校裡的深造，以博學多才被同學們冠以「通天曉」的綽號，改良中國之夢由此而生……

他一生經歷了無數次失敗，卻在失敗中取得了最大的成功。「和平、奮鬥、救中國」鑄就了自己不朽的人格。

孫中山先生是偉大的，也是平凡的。他生為平民，死為平民，在平凡之中彰顯了偉大。

讓我們一起走進這部書，瞭解他，學習他，永遠紀念他。

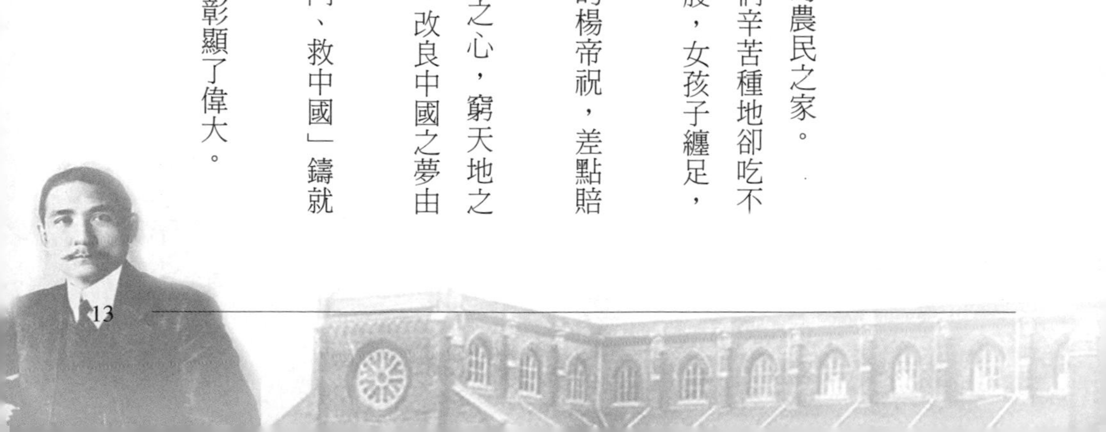

第一章

帝制餘暉　誕生滿清掘墓人

第一節

皇權末世

天下大勢

天地滄桑，日月不息，時間像架永不疲憊的馬車，轟轟烈烈地駛進了偉大的19世紀。這是一個迅速發展的、充滿神奇的嶄新世紀，工業革命風起雲湧，使世界在轉瞬間發生了翻天覆地的變化和進步。從18世紀60年代起，以珍妮紡紗機的發明為開端，英國開始了第一次工業革命，隨後，歐美主要國家美國、法國、德國也開始了工業革命。到19世紀中期，第一次工業革命大致完成。工業革命極大地促進了社會生產力的發展，鞏固和發展了資本主義制度，推動了世界

歷史的發展進程。

在這個歷史階段中，工業資產階級經過不懈努力和鬥爭，逐步確立了在各國的統治地位。19世紀20～30年代，從英國到希臘，從西班牙到俄羅斯，發生了一系列革命，進行改革或獨立運動。諸如西班牙、希臘、俄國、法國、義大利相繼進行武裝鬥爭，反對封建專制或要求民主解放，在這些國家，資產階級取得越來越多的政治權力。

受到西方資產階級運動影響，亞洲的日本也追隨歐美開始發展資本主義。當時，在積極要求變革進步的許多國家裡，存在著阻礙資本主義發展的各種不同障礙，比如美國是奴隸制、俄國是農奴制、日本是封建幕府制度等。但是，各國人民為了追求進步和民主，展開不屈不撓的革命鬥爭。19世紀60～70年代，美國發生南北戰爭，在林肯總統的領導下廢除了奴隸制，南北統一；俄國在1861年進行改革，廢除農奴制；日本不甘落後，它經過倒幕運動和明治維新，走上了資本主義道路。資產階級在發展和鬥爭中，鞏固了自身的統治，使資本主義擴展到全世界之範圍。可以說19世紀中期成為資本主義發展史上的又一高潮階段。

資本主義迅速擴張發展，推動了世界的進步和社會的發展，同時也加強了世界各地區間的聯繫。英國的工業革命使它成為「世界工廠」，由此得以利用所產工業品先後滲透、控制和征服世界許多地區和國家，建立殖民地制度。已經建立資本主義制度的其他國家，也加快了殖民步伐，先後在世界各地的落後國家佔領土地、進行貿易。1850～1870年間，以英國為中心形

成了世界市場，這意味著世界各地區之間的聯繫進一步加強。

伴隨著世界日新月異的變化大勢，伴隨著此起彼伏的資產階級革命，伴隨著資本主義逐漸深入國內，已有著二千年封建專制制度的古老中國，在19世紀又是什麼局勢呢？

貧窮落後的中國

中國封建社會從秦、漢起，歷經二千多年的時間，形成牢固的社會模式，在歷代帝王和人民的努力下，曾經創造了無數輝煌，使中國成為世界上最偉大的國家之一。但是，任何事物的發展規律都是由盛而衰，由強而弱，中國的封建社會制度也擺脫不了這個規律。隨著西方資產階級革命的興起，古老的中國也出現資本主義的萌芽。19世紀，走過兩百年歲月的滿清王朝已經由輝煌、榮耀的時代，正一步步走向衰亡，蹣跚著走進它的遲暮之年。

對於中國來說，19世紀是個多災多難的世紀，它對中國產生了持續久遠的影響。滿清政府建國以後，採取閉關守國的政策，限制與西方貿易。隨著資產階級迅速崛起，資本主義成為世界新趨勢，革新成為每個國家面臨的首要任務。但是滿清政府依然固守己見，試圖要維持歷代王朝在東方世界曾有過的光榮地位，從心理和行動上否認已經日益強盛起來的西方世界，不肯與資產階級國家交往貿易。

在保守思想影響下，滿清政府與先進文明的資本主義制度產生巨大衝突，最終，資產階級各國為了掠奪在中國的利益，開始了一輪又一輪的侵略戰爭。1816年，英國東印度公司決定向中國輸出鴉片，以補償英國對華貿易逆差。從此，中西由貿易衝突發展到軍事政治衝突。1840年，清廷派林則徐在虎門銷菸，觸怒英國人，爆發了第一次鴉片戰爭。

當時，滿清政府政治極端腐敗，官僚之風盛行，軍隊朽落，弊端叢生，社會狀況十分黑暗，實已不堪一擊。加上英國科技先進，武器裝備精良，所以清軍一敗再敗，最後英軍攻至南京，雙方簽訂了《中英南京條約》。條約規定清政府賠償2,100萬兩；割讓香港；開放廣州、廈門、福州、寧波、上海為通商口岸；海關稅則詳細載明於條約，非經商國同意不能修改，即所謂協定關稅；英國人在中國只受英國法律和英國法庭的約束，即所謂治外法權；中、英官吏平等往來。此後，西方各國加緊對中國的瓜分和掠奪，1856年，英法聯合發動第二次鴉片戰爭，中國逐步淪

落為半封建半殖民地國家。

鴉片戰爭加重了中國所受的壓迫和剝削，激化了人民的反抗意志。1850年，洪秀全領導的太平天國運動爆發。他以拜「上帝會」的形式招攬會徒，提出推翻滿清和平均地權的口號，得到國人積極回應，發展迅速。太平軍勇敢地與清軍作戰，攻城掠地，佔領南京，改名天京，做為天國的都城，很快攻佔了滿清大半江山。

清政府調兵遣將鎮壓太平軍，無奈主力軍隊——綠營軍的腐化程度與一般政界相等。士兵的餉額極低，又被官長剝削欺壓，所以只好自謀生計，大多數人把當兵做為一種副業。軍隊紀律鬆散，操練不勤，根本抵抗不了勢頭強猛的太平軍。最後，清政府啟用了曾國藩。曾國藩帶領地方團練的湘軍打敗了太平軍。太平軍活動了十餘年，雖然失敗了，卻沉重地打擊了滿清政府。尤其是它提出的推翻滿清的口號，極大地鼓舞了漢人反滿情緒。這也是後來孫中山領導革命提出的口號之一。

原來，清政府統治期間，為了強化滿清貴族利益，鞏固滿清貴族的地位，重用滿清官僚，不遺餘力地排斥和打擊漢人，加劇了民族矛盾。到了19世紀，滿清政府不但沒有放鬆民族壓迫，反而更加欺壓和剝削。這樣一來，廣大的漢族人民處在西方資產階級國家和滿清貴族的雙重欺壓之下，陷入水深火熱之中。在這兩種勢力壓迫下，必然產生與封建勢力、和列強勢力鬥爭的革命力量。

太平軍就是一支革命軍，但是，這個中國舊式的民間運動最終還是失敗了，一方面證明它不具有推翻滿清的能力，也同時說明這種運動形式已經不適合當時的革命需要。那麼，中國需要什麼樣的力量來改變當下貧窮落後的面貌，走上自治富強之路呢？

19世紀民族資產階級的覺醒，為中國未來的出路燃起了新的希望。1866年，舊中國誕生了一位偉大的人物，他將在黑暗之中努力尋找中國的出路，投身資產階級革命大業，帶領中國人民推翻帝制，創建歷史上第一個民主共和國家，結束長達二千多年的封建專制統治。這位偉人就是本書的主角——孫中山。每個人的成功與他少年時期的成長經歷都是密不可分的，那麼，孫中山先生的少年時代又是如何呢？其對他日後的革命事業產生了哪些影響？下面就讓我們同到那個風雲變化的年代，從1866年開始一步步探尋偉人的成長之路。

第二節 窮困家世

鞋匠父親

在廣東香山縣（今中山市）東南部，有一個只有70多戶人家的小村子，村子不大，名字卻很美麗，叫翠亨，意思是透明晶瑩的璧玉。翠亨村離澳門只有37公里路程，依山傍海，背靠五桂山麓，村前有條小溪流過，不遠處就是一望無際的大海。村前村後樹木蔥鬱，風景優美，人們勤勞樸實，一年四季耕種勞作在這片土地上。

和中國南方大多數農村一樣，翠亨村受千年封建文化浸淫，習俗陳舊落後，風氣很不開化。人們

翠亨村

面朝黃土背朝天，苦苦掙扎求生，但是村裡的土地多為沙質，種植的水稻及其他雜糧產量很低，加上官府黑暗，盤剝欺壓百姓，村民一年到頭很難吃飽穿暖，只能過著饑寒交迫的日子。19世紀初，隨著社會變革，西方國家不斷進入中國沿海地區進行貿易，雙方交流日漸深入，翠亨村的許多人開始走出村子，踏上外出謀生之路。

當時，外出謀生必經的一條道路就是澳門。澳門曾經是香山縣南部海岸的一個小漁村，1553年，葡萄牙殖民者謊稱商船遇到風暴，以晾曬貨物為名，得以在澳門居住。後來他們擅自擴展居住地，修築炮臺，設置官署，企圖長期霸佔。但明政府一直對澳門行使主權，萬曆年間曾向葡萄牙殖民者徵收地租稅金。葡萄牙人在澳門繁衍發展，已經將西方的文化、習俗廣泛深入地影響到澳門人心中，形成澳門獨特的地域文化特色。進入19世紀，澳門已經發展成有著樓房馬路的城市，領土擴展到鄰近村落，成為西方國家進入中國的一條通道。

翠亨村是香山縣的一個普通村子，位於縣城石岐到澳門的中間，當年從翠亨村到縣城和到澳門，都需要步行大約半天的時間。翠亨村南、北、西三面環山，東面向著珠江口，由於臨近海岸，當地人農閒時可以在海邊捕拾海產，增加收入，這裡地處鹹、淡水交替之處，水產很有特色。另外，由於三面靠山，村民也會到附近的山林砍柴撿果，填補家用。翠亨村特殊的位置決定了它不是一個閉塞的村落。相反地，從很早時起，村裡就有人經過澳門，漂洋過海務工討生，有些人還發了財，成為僑居海外的資本家。他們為這裡帶來外部世界的資訊，促使更多村

人走出村子，踏上異國求生之路。

翠亨村人還經常到澳門謀生，他們肩挑背扛帶著農產品步行到澳門，在那裡出售後，購回一些工業品回鄉。潛移默化中，他們成為西方文明資訊流的承載和傳播者。當時，香山在地域上遠離滿清政府的統治中心，在沒有現代通信技術和傳播手段的時代，當地人的生活多少受到一定影響。

村裡有戶姓孫的人家，18世紀末遷居至此，1813年，孫家誕生了一位男嬰，取名孫達成，他就是孫中山的父親。孫達成出生時，孫家還有些田產家業，但他父親孫敬賢不善經營，迷信風水之說，家業一日不如一日，在孫達成少年時，由於生活困難，田產被迫變賣殆盡。1829年，陷入生存危機之中的孫家，不得不讓16歲的孫達成跟隨同鄉赴澳門做工。孫達成來到澳門，舉目無親，年齡又小，經人介紹在一家鞋店做了學徒。學徒生活非常辛苦，每日早起晚睡，除了工作外，還要盡心伺候師傅，稍有不慎，就會招致打罵。儘管生活充滿艱辛，執著的孫達成還是咬著牙堅持下來，他勤勤懇懇地工作，用心用力地學習，3年後學徒期滿，他已經熟練掌握了修鞋製鞋的技術。

在澳門，葡萄牙人是主人，中國人反而成了奴隸，為他們工作賣力。孫達成就在這樣的環

孫父孫達成像

境裡謀生，他在一家葡萄牙人開的鞋店裡當鞋匠。鞋匠的工作很辛勞，每天埋頭苦作，不得休息，但是薪酬卻不高，每月才區區四元錢。靠著每月的四元錢，孫達成不但要生存下去，還要盡量節儉下來寄給家鄉的父母。

在澳門苦度時日的孫達成，有一段時間發現鞋匠不易謀生，又去學裁縫，好在他肯吃苦，人又不笨，裁縫也學得不錯，又找了份裁縫的工作。可是薪酬依舊不高，只能勉強過活而已。孫達成在澳門一待就是十六年，他每日不停地做工，心裡只有一個念頭，就是多賺錢，好讓家人生活得更好一些，好讓自己能夠娶到一位稱心的妻子。在澳門的十六年間，他從一個懵懂少年成長為壯年漢子，而世界每天都在發生重大變革。1840年，鴉片戰爭打開了中國的大門，英國佔領了香港。這樣一來，處在特殊地理位置的澳門、香港成為西方文化湧入中國大陸的前沿。西方國家的商人遠渡重洋踏上中國土地，他們帶來新鮮的海洋氣息和先進的科技文明，與傳統的中國大陸文化產生碰撞、交織、交融，產生了特有的文化氛圍。

孫達成默默地工作生活，並感受著身邊發生的變化，對他來說，這些都是與他無關的事情，只不過可以做為茶餘飯後的閒聊話題而已。他沒有先知先覺的能力，沒有想到許多年以後，自己的小兒子孫中山竟然會特別關注世界資產階級革命，並領導國人進行了長達數十年的革命，建立了像西方一樣的民主共和國家。現在，年輕的孫達成在澳門板樟堂街工作，每天見識著葡萄牙人治理下的文化特色，領略著迥然不同的異族風情，看到無數外出謀生的中國人

掙扎度日，他也產生過強烈追求幸福的念頭，他甚至幻想能夠在澳門長期居住下去，擁有自己的產業，過著資本家的生活。但現實的生活是，他必須回到翠亨村，那裡才是他的歸宿。對於一個謀生的手藝人來說，城市只是他漂流的一個驛站。1846年，33歲的孫達成必須離開澳門回到家鄉了，因為他的父母為他訂了親事，要他回村娶親。

回到家鄉，孫達成有股莫名的踏實感，喧囂遠去，重新踏上家鄉的農村土地，他需要靜下心來過日子了。新過門的妻子楊氏是鄰鄉人，只有18歲，比他小15歲，這對老夫少妻開始了他們嶄新的、充滿期望的新歲月。楊氏年齡雖不大，但性格溫和，為人處事莊重大方。在孫家，她是長媳，她的丈夫還有兩個弟弟，分別叫孫學成、孫觀成。身為大媳婦，楊氏需要處理好與公婆的關係，對他們盡心孝敬，還要照顧兩個弟弟，幫助他們娶妻立室。這些事情在現在看來並不重要，可在當時的社會卻不容馬虎。年輕的楊氏每日很早起床，到公婆處請安問候，準備全家人的飯食，然後灑掃庭院，縫補衣服，針線女工，一刻也不閒著。

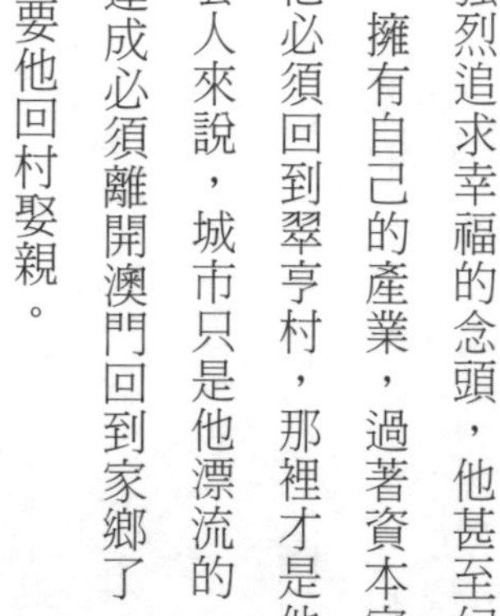

孫母楊氏

儘管孫達成夫婦極盡所能地勞作，家裡的情況依舊不見好轉，隨著孫學成、孫觀成兩人先後成家，孫家這個容納眾多人口、生活條件困難的大家庭，也不得不分家了。孫達成夫婦與父

母居住在一起，他的兩個弟弟則各帶家室分家另過。

孫達成用辛苦做工賺來的錢租種了幾畝土地，開始在貧窮落後的鄉村謀求生路。從此，他結束了手工業者的生活，與中國大多數普通農民一樣，恢復了面朝黃土背朝天，耕種收穫，靠天度日的歲月。

迷信的父祖

1854年，結婚長達八年的孫達成夫婦喜添貴子，迎來了他們的第一個兒子。他們為兒子取名孫眉，按照行輩族譜取名德彰，字壽屏。

兒子的到來，既有喜悅，也有憂愁，對於貧窮人家來說，增添人口後最大、最實際的問題就是如何解決吃飯問題，孫達成夫婦贍養著父母，幾年來辛勤耕種，收穫不甚豐厚，僅夠維持家人生活，新的生命讓這個家庭的生活更加艱難。不過，對於已經41歲的孫達成來說，人至中年而喜得貴子，孫眉的到來讓他格外激動，眼前的困境也都不那麼艱難了。

1857年，孫眉3歲了，孫達成夫婦生下長女金星，不過這個女兒卻幼年夭折。這時的中國大地依舊貧窮落後，政府腐敗懦弱，不求革新進步；而西方國家卻在迅猛騰飛，並加快入侵中國剝削的步伐。生活在社會最底層的孫家人，一如既往地窮困艱難，苦苦在土地上掙扎似乎沒

孫中山故居

有多少希望，迫於生活壓力，孫達成的兩個弟弟跟隨遠赴美國淘金的隊伍離開家鄉，登上輪船，外出謀生。

香山人從很早就有遠赴海外謀生的先例，1840年鴉片戰爭之後，出現了大批移民潮。廣東沿海許多破產農民、城市貧民、手工業者和小商販，背井離鄉到海外謀求生路。他們在海外結成團體，互相幫助，形成自有特色的群體。當時，美國發掘了金礦，需要大批工人勞作，廉價的華人成為他們首選的對象，因此多派人來華招工。孫學成和孫觀成就是做為其中的華工遠赴美國的。

孫達成年紀大了，上有父母，下有兒女，他看到弟弟們撇下妻子兒女遠行，想像自己年輕時在外地謀生的艱難，沒有跟隨他們前往。這樣，孫達成不僅要擔負照顧父母兒女的重任，還要分出心思照料弟弟們的家事，由此來看，要維持這個大家庭的生活並非易事。

好在孫學成和孫觀成去美國後，工作還算順利，不久就寄回了薪酬。有了錢的兩個弟媳很快買下田地，在家裡耕種收穫，暫時緩解了生活危機。她們兩家婦孺弱小，土地耕種不過來，就將土地租給孫達成耕種。勤勞能幹的孫達成將田地打理得井井有條，逢上風調雨順的好年景，收穫還不錯。

然而好景不長，孫達成和父親孫敬賢醉心於風水之說，這幾年頻頻請人看祖先墳地，意在透過此改變家人命運，他們聽從風水先生的話挑選墓地，修建墳墓，開支很大。有一段時間，一位來自嘉應州的風水先生鍾聖陽常年住在他家裡，吃喝用度全部由孫達成供應。

鍾聖陽在當地很有名，據說他曾經點了一穴「皇帝田」，批語說「皇帝田，上有樓臺下有園，左有旗，右有閣，一對魚生兩角」，還有人說他點過一穴黃草岡馬眼地，批語「地名黃草岡，大海作名堂」。

不管鍾聖陽是否靈驗，供養他更加重了孫家的負擔，使得本不富裕的家庭更顯困難。為此，楊氏沒少和丈夫爭吵，她極力勸說丈夫趕走風水先生，節省下錢財照顧老人和孩子。孫達成卻很倔強，他受到當時許多人迷信風水的影響，固執地認為祖先佔得好風水，子孫才有好命運。

就在孫達成一面勤苦勞作維持生計，一面寄望風水改變命運的過程中，他的幾個孩子先後出生了。1860年，他的次子德祐出生，五歲夭折；1863年，他的次女妙茜出生；1866年，他的三子出生，這就是後來的孫中山；1871年，他最小的孩子，幼女秋綺出生。六個孩子先後來

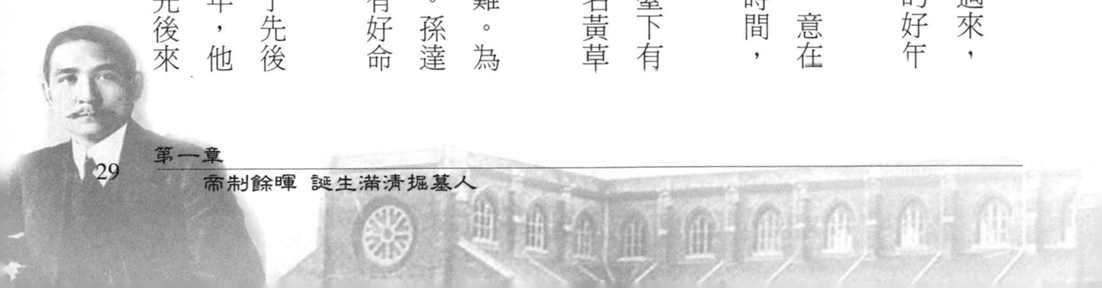

到人間，對窮困的孫達成夫婦來說，無疑是個巨大的負擔，生活在孩子們的哇哇啼哭聲中變得更加艱難。

對於孫家人來說，在這幾年中，他們還承受了幾次巨大打擊。首先是孫敬賢去世，這位終年生活在翠亨村，不善勞作經營，企圖透過風水改變命運的老人，在兒孫們的悲哭聲中闔上雙眼，與世長辭。他去世後，孫達成一手接過父親迷信多年的風水之說，繼續為改變命運而不停地修建墳墓，挑選墓地，加大家庭開支。接著，1864年，孫學成在上海附近的洋面上遇難，同時死去的中國民工多達幾十人；1867年，孫觀成則死於加利福尼亞的淘金礦區，與他一起遇難的中國民工也不少。兩個弟弟英年早殤，沉重地打擊著年過半百的孫達成，也沉重地打擊著全家人。由於家境貧困，孫達成的長子孫眉僅僅讀了四年書就被迫輟學，在離家10里之外的地方給人做長工。孫眉繼承了父親勤苦能幹的性格，他做事勤奮，吃苦耐勞，善於經營，在同伴中很有威望，還很受老闆喜歡重用。他漸漸長大，為家庭解決了很大難題，也成為幼弟孫中山成長路上不可缺少的重要人物。

第三節　乳名帝象

誕生之初

1866年，大清帝國第10位繼承者同治在位五年，他由6歲頑童繼承大清江山，如今不過只有11歲，他繼位以來，內有太平天國運動，急劇地動搖著大清統治；外有列強入侵，國家形勢日趨緊張。在這年年初，清政府剛剛剿滅了太平天國康王汪海洋、偕王譚體元率領的太平軍餘部在粵東的反清鬥爭。一般來說，1864年天京陷落，即標誌著歷經十幾年的太平天國運動以失敗告終，但是太平軍餘部依然活動廣泛，十分活躍，尤其在東南沿海地區，由於多年來人們反清鬥爭的深入，加上當地人受西洋文化影響比較重，遠離清王朝政權中心，所以反清活動常盛不衰。這也就是汪海洋和譚體元得以在此聚合軍隊，與大清政府周旋作戰的原因。

然而，太平軍還是被清軍擊潰了，這在當地人心中有非常多的感慨，也有非常多的憤然，對清軍的畏懼和痛恨之情交相摻雜，促使大多數人更加謹慎膽怯地勞作著，不敢有絲毫過激的言行和舉動。習慣被壓迫和被統治的中國百姓在大是大非面前總是選擇沉默，他們以為這樣就可以逃避不幸，避免被害，卻不知等待他們的將是更加悲慘的命運。

11月12日，農曆十月初六清晨四時，翠亨村像往日一樣安寧靜謐，南國特有的溫濕氣息撲打在家家戶戶的門窗上，顯得那麼祥和滋潤。53歲的孫達成走在村中的小巷裡，睡眼迷糊地打著更，這是他新近討得的一份工作，每天夜裡三番五次起床上路，為村裡人報時報安。歲月不饒人，孫達成似乎有些冷，肩背弓著，腦袋縮在衣領裡，他腳下的一雙鞋極不合適，走幾步路就要重新穿一穿。這雙鞋是他的二弟孫學成的，所以穿著不合適。他心裡想著，天亮了一定好好修修這雙鞋。他邊走邊想，不知不覺來到自家門前，他望望晨曦中略顯朦朧的家園，心裡閃過一絲暖流，好像感覺到了被窩的溫暖。

孫達成在自家門前遲疑了一會兒，忽然聽到一聲嘹亮清脆的哭聲傳出家門，劃破灰暗遲滯的清晨，像一道曙光照亮

太平天國戰圖

眼前。他知道妻子又生了。雖然這是他們第五次生子，孫達成還是很高興地跑進家門，放下手裡的東西進屋探望妻子。昨夜，楊氏預感即將臨盆，孫達成想請產婆，卻被楊氏拒絕了，她說：「不忙，我已經生過好幾個孩子了，有經驗。」今天凌晨，她在睡夢中驚醒，順利地產下第三個兒子。

面對一大早就迫不及待來到人世的兒子，孫達成上前抱起，喜悅地說：「又是個男孩子，又是個男孩子。」他深受中國封建思想影響，重男輕女的觀念很重。他哪想得到，自己懷中剛誕生的嬰兒，四十年後領導中國人民推翻幾千年的封建專制，傾覆清王朝統治，極大地動搖了人們心中固有的封建意識。

這時，孫達成的母親黃氏推門進來，她聽到嬰兒哭聲，知道兒媳婦又生了，過來探望。小嬰兒在父母長輩的關注下，不停地踢打著腿腳，黑葡萄般的小眼珠眨呀眨，似乎在洞悉這個陌生的、神奇的世界。看他認真虔誠的樣子，黃氏笑吟吟地說：「嗯，長得真像阿眉，大了也是好青年。」她說的阿眉就是孫眉，孫眉自幼聰慧能幹，已經12歲了，他是家裡的長子，弟弟妹妹多，因此早早地學會不少家事，為父母分擔憂愁。

孫達成雖然滿臉笑意，心底卻充滿著愁苦，他的前四個孩子中兩個先後夭折，去年，5歲的兒子德祐本來活蹦亂跳，聰明伶俐，沒想到得了一場病，醫治不及竟然去世了，讓他傷心痛苦了好久，眼下膝下只有長子孫眉和次女妙茜，說起來這第三個兒子的來臨，也算是對他的一大安慰。現在，他望著襁褓之中的新生兒，好像又看到了德祐那天真可愛的模樣，不由一陣心酸。家貧人窮，上有老母，中有弱妻和兩個寡弟媳，下有自己和弟弟們尚未成年的孩子，僅靠已經53歲的孫達成耕種勞作養活，負擔實在沉重，長女金星和次子德祐就是因為請不起醫生而夭亡，這個孩子的將來又會怎麼樣呢？

名字的來歷

孫達成家人看到新生的男嬰，自然而然想到去年剛剛夭折的德祐，在他們心裡，那個活潑好動、淘氣可愛的男孩似乎還沒有離去，只是調皮地躲開了大家的視線，不知道藏到哪去玩了。現在新生兒來臨，他們難免產生這樣的聯想，是不是德祐變成嬰孩又回來了？尤其是楊氏，做為母親，辛苦撫育五年的兒子突然亡故，對她打擊很大，看著新生兒，她默默地想，兒啊！你不忍心撇下母親受苦，又回來和我團聚了。

不管大家如何猜測聯想，新生男嬰以強烈的求生姿態向世界宣示了自己的到來，他啼哭，他微笑，他扭動四肢，他睜大著雙眼，這是他渴求溫飽的信號，也是他在證明自己體魄的健壯，更是他對世界做出的第一次探索。在他充滿激情的表現之中，孫達成夫婦漸漸平靜心懷，按照以往的習慣照料孩子，開始思考該為他取什麼名字。

按照族譜，孩子行輩為德，孫達成請風水先生鍾聖陽算了算，說這個孩子命貴骨重，將來會有出息，建議他取名德明。孫達成迷信風水，聽說孩子命好，高興得合不攏嘴，立刻同意這個名字。楊氏卻對風水先生的說法不以為然，她想起德祐出生時也有同樣的經歷，低聲嘟囔著說：「命好命好，我聽了這麼多孩子算命，沒一個不好的，可是長大成人後呢？哪個不是得靠自己打拼奮鬥才有出息。」在她樸素的人生觀裡，依舊把勤苦能幹放在首位，這也是許多中國農民堅信的生活信條，幾乎與風水之說並駕齊驅。但她不會反對風水，她也沒有膽量與習俗做正面交鋒，只不過私底下想想而已。這時，她知道兒子的命相好，還是暗自得意著，並且對丈夫說：「孩子還小，不如先取個乳名吧！」

乳名是孩子入學前的名字，一般比較簡單上口，易記好聽就可以，所以大都由父母隨意取。但孫達成很固執，覺得既然孩子命好，不如請風水先生一併取個乳名。於是他匆匆地趕往風水先生處，請他為孩子取乳名。鍾聖陽這段時間住在村裡姓楊的人家，說來也巧，他昨夜夢到村子北邊

孫中山像

太極殿的北帝神像，正在暗自思考這件事，聽說孫達成執意要他為孩子取乳名，想到這些年來受到孫達成不少供奉，於是隨口說：「聽說新生的男嬰極像德祐，我以前就說過，德祐的相貌特別像北極殿的北帝，我看就給他取名帝象吧！皇帝的相貌，將來說不定會當天子。」

孫達成嘿嘿笑著，心想：不要說當天子了，能夠做個大官或者有份資產，我就要好好感激您了。

回到家中，孫達成把風水先生鍾聖陽的話告訴妻子，楊氏搖著頭說：「帝象，這個名字咱們擔當得起嗎？」

孫達成說：「沒什麼，前街楊家的孩子還叫帝賀呢！現在不是以前了，咱們這裡天高皇帝遠，誰管那麼多。再說，咱們說孩子像北帝，又不是像皇上。」

楊氏想了想，覺得有道理，也就點頭不語。

孩子有了乳名，孫達成夫婦了卻一件心事，開始更加辛苦的勞作，為填飽每個人的肚腹而繼續憂困愁悶。新出生的帝象呢？每日大睜著雙眼等候母親餵食，他茁壯地成長著，一刻不停地探索著周圍的世界。他當然還不知道，他長大入學後，先生為他取名孫文，而他自己成年後為了革命更是經常變更名字，比如他曾經化名中山樵、高野長雄、陳文、陳載之、中山二郎、吳仲、高達生、杜嘉諾、艾斯高野等。孫中山的名字在辛亥革命後才逐漸被叫響，國人多以此稱呼之，而在日本仍習慣稱其為「孫文」，海外則稱「孫逸仙Sun Yat-Sun」。

第四節　小石頭仔

砸碎「豆腐秀」的鐵鍋

孫中山出生的第二年，1867年，他的三叔孫觀成在美國的淘金礦區遇難，這個消息傳來，祖母黃氏悲痛欲絕，她的二兒子三年前在去海外謀生的海面上死了，如今三兒子又在異鄉亡故，撇下妻兒家小，讓他們怎麼生活？孫達成傷心地接受了這個現實，他早就知道外出謀生的中國民工多有傷亡，能夠存活都屬僥倖，自己的兩個弟弟全部遇難，家裡都有未成年的孩子，還需要他去照料。因此，他租種弟弟家的田地，一方面解決自己家的生活問題，另一方面也幫著他們兩家度日。

孫中山一天天長大了，他活潑調皮，好奇心強，反應敏捷，村裡的小孩童都喜歡和他玩，他們捉迷藏、跳田雞、放風箏、踢毽子、砍甘蔗，玩著當地孩子們玩的各式各樣有趣的遊戲，度過貧窮之中的快樂時光。在遊戲當中，孫中山聰慧的才智得到表現，不管哪種遊戲，他都

孫中山家的田地

玩得很出色，在夥伴中遙遙領先。有一次，他和夥伴們在村口大榕樹下玩捉迷藏遊戲，一個叫大秀的孩子藏起來後，大家怎麼找都找不到他。他藏到哪裡去了呢？孫中山想了想，指著不遠處的河流說：「我看他一定藏到河裡去了。」夥伴們一聽，哈哈笑著跑向河邊，果然大秀正躲在水下呢！

大秀爬上岸，摸著濕漉漉的小辮子問：「帝象，你怎麼知道我在河裡？」

孫中山胸有成竹地回答：「我們到處都找了，不見你的身影，我想除非你上天入地，可是你哪有那本事，最多就是躲到水下唄！」

大秀和夥伴們都很佩服他，哈哈笑著繼續玩遊戲。

孫中山在小夥伴中的名聲很響，還因為他很勇敢，游泳游得好。在當地，孩子們從小就會游泳，孫中山也不例外。每到天氣炎熱的時節，他們都會三五成群泡在村外的河裡，玩水游泳，驅除暑熱，度過一段充滿趣味的盛夏時光。孫中山水性極好，他與同伴一起下水游泳，學得最快最好。人們形容他「入水如蛙，村中兒童，皆不能及」，可見其游泳技術很好。

世間事天下同理，樹大招風，人有名容易招來嫉妒，生活在偏僻村落裡的小孫中山，竟然也招致了他人的嫉妒。離他家不遠有一家專門經營豆腐的店主，人稱「豆腐秀」。「豆腐秀」有兩個兒子，比孫中山大幾歲，平常他們上樹抓鳥，下河摸魚，倚仗力氣大經常欺負其他的小朋友。這天，孫中山和幾個小夥伴蹲在河邊撈魚，突然一塊石頭飛過來，正好砸在一個叫陸皓東的小孩腦袋上。陸皓東一聲尖叫，跳起來罵道：「誰？誰不長眼！」

「豆腐秀」的兩個兒子叉著腰，滿不在乎地走過來，瞄瞄這，瞧瞧那，最後盯著個頭矮小的孫中山，一副不屑的神情。孫中山逼視著他們，指著陸皓東的腦袋說：「是你們亂扔石頭打人嗎？你們應該道歉！」

「道歉？」「豆腐秀」的兩個兒子嘿嘿冷笑，「道什麼歉？石頭又不長眼，它哪看得出好人壞人！」

孫中山被他們這種蠻橫不講理的態度激怒，大聲說：「石頭不長眼，可你們也不長眼嗎？石頭是你們扔的，你們就應該道歉。」

本來，「豆腐秀」的兩個兒子是來找孫中山比賽游泳的，他們水性不錯，最近常聽人誇獎孫中山游泳技術高超，很不服氣，特意來找他比一比，他們來到河邊，看到孫中山幾人玩得開心投入，才故意扔石頭搞破壞。現在，孫中山抓住他們亂扔石頭打傷人這點不放，他們也惱怒

了，只見老大瞪著眼睛吼道：「我就是不道歉，看你能怎麼樣！」老二站在後面助陣喝威。

小夥伴們知道他們兄弟力氣大，愛打人，大家沒少挨過他倆的拳頭，對他們深感畏懼。陸皓東拉著孫中山的手悄聲說：「帝象，別跟他們理論了，他們的拳頭可硬呢！」說著，在孫中山面前晃晃拳頭，意在勸他離去。

可是，孫中山很倔強，面對強大的對手反而更加勇敢，他毫不含糊地說：「拳頭硬又怎麼樣？拳頭硬不代表他有理，我不怕！」

聽他這麼說，「豆腐秀」的兩個兒子被激怒了，上來揮拳打了孫中山三、四下，把他打翻在地上。看到有人打架，小夥伴們一哄而散。孫中山趴在地上，順手撿起一塊石頭，轉身扔向那兄弟倆，隨後騰地站起，揮舞拳頭衝上來朝那兩兄弟打去。兄弟倆見孫中山不但不怕，反過來與自己拼命，心虛膽驚，反身就往家跑。他們前腳跑，孫中山後腳追，不屈不撓地喊著：「站住，你們做了壞事，跑了也沒用。」

兄弟倆一路疾跑，躲進家裡不敢出來，並把一口鐵鍋堵在門口，阻止孫中山進去。孫中山手裡握著一塊大石頭，追上家門又喊又叫，這時，許多散去的小夥伴聽說孫中山打跑了「豆腐秀」的兩個兒子，都覺得好奇，陸續聚攏來給孫中山助威。「豆腐秀」的家門前頓時熱鬧起來，孩子們狂喊亂叫，紛紛叫嚷著讓他的兩個兒子出來道歉。

恰好這天「豆腐秀」夫婦不在家，所以任憑孩子們喊叫，他的兩個兒子也不敢露面，縮在家裡觀望動靜。喊叫半天的孩子們，見兄弟倆不出來，圍著孫中山問：「怎麼辦？他們不出來我們怎麼辦？」

綽號石頭仔

小孫中山心底燃燒著怒火，他大聲說：「他們兄弟經常欺負弱小，太可惡了，今天我就代表大家懲治他們。」他說著將手裡的石頭扔向門口的鐵鍋，只聽噹啷一聲巨響，鐵鍋裂了一道長紋。孩子們見此，先是一陣沉默，接著縮頭縮腦地悄悄後退，很快哄然四散了。

看著眼前的破鍋和身邊退散的夥伴，孫中山的心情漸漸平靜下來，在他幼小的心中，認為自己終於懲治了壞蛋，伸張了正義。但他沒有想過，砸壞鐵鍋會給他帶來怎樣的麻煩，畢竟他只有四、五歲，對這個年紀的孩子來說，他所做的一切彰顯出個性中反抗壓迫，勇於和惡勢力對抗的本性，這一點已經很不容易了。也許這是孫中山一生中無數次反抗壓迫、爭取平等的抗爭裡最早、最原始的一次。

孫中山像

然而，小孩子砸壞他人的鐵鍋是件大事，非常嚴重的大事。母親楊氏聽說後，連忙放下手裡的針線趕過來，她一面訓斥孫中山，一面不停地向剛剛進家門的「豆腐秀」夫婦賠禮道歉。

孫中山倔強地說：「他們欺負人，而且還不道歉，是他們做錯了！」

楊氏生氣地說：「不管怎麼說，你都不該砸壞人家的鍋！」

孫中山擰著脖子，不肯承認錯誤。

「豆腐秀」全家依靠豆腐生意過活，生活也很困難，他們夫婦得知自己的兒子欺負人在先，自知理虧，又見楊氏主動上門認錯，不便繼續追究此事，就說：「帝象還小，別怪他了。我家那倆小子欠管教，我以後好好管管他們。」楊氏瞭解「豆腐秀」家的生活情況，過意不去，主動拿出錢執意要為他家買口新鍋。「豆腐秀」夫婦連連推辭說：「鄉里鄉親的，大家處得不錯，孩子們鬧彆扭，事情過去就算了，這個錢我們不能收。」

儘管「豆腐秀」夫婦一再推辭，楊氏還是賠了錢，將孫中山帶回訓斥了一頓。「豆腐秀」夫婦深感自己的兒子為人不端，藉著這個機會狠狠責備他們一番。那兄弟倆思前想後，竟然收斂很多，再也沒有欺負過別人。這件事情很快在小小的翠亨村傳開，男女老幼見到孫中山，無不誇張地問他：「帝象，你可夠厲害的，敢砸毀人家的鍋！」

孫中山認真地說：「欺負人就是壞人，我們就該和他鬥爭，不能讓他隨便欺負人。」可見在幼小孫中山樸素的情感裡，有著一顆渴望正義，反對壓迫和剝削的強烈心懷。

鄉親們對孫中山小大人式的回答很感興趣，聯想他一向活潑好動，調皮貪玩，倔強不服輸的特點，這次又用大石頭砸毀「豆腐秀」家的鐵鍋，於是給他起了個綽號「石頭仔」。石頭仔的名號一經叫開，很多人反而忘了他的乳名帝象。後來，孫中山果真像自己的綽號一樣，表現出石頭一般堅硬的品性，頑強地生存著，對抗著來自各方面的壓力，為世間百姓尋求正義和公正，並將此做為自己奮鬥終生的事業。

村裡人都知道孫中山的綽號，認為這個孩子人小鬼大，脾氣又倔，不好惹。這天，村裡有戶地主家娶親，村中老老少少都蹲在村前看熱鬧。孫中山也和一群夥伴夾在其中，歡天喜地地跑來跑去，十分開心。突然，有位中年漢子喊住他們，怒聲說：「小孩子躲一邊去，別在這裡礙手礙腳。」孫中山他們連忙跑開了。可是不巧，他們剛站下，那個漢子又過來攆他們走。三番五次之後，孩子們煩了，圍住孫中山說：「他明明不讓我們在這裡玩，我看我們去河邊玩吧！」孫中山不滿地說：「為什麼大家都在這裡看，偏偏不允許我們看？」他們正在商量，那位漢子又過來喝叱他們。孫中山不服了，他站出來大聲質問：「你為什麼攆我們走？我們做錯什麼了？」

那位漢子是村裡有名的無賴，是地主家的打手，今天奉命維持秩序，所以像當了高官一樣喝三呼四。可惜大人不聽他的招呼，他就只好拿小孩子開刀。他見孫中山不聽自己的話，立即揮舞著拳頭說：「不為什麼，就是要攆你們走！快走，誰不走誰挨打。」

孩子們被他一吼，就一哄而散了，各自逃得遠遠的，生怕挨打。唯獨孫中山一動不動地站著，正氣凜然地說：「這是大家的地方，你說了不算！」

那位漢子急了，跳著腳喊：「你是不要命了吧？看我不打斷你的腿。」說著，轉身拿起木棍威嚇孫中山。

周圍的人都捏了一把汗，有幾位好心的大媽上前勸解：「石頭仔，快走吧！別那麼倔了。聽話，回家去。」

孫中山怒目圓睜，兩條腿像生了根似的，動也不動。大夥看勸不走他，回頭勸那位漢子：「這個孩子脾氣倔，大家都喊他石頭仔，你大人不計小人過，別跟他一般見識吧！」

那位漢子本來驅趕孩子不過為了耍耍威風，哪想到孫中山這般倔強，大庭廣眾之下，他也不好真的動手，罵罵咧咧走開了。

大夥再次被孫中山這股倔勁感染，一個個搖著頭嘆著氣說：「唉，這孩子真不愧叫石頭仔，太倔了，脾氣比石頭還硬！」

第二章

叛逆童年　追問世間不平事

誕生在貧窮農家的孫中山性情倔強，喜歡思索追問，面對不公，總是表現出超乎尋常的頑強，不肯輕易服輸。然而，世間的不公實在太多了，深受滿清封建朝廷和列強雙重欺壓的中國人，生活水深火熱之中，他們辛苦種地卻吃不飽飯，慘遭海盜洗劫卻無處告狀，連鞋匠的兒子都只能光著腳丫——然而愚昧落後的國人不知道覺醒，還要男孩子們讀經書，為女孩子纏足，走著封建老路。幼小的孫中山看到這些不平事，發出了強烈的追問聲，他幼稚的探索有沒有回音，這些事情對他的成長又會產生哪些影響呢？

第一節 農夫猶餓死

艱辛童年

快樂的時光總是那麼短暫，尤其在生活困苦時期，不管你是天真的孩童還是一家之主，都必須面對生存下去最需要解決的問題——如何填飽肚子。孫中山出生之初，家裡正面臨最困苦的日子，兄長姐姐年少，祖母年近80，全家人靠父親在田裡辛勞耕種維持生計，像大多數窮苦農民一樣，過著食不果腹、衣衫襤褸的苦日子，而像所有貧苦家的孩子一樣，孫中山很小就開始工作，承擔家裡的部分工作，他上山砍柴草、去塘邊撈水草餵豬，每年還要替人放幾個月的牛，換回牛主用牛給孫家犁田的工價。

五、六歲的孫中山奔走在家鄉的山間河邊，背著竹簍，拿著鐮刀，光著腳丫，他看起來那麼弱小，卻那麼堅強；那麼可憐，卻那麼勇敢。他不停地工作，每天都不休息，有時天未亮就起床上山，天黑了卻依然沒能填飽肚子。這樣的生活日復一日，磨練著他小小的身體和心志，讓他切身體會到饑餓的痛苦，貧窮的可怕。孫中山先生生前很少談及自己的童年，但宋慶齡女士曾經生動地描寫過他幼年時的生活狀況：「孫中山很窮，他住在多山的地區。在那裡，小孩子赤足行路是件很苦的事。在他和他的兄弟沒有成年以前，他的家住在一間茅屋裡，幾乎僅僅不致挨餓。他幼年沒有米飯吃，因為米飯太貴了。他主要的食物是白薯。」

童年的苦難經歷成為孫中山革命的最初動力，在他五、六歲時，面對吃不飽飯的問題，曾發出過強烈的追問。那次，他像往常一樣跟著姐姐妙茜上山打柴草，時值初秋，天氣很熱，他們走在山路上，孫中山的腳板不時被碎石扎著，但他沒有喊疼，因為他已經習慣這種疼痛。他們走上小山，這裡是五桂山麓餘脈的金檳榔山，山上一年到頭樹木蔥鬱，枝葉繁茂，野花盛開，景色很美。林子裡草地上鳥飛蟲鳴，不時逗引著孫中山，但他不為所動，而是放下背筐，揮舞鐮刀砍樹枝。他和姐姐力氣小，只能砍低矮的灌木叢，砍了一會兒，孫中山不小心刺到手指，流出鮮血，姐姐妙茜忙撿片樹葉給他包紮，嘴裡還說：「別動，過一會兒就好了。我看你別砍了，還是歇著吧！」

孫中山忍著疼痛，不服氣地說：「不，我還能砍。」說

孫中山之姐妙茜（左）

著，又要去拿刀。

姐姐妙茜制止他，對他說：「你呀，雖然叫石頭仔，身體卻還很弱呢！我聽說哥哥五歲時，都能一個人上山打柴草了。」

姐弟倆邊聊邊工作著，很快日暮西山，太陽的餘暉灑落山川大地，呈現壯美的景觀。妙茜從懷裡拿出一個白薯，遞給孫中山說：「吃吧！你們男孩子容易餓，我偷偷給你帶來的。」孫中山推辭說：「姐姐天天給我帶白薯，妳自己卻不吃。我今天工作少，不餓，還是姐姐吃吧！」妙茜笑著說：「吃吧！雖然工作少但也該餓了，快吃吧！」孫中山懂事地接過白薯，掰成一大一小兩塊，將大塊的塞給姐姐，自己啃起小塊的來。

吃完白薯，孫中山望著眼前景色，心裡有股說不出的感覺。以往這個時候，他總愛爬到山巔去玩，今天也不例外，他迅速爬上山，站在那裡放眼遠望，只見山下一片黃澄澄的稻田，在餘暉裡格外引人注目。

孫中山歪著腦袋想了想，衝著姐姐大聲喊：「姐姐，山下的稻子黃了。」

妙茜笑著回應：「那是稻子熟了，過幾天就該收割了。」

孫中山一聽，興奮地喊：「割稻子了，我們要有米飯吃了。」

妙茜臉色一暗，垂下頭低聲自言自語：「年年收割稻子，可是我們窮人什麼時候吃過米飯？」

孫中山站在山頂，看姐姐沒有回應，急匆匆衝下山，背起背筐說：「姐姐，我們回家吧！告訴母親該割稻子了，我們不用天天吃白薯了。」

妙茜看著孫中山天真的小臉，搖著頭說：「弟弟，稻子年年收，可我們卻天天吃白薯，我們吃不起米飯。」

孫中山奇怪地看著姐姐，發出了他人生中對於不平的第一次追問。

為什麼種田的沒有米飯吃？

孫中山滿心以為收穫稻子就會吃上米飯，沒想到姐姐卻否定了他的想法，告訴他即便稻子豐收，他家依舊只能吃白薯。他大惑不解，看著遠處的稻田，稻穗沉甸甸地垂著，那麼飽滿，那麼誘人，於是問：「為什麼呢？我們不吃米飯，收穫的稻子都到哪裡去了？」

妙茜也轉身望著稻田，想了一會兒才說：「我也不知道，反正我們吃不起米飯，只有地主和有錢人才吃呢！」

這句話極大地刺激了孫中山，他想起父親日日在地裡辛苦勞作，插秧、除草，照顧稻田，有時候自己和姐姐也去幫忙，而村裡的地主什麼都不做，很少去田間，不由憤憤地說：「地裡種著稻米，種田人卻吃不起米飯，而地主和有錢人不種田，卻天天有米飯吃，這是為什麼？」

這是一句看似普通的疑問，實則蘊含著階級壓迫的深意，孫中山發出這樣的追問，說明他

開始關注世間不公。

妙茜想也沒想就答道：「你沒聽人說嗎？地主命好，有福氣，種田人都是窮苦命，哪能跟人家比。」

孫中山皺著眉頭，似乎對姐姐的回答很不以為然，當即說：「為什麼大家的命不一樣？工作出力的應該有飯吃，不能收了稻子還挨餓！」

妙茜看他一副認真的、像大人似的神情，知道他又有問不完的問題，又有奇怪的想法了，一邊彎身收拾著柴草，一邊說：「你想得太多了，這些事我們怎麼管得著，趕緊收拾柴草回家了。」

孫中山反駁說：「我們為什麼管不著？我們也是種田人，種田卻吃不飽飯。我覺得世上的人應該都能吃飽飯，這樣才合理。」

妙茜已經收拾好了兩背筐柴草，交給孫中山一個小的，自己背起大的，拍拍弟弟的肩頭說：「來，背起來吧！別再胡思亂想了，要像你說的人人都吃白米飯，那得多少稻子啊！」

孫中山依然癡迷地想著心事，並不理會姐姐的話，自言自語說：「肯定會有那麼一天，人人都能吃上白米飯！」他對於美好生活的渴望是那麼強烈，這崇高的理想和追求，這將伴隨他一生，成為他為之奮鬥的目標。

姐弟倆終於背著柴草踏上回歸村子的道路，天色漸漸昏暗，歸巢的鳥兒匆忙飛過，不遠處炊煙裊裊，家家戶戶都在準備晚飯了。他們很快走進村子，拐了幾拐來到自家門前，剛要抬腳進門，就聽裡面傳來幾聲吵罵，好像有人在打架。妙茜和孫中山對視一眼，不明白家裡發生了什麼事。孫中山人小膽大，一個箭步跨進家門，大聲喊：「誰？誰在吵架？」

茅屋門吱呀打開，從裡面走出一位少年，十七、八歲年紀，個頭不高，頗有精神，看到孫中山高興地大叫：「帝象，你長這麼高了。你幹什麼去了，怎麼才回來？」

孫中山這才看清，面前站著的是自己的大哥孫眉，他激動地扔下背筐，撲上去說：「大哥，你回來了，你不會再走了吧？」

妙茜也趕過來，圍著大哥又跳又笑，兄妹三人開心地說說笑笑，好不熱鬧。這時，屋裡傳出父親孫達成沉悶的咳嗽聲，聲音裡似乎帶著憂愁和不滿。妙茜很懂事，她示意哥哥和弟弟停止說笑，並且悄聲問道：「大哥，我們剛才進院時聽到有人爭吵，誰還在屋裡？父親跟誰吵架呢？」

孫中山也從興奮中冷靜下來，扯著孫眉的胳膊問：「誰和父親吵架？」

孫眉聽到弟弟妹妹的問話，臉色突然一沉，看起來十分憂鬱，隨後一字一句地說：「是我，我和父親吵架。」

妙茜和孫中山大吃一驚，在他們心中，大哥能幹孝敬，很少和父母頂嘴，父母也總是誇獎孫眉，今天他怎麼進家就跟父親吵架呢？到底為了什麼？

第二節

我要一雙鞋

孫眉遠赴檀香山

孫眉已經17歲了，他外出打工，平時很少回家，這段日子他常去外婆家，舅舅楊文納聽人說遠在太平洋中的檀香山滿地是黃金，賺錢很容易，一心想著前往。受他影響，孫眉也心有所動，他正值青春年少的黃金歲月，心血衝動，看到有些人漂洋過海發了財，脫離了窮苦的農村，當然眼紅心熱。

檀香山是太平洋中部夏威夷群島上的一個海港。夏威夷美麗富饒，風光旖旎，氣候宜人，素有太平洋樂園之稱，共有七大島嶼組成。其中檀香山就位於第三大島歐胡島上，正式名稱為火努魯魯，意思是避風港。1778年，英國航海家庫克船長在此登陸，由此各國移民紛至沓來。1810年，當地人建立夏威夷王國。19世紀因檀香木貿易而興盛，華僑稱之檀香山。檀香山這個地方並沒有很多檀香樹，檀香樹原產於印度南方及印尼帝汶群島，之所以得此名稱，是因為當時有很多商船在此停靠交易，其中的重要貨物就是來自印度和南洋的檀香木。夏威夷特殊的地理位置和獨特的開發前景，吸引世界各國的人前往開發，發展勢頭迅猛。其中亞裔人口眾多，其祖先最早從東南亞遷入太平洋中南部，約6～14世紀遷居於此，當時中國也有人在那裡發展，經營情況不錯。

楊文納的一位同鄉去檀香山後，不久就寄回了不少錢，這事在當地迅速傳開了，人人議論，家家嚮往，似乎檀香山果真堆滿著金錢，只等有人去取。最近，這位同鄉回村招工，看他衣著鮮亮、談吐氣派，很多人擠上門請求前往。楊文納與他自小熟識，也就沾了光，第一個報上了名。孫眉聽說後，纏著舅舅給他報名，也要跟著去。楊文納一來覺得孫眉年紀小，二來擔心姐姐不同意，因此對他說：「你回去問問你父母，看他們什麼意見，要是他們同意了，我再給你報名不遲。」

孫眉像

孫眉這才匆匆回家與父母商量遠赴檀香山的事。聽說他要去遙遠的檀香山，孫達成夫婦的頭搖成了撥浪鼓，堅決反對。孫眉苦口婆心述說檀香山的種種好處，可他們夫婦就是不聽。孫達成說：「道聽塗說的那些事不可信，檀香山遠在海外，究竟是好是壞我們都不清楚，你去了要是活不下去怎麼辦？」

楊氏懷裡抱著幼女秋綺，湊過來說：「阿眉，你年紀小，去了我們不放心。等過幾年你長大了，娶親之後再去也不晚。」

孫眉反駁說：「父親16歲不就去了澳門嗎？我都17歲了，跟著舅舅外出有什麼好不放心？再說，去檀香山的人都回來好幾批了，一批比一批發達，這都是我親眼見到的，還能有假嗎？去外面闖一闖，總比憋在家裡餓死要強！」

孫達成氣憤地拍打著桌子，怒聲吼道：「發達發達，你也不是不知道你二叔、三叔的事，我們能放心嗎？再說，去檀香山得花多少錢你知道嗎？現在家裡一分錢也沒有，就是讓你去你也去不成。」

聽了這話，孫眉垂下頭，好半天沒說話。他清楚記得當年兩位叔叔喪生外地的事情，噩耗傳來時，全家悲痛欲絕的場面依舊清晰地浮現在他的眼前，如今兩位寡嬸帶著兒女艱苦度日，也常常令他心感酸楚，這些年，他沒少給他們兩家幫忙。說起來，當時條件有限，漂洋過海是件危險的事，很多出外謀生的人葬身海底，餵了魚蝦，也有不少人在外國老闆的欺壓下悲慘離世，能夠成功抵達彼岸並且生存下去的人不及一半，而真正發達的人更是少之又少。

看到孫眉不說話，楊氏心裡反而不好受了，安慰兒子說：「阿眉，先讓你舅舅去檀香山，等他在那邊站穩了腳，有了錢，你再去。」

孫達成咳嗽兩下，看了看孫眉，想說什麼最終什麼也沒說。

屋子裡空氣凝滯，有股透不過氣來的感覺，天色漸漸暗下來，呆坐半天的孫眉突然霍地站起來，面對父母斬釘截鐵地說：「我一定要去檀香山，我不能留在家裡。」

孫達成夫婦顯然嚇了一跳，兩人愣了片刻，不約而同地嚷道：「你怎麼這麼不聽話！你想幹什麼？難道想氣死我們嗎？」接著，他們輪流斥責孫眉。就是這個時候，孫中山和姐姐進了家門，所以聽到屋內的吵罵聲。

當孫中山和姐姐得知大哥因為要去檀香山與父母爭吵時，兩人表現出小孩子特有的興奮，他們嘰嘰喳喳地問這問那，大意無非是鼓勵大哥去檀香山。孫眉得到弟弟妹妹的認同，心裡很高興，他再次鼓起勇氣和父母爭論。這廂，孫達成心裡早就動搖了，他已經58歲了，依靠幾畝薄田實在難以養育四個未成年的孩子，這幾年要不是孫眉在外打工養活自己，恐怕生活會更糟糕。他多次聽楊文納說起檀香山的事，聽說那個地方剛剛開始發展，土地很多，人講規矩，只要肯做就能賺大錢。憑他年輕時在洋人店鋪工作多年的經驗，他覺得大多數洋人比中國的地主和官吏更容易相處，他們按照制度辦事，薪酬雖少，卻很少剋扣。他知道孫眉能幹，給人家工作不偷懶，不耍奸，養活個人問題不大。但他從一開始堅決反對也有他的道理，一是漂洋過海有危險，更重要的一點就是家裡太窮了，拿不出遠赴檀香山的路費。

孫眉明白父親的擔憂後，一方面安慰父母，一方面積極行動籌集路費。這天，他來到二嬸

家幫忙割稻子，中午在她家吃飯時說起去檀香山的事，二嬸程氏問：「阿眉，你真的要去檀香山？那個地方那麼遠，去了會不會有危險？」

孫眉說：「二嬸，去的人可多了，沒危險。再說，出去闖一闖，總比憋在家裡忍饑挨餓強。」

程氏點點頭，她的丈夫雖然死在遠赴海外的洋面上，但是他在國外幾年奮鬥，為她們母子積攢下了幾畝田度日，不然，她們恐怕只好喝西北風了。

這時，孫中山蹦蹦跳跳跑進來，衝著孫眉喊：「大哥，舅舅來了，問你去不去檀香山？」

孫眉放下飯碗，十萬火急地說：「去去去，當然去。」說著，拉著孫中山往家跑。

程氏望著他們兄弟離去的身影，兀自嘆息一聲，回頭叮囑女兒照顧家務，也抬腿往孫中山家走去，看能不能幫上什麼忙。

為什麼修鞋的沒有鞋穿

孫眉拉著弟弟跑回家，看到舅舅楊文納正與父親說話，忙過去說：「舅舅，我要去檀香山，你幫我報名吧！」

楊文納看著孫達成說：「姐夫，阿眉的路費準備好了嗎？報名就要繳錢，過沒幾天該上路了。」

孫達成眉頭皺得緊緊的，像團擰緊的死疙瘩，目光渾濁黯淡，好半天才慢慢說：「還沒呢！一下子上哪弄那麼多錢？」

楊文納著急地說：「那你可要趕緊去籌錢，時間不多了。」

孫眉連忙央告楊文納：「舅舅，你先去幫我說說，我一定能籌到錢。」

孫中山在旁邊聽著他們說話，每個人嘴裡少不了的就是一個字——錢，不由插言問：「大哥出去工作不是賺錢嗎？為什麼還要繳錢？」

孫眉拍拍弟弟的腦袋，低聲說：「去檀香山非常遠，坐好多天輪船，路上需要花錢。」

孫中山聽了似懂非懂，腦海裡浮現出一望無際的大海。他去外婆家曾經跟外公舅舅上過船，見識過大海，怎麼也不明白為什麼坐在船上還要花錢。

就在一屋子人各自想著心事，默默無語的時候，程氏來到門口，向裡面張望張望，隨後喊過孫中山，讓他帶自己去見楊氏。

妯娌見面後，程氏低聲問：「阿眉要去檀香山，路費還沒有湊夠吧？」

楊氏嘆口氣說：「沒呢！妳說說，不去的話，在家裡吃不飽穿不暖，他們兄妹四個無法養活；去吧！路途遙遠，免不了風險，還要花不少錢，真是兩頭難啊！」

程氏勸慰一番，接著說：「妳還要趕緊想辦法，沒有路費就去不成了。」

楊氏望望四壁空空的屋子，看著門口幾件破舊的家具，傷心地說：「家裡沒有錢，有值錢的東西也行，抵押出去換點錢。可現在哪有可以拿去抵押的東西呢？」說到這裡，她眼前突然一亮，拉著程氏的手說：「對了，我想起一件可以換錢的東西，不知道妳同不同意？」

程氏莫明其妙地看著楊氏，問道：「什麼東西，還要經過我同意？」

楊氏激動地說：「我家租種了妳幾畝田，我想抵押出去兩畝差不多就湊夠阿眉的路費了，妳覺得怎麼樣？」

程氏恍然明白，想了想點頭說：「這倒是個辦法。阿眉從小肯吃苦，又能幹，要是出去了一定有出息，我支持他。」

妯娌兩人當即來到堂屋，把這個想法告訴孫達成他們。孫達成聽說要把土地抵押出去，很猶豫。孫眉卻很興奮，一再感激二嬸程氏。楊文納也覺得這個辦法不錯，說道：「姐夫，你就同意吧！現在報名的人都排隊呢！你要是錯過了，等到猴年馬月也不一定有這樣的機會。阿眉要是出不去，那你就死心塌地讓他像你一樣，受苦挨餓吧！」

孫中山聽說有辦法讓大哥去檀香山了，也在一邊助陣說：「父親，你就讓大哥去吧！檀香山比翠亨村好。」在他幼稚的思想裡，檀香山也和翠亨村一樣，是處小村落，不過比翠亨村美麗富饒。

孫達成見眾人意見一致，也不再堅持，拍板說：「就這麼決定了，讓你二嬸抵押二畝地出去，籌集路費。」

孫中山第一個跳起來，抱住孫眉說：「大哥，你可以去檀香山了，你可以去檀香山了。」

很快，程氏就托人尋到了買主，將原先租種給孫達成的田地抵押出去二畝多，終於籌集夠了孫眉的路費。

啟程的日子來到了，這天夜裡，孫家上下十幾口人聚集在孫中山家破舊的茅屋下為孫眉送行。孫眉肩背包裹，手拿油布雨傘，和大家一一告別。雖然他先前一再要求遠赴檀香山，可今日相別，心中難免不捨，他給父母長輩們磕頭，與兄弟姐妹們道別，淚水始終在眼眶裡打轉，強忍著沒有流下來。

孫達成囑咐孫眉，在外面賺了錢首先要買幾張紙鉑，祭奠客死異鄉的兩位叔叔。楊氏則拉著孫眉的手叮囑他一定要好好照顧自己。孫眉一一答應。離家的時刻到了，孫眉轉身走出屋門，就見孫中山突然衝過來抱住孫眉的腿，大聲哭叫著：「大哥，你不要走，不要走。」平時孫眉在外面打工，很少

孫中山故居

回家，這幾天難得天天在家，孫中山一直纏著他給自己講故事，說新聞，兄弟倆相處和諧，其樂融融。在小孫中山看來，大哥去檀香山是很遙遠的事，直到今夜離別，他才真切地看到大哥要走了，什麼時候回來還是個未知數。所以，他哭了，他不願意大哥離去，他盡情地表達著純樸天真的心願。

孫眉彎下腰，輕輕擦去孫中山的淚痕，撫摸著他的小臉蛋說：「弟弟乖，在家聽父親母親的話。等大哥在檀香山賺到錢，就給你買很多好吃的東西捎回來，包準你不再餓肚子。」

孫中山搖著頭說：「我不要好吃的，我想要一雙鞋，我還從來沒有穿過鞋呢！」

這句話好似一聲驚雷，驚醒了在場所有人，大家不由自主看看每個孩子的雙腳，一隻隻赤裸裸、髒兮兮，沾滿污泥，有的還留著深淺不等的傷痕。孫達成心痛地看著孩子們的光腳，深深地嘆口氣說：「唉，我在澳門做了十幾年鞋匠，修鞋製鞋無數，到頭來自己家的孩子卻穿不上一雙鞋！」說著，他抱過孫中山，用粗糙的雙手輕輕擦拭他的一雙小腳丫。

孫中山看著父兄悲戚的神情，不解地問：「父親，為什麼鞋匠的孩子沒有鞋穿？你做的鞋都到哪去了？」

孫達成淚眼模糊，哽咽了幾聲沒有回答。

孫眉蹲身看著孫中山充滿好奇的雙眼，低聲說：「放心吧！弟弟，大哥賺到錢一定先幫你買雙鞋。」

孫中山鄭重地點著頭答應：「嗯。」

隨後，孫眉轉身出了家門，頭也沒回踏上出國之路。這一去，天高水遠，前途茫茫，不知道何日才能重返家園。

從孫中山渴望有鞋穿這件事，可以看出當時窮苦百姓生活的真實狀況，也可以看出他強烈渴求平等的心情。正是這種苦難的歲月啟發了孫中山，使得他對於勞動人民的痛苦有著深刻的瞭解和同情，進而影響了他後來革命思想的形成和發展。他曾多次發出這樣的呼籲：中國的孩子應該有飯吃，有鞋穿。他這樣說：「幼時的境遇刺激我……我如果沒出生在貧農家庭，我或許不會關心這個重大問題（註：指民生主義）。」「當我達到獨自能夠思考的時候，在我腦海中首先發生疑問，就是我自己的境遇問題，亦即我是否將一輩子在此種境遇不可，以及怎樣才能脫離這種境遇的問題。」他從個人的境遇進行思索，認為中國的兒童不應該吃不飽飯，穿不暖衣，進而推及整個民族的命運前途，這種胸懷正是一位革命家所必須具備的品質。

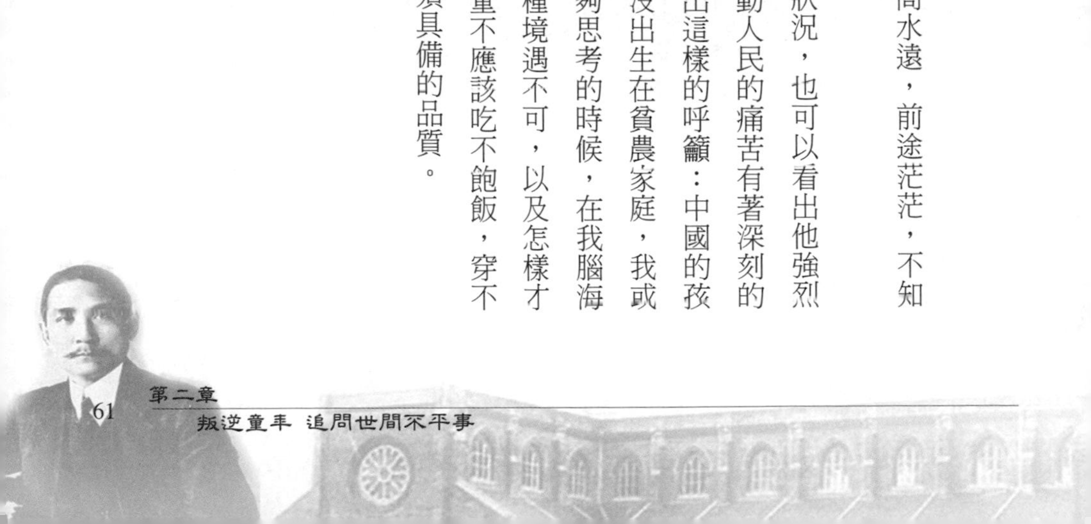

第三節 不願讀死書

入學讀書

哥哥走後，孫中山在艱苦的環境裡繼續堅強地成長著，他開始幹更多農活，幫著父親下田插秧、除草、打禾，他還要去外婆家，跟隨外公駕船出海捕魚取蠔，這些繁重的工作鍛鍊著他的身體，也磨練著他的意志，讓他變得更加堅強有韌性。母親看著小小年紀的他如此辛勞，十分不忍，經常說：「帝象，不要那麼辛苦，當心累壞了身體。」孫中山認真地說：「大哥走了，家裡就我和父親兩個男子漢，我當然要多工作，不能叫妳和姐姐妹妹受委屈。」看他這麼有責任心，母親高興地笑了。

春去秋來，南方的四季不甚分明，就像這苦難的歲月，幾乎天天不變地慢慢流逝，孫眉離家已經好幾年了，他到達檀香山後，最早的工作是在華僑菜園做工，每月薪酬15元，與他一起工作的是同鄉鄭強。孫眉清楚自己出國的目的，因此他省吃儉用，每月節省之下約有10元錢寄回家，供養父母和弟弟妹妹。有了每月10元的收入，孫達成夫婦很滿意，他們首先張羅著贖回抵押出去的地，還清借的錢，然後攢錢為兒子說親。孫眉在菜園工作了11個月後，又轉到夏威夷人設立的牧場做工，工作比先前辛苦了，但薪酬略微提高。

在孫眉努力下，孫家的境況有所改善，1875年，正是他去檀香山的第四年，他寄回一筆錢，並且寫信專門叮囑父親，該讓孫中山上學了。兄弟情深，他對幼弟孫中山寄予無限關愛，也給予殷切的希望。幾年時光飛逝，孫中山已經9歲了，他個頭長高了，身體健壯，終日勞作曬得皮膚黝黑光亮，依然光著腳板走路，看起來與翠亨村的其他兒童沒什麼兩樣，只是他更加活躍，心智敏捷，常常成為孩子頭，在勞作之餘帶著他們上山打鳥，下河摸魚，玩得不亦樂乎。

這天傍晚，他們依舊像往常一樣半躺在村前大榕樹下，聽大人們說話閒聊。村塾的王先生踱著步子走過來，看看大家，清清嗓子，神祕兮兮地說：

孫中山臥室

「你們聽說了嗎？天下發生大事了。」

王先生是村裡最有學問的人，平日足不出戶，卻能知道天下大小事，聽他這麼一說，立即有人伸長脖子問：「什麼事？」

王先生四下瞄了瞄幾眼，似乎心有所慮，想了想才大著膽子說：「天子駕崩了，同治爺病故，兩宮太后重新垂簾聽政。」

聽此重大新聞，翠亨村的百姓並不熱心，大家隨意詢問幾句，似乎很快就把這件事忘了，繼續閒聊各自的話題。孫中山卻很感興趣，他大聲問：「先生，什麼叫垂簾聽政？兩宮太后是誰？」

王先生瞇著眼睛，瞄瞄這個虎頭虎腦、綽號石頭仔的頑童，不疾不徐地回答：「兩宮太后就是皇帝的兩個母親，皇帝年齡小，所以由她們上朝處理國家大事。」

聽了他的回答，孫中山還是不甚明白，繼續問：「皇帝不能處理國家大事那叫什麼皇帝？你不是說皇帝病故了嗎？怎麼又說他年齡小？」

王先生不甚高興地看著孫中山，慢吞吞地說：「舊皇帝病故，新皇帝登基，年號改為光緒了。光緒帝只有４歲，你說年齡小不小？」

孫中山驚呼道：「啊！皇帝才4歲，怎麼可能管理國家和百姓?!」

許多人聽說新皇帝只有４歲，興趣大增，紛紛圍攏來向王先生問這問那。

這件事給9歲的孫中山留下很深印象，他無數次想像著4歲天子登基坐殿的場面，心裡既覺得好奇，又感到莫名的不安，他妹妹秋綺恰好4歲，看到她愛哭愛鬧的樣子，似乎那個4歲的皇帝也在眼前，一不留神就會哭鬧起來，哄也哄不住。

不管孫中山如何猜測，大清王朝依舊做著最後的掙扎和努力，光緒4歲登基，開始了自己多災多難的皇帝歲月。兩宮太后再度垂簾，以她們為代表的滿清貴族繼續統治朝綱，對內鎮壓，對外屈服，國家陷入更加黑暗的深淵之中。就在這時，孫中山家裡卻是難得一見的幸福時刻，孫眉寄來錢讓弟弟讀書，孫達成夫婦很高興，他們為孫中山置辦了身像樣的衣服，帶著他去王先生那裡報名。

孫中山踏進村塾，看到光線黯淡的課堂裡坐著好幾個孩子，他們雙手反背，搖頭晃腦，一字一句地背誦詩文。王先生端坐前面，半瞇著眼睛，似睡非睡。孫達成快走幾步，來到王先生面前說：「先生，先生，我家帝象也來讀書了，請您收下他吧！」

王先生猛一驚醒，揉揉眼睛看看孫達成父子，指著孫中山問：「你也想讀書？好啊！好。我聽說你特別頑皮，綽號叫石頭仔，村塾裡要求嚴格，可不能容你胡作非為！」

孫中山已經非常渴望坐下來讀讀那些詩文了，不假思索地答應說：「我記住了。先生，我什麼時候可以讀書？」

王先生見他快人快語，想起幾天前兩人在榕樹下一番問答，覺得孫中山好思善問，帶著股

子聰明伶俐勁，心裡多了幾分喜歡，親自把他帶到一張空閒的桌子邊，指指座位說：「坐吧！現在就教你讀書。」說完，抑揚頓挫地為他讀了一遍剛剛教給學生們的詩文，讓孫中山跟著讀。

孫中山讀了兩遍，站起來說：「先生，我記住了。」

王先生吃了一驚，半信半疑地說：「我教了兩天，他們都沒有記住，你只讀兩遍就記住了？好，你背給我聽聽。」

孫中山聲音宏亮地背誦完整篇詩文，竟然一字不差！王先生和所有學生都深感驚喜，對新入學的孫中山不由刮目相看。

就這樣，孫中山開始了讀書求學的新歲月，他天天早早起床，幫著父母幹完活，然後蹦蹦跳跳地趕往村塾。一路上，他興高采烈地記誦著昨日先生講過的文章，有時候還會大聲地讀上幾段，像什麼《三字經》、《千字文》、《幼學故事瓊林》裡的精彩段落，顯得格外開心。他讀書勤奮，聽課認真，很快就在村塾裡嶄露頭角，成為成績優異的學生。王先生對他更加喜歡，常常以他為例子教導其他學生，督導大家進步。可是，隨著孫中山讀的書越來越多，他的疑問也逐漸增多，有一次他竟然提出一個令王先生倍感生氣的問題，這個問題究竟是什麼呢？

為什麼要讀讀不懂的書？

孫中山入學不久，王先生看他長得文雅，喜歡學習，能詩善文，為此給他取了個學名——孫文。後來孫中山在許多場合都用孫文這個名稱，在公文、函電中也署名孫文。有了學名的孫中山格外高興，他跑回家告訴父母這個消息，孫達成夫婦滿意地說：「孫文，好啊！帝象，你以後可要好好讀書，做個有文化的人，那樣才有出息。」

轉眼間，孫中山入村塾讀書半年了，他不但學會了很多詩文篇章，還學會了簡單地聯句對詩，更寫得一手工整的毛筆字，因此，既得到王先生賞識，更是受到同學們尊重。這段時間，他的好友陸皓東、楊帝賀也陸續進入村塾，夥伴們多了，孫中山在村塾裡的學習時光也變得更加快樂有趣。

有一天中午，他們吃過午飯很早來到村塾，王先生正躺在屋外大樹下打瞌睡，陽光火辣辣的，樹蔭不偏不倚罩在他身上。他們見先生睡得香甜，覺得屋子裡悶熱難熬，大夥商量一下就跑出去玩了。村塾設在翠亨村馮氏宗祠，出來門口不遠處是一條河流，以前孫中山常常和夥伴們在這裡戲耍遊戲，今天天熱，他們來到河邊，很快就跳到裡面玩起來，一會兒打水仗，一會兒泅水比賽，在水裡既涼爽又好玩，誰也不想出來。時間不知不覺流逝，大家玩得正開心，陸皓東突然叫起來：

馮氏宗祠

「不好了，天快黑了，我們還沒有去村塾呢！」

夥伴們一聽，七手八腳爬上河岸，慌忙穿好衣服往村塾跑去。來到村塾時，王先生和馮氏族長站在門口，冷冰冰地注視著他們。見此情景，孩子們都嚇壞了，一個個直往後退，只有孫中山一步不退，反而迎上去主動承認錯誤，請求先生原諒。馮氏族長奇怪地打量孫中山，悄聲問王先生：「這是誰家的孩子？怎麼這麼有膽量？」等他聽說面前站著的是孫達成的小兒子，驚奇地想：沒想到孫達成老實巴交、平日寡言少語的，他兒子倒聰明伶俐，敢作敢當。

王先生等了一會兒，見馮氏族長不說話，於是滿臉怒氣地斥責學生們：「你們無故曠課，不尊敬師長，今天就罰你們將昨天學過的文章背誦一百遍！」

孩子們一聽，面面相覷，不敢開口應聲。原來昨天剛剛學過的是《大學》，篇幅很長，大多數學生還不會讀，更何況是背誦！

結果，王先生一個個叫他們上前輪流背誦時，一個個張口結舌，結結巴巴背不下去。王先生更加生氣，罰他們跪在孔聖人像前，什麼時候會背了什麼時候起來。

不會背誦的孩子們一個個默默地走到孔聖人像前，跪在那裡接受懲罰。罰跪是當時老師們經常使用的體罰方式，孫中山入學後，多次見到王先生用這個方法懲罰同學，但他從前沒有受過這種懲罰，不過他聽同學說每次罰跪後，腿疼膝軟，好幾天緩不過勁來，非常難受。這時，又一個學生被叫上去，他誠惶誠恐地背誦幾句，也卡住了，嚇得臉色都變了。王先生心裡氣急，順手抓起戒尺，朝著他的手心打下去。劈啪幾下，那個學生的手立刻腫起來，疼得他直縮脖子，卻不敢喊叫。用戒尺打手心也是老師懲罰學生的一種手段，在當時特別普及，許多學生的手甚至都被打爛了。

孩子們陸續跪在孔聖人像前，只剩下孫中山一動不動地站在門口，冷冷地注視著這一切。王先生看他幾眼，心想，平時孫中山非常積極，教過的文章從來都是當天就能背熟記牢，不等過夜，難道今天也沒有記住？也好，趁機懲罰他一下，省得他以後目無尊長，不把我放在眼裡。想到這裡，他咳嗽一聲叫道：「孫文，該你了。」

孫中山站過來，表情嚴肅，神色莊重，盯著孔聖人像，閉口不語。

王先生等了一會兒，奇怪地看著孫中山，想了想問：「怎麼，你也一句背不出來？哼，知道貪玩的結果了吧！再聰明的人不好好學習也會墮落的。」他朝著跪倒在地的學生們看了看，示意孫中山也跪過去。

可是孫中山沒有挪步，他恭敬地朝先生施禮，然後說：「先生，不是我沒有背熟《大學》，而是我有一事不明，我覺得我們整天背這些書，卻一點也不懂書裡講的是什麼道理，背熟了這些書又有什麼意思呢？」

經過半年學習思考，孫中山對於陳舊落後的教學方法提出了自己的疑問，這一下觸動王先生的權威，也觸動了舊有體制的神經。王先生沒想到孫中山發出這樣的問話，勃然大怒，拍著

桌子說：「我們讀孔孟聖賢書，你敢說沒有意思，這還了得！」

孫中山倔勁上來了，堅持著說：「讀死書就是沒有意思。大家都不懂書中的內容和道理，卻要大家死記硬背，背不起來還要挨打，這有什麼意思？」

王先生和馮氏族長都呆住了，他們不約而同地跳起來，衝著孫中山吼道：「你太大膽了，不尊重師長在先，侮辱聖賢在後，這簡直就是無法無天！」王先生抓起戒尺繼續吼：「伸出手來，我要好好教訓教訓你！」

所有學生都嚇壞了，跪在地上蜷縮起身體，似乎挨打的是他們。孫中山卻毫不畏懼，理直氣壯地大聲說：「大學之道，在明明德，在親民，在止於至善。這些我都能熟背爛記，就是不懂什麼意思、什麼道理。不懂的東西為什麼不能問呢？」

王先生一聽，知道孫中山不會輕易就被壓服，手裡握著戒尺一字一句地說：「孫文，你知道有句話叫『吃得苦中苦，方為人上人』嗎？哪個學生不是吃了十年寒窗苦，才學富五車、考取功名啊？你才讀了半年書，不懂其中的道理是正常的，等你長大了，書讀得多了，自然就會明白書裡的意思了。」

馮氏族長點著頭，覺得王先生說得非常有道理。

孫中山卻仍不服氣，爭辯說：「我們讀書，就是向先生求教書裡的道理，多學一點道理有什麼不對呢？整日死背書真的很無聊，沒意思，應該讓大家明白書裡的意思，這樣大家就學得快，記得牢。」

看他不屈不撓的氣勢，王先生又氣又急，一時又沒有好辦法制服他，怒吼著要打人。馮氏族長見天色已黑，再看看那些跪倒在地的孩子，勸阻說：「今天先讓他們回家吧！有什麼事明天再說。」

王先生雖然對學生極其嚴厲，對族長卻畢恭畢敬，言聽計從，他趕緊趕走了孩子們，嘆著氣獨自生氣。

而那群得救的孩子，他們在回家的路上圍著孫中山，敬佩地說：「孫文，你真大膽，敢向先生挑戰，不怕挨打受罰嗎？」

孫中山認真地說：「我一直奇怪我們為什麼要讀讀不懂的書呢？讀這些書

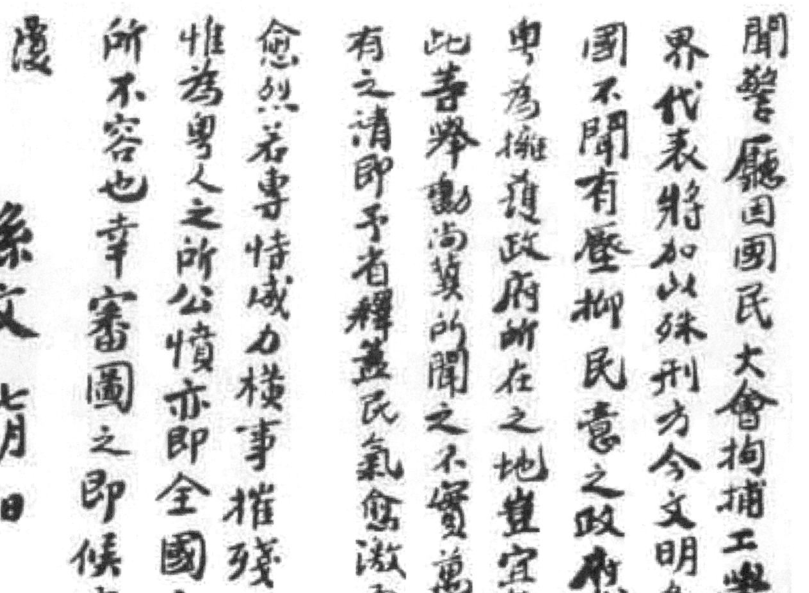

聞警廳因國民大會拘捕工學界代表將加以殊刑方今文明各國不聞有壓抑民意之政府我粵為擁護政府所在之地豈宜有此等舉動尚冀所聞之不實萬一有之請即予省釋蓋民氣愈激而愈烈若專恃威力橫事摧殘不惟為粵人之所公憤亦即全國之所不容也幸審圖之即候電覆

孫文 七月 日

孫中山手跡

有什麼意義呢？學問就是不懂要問，為了弄清這些問題，就是挨打也值得。」

這件事過後，王先生雖然生了一段時間的氣，但他也瞭解孫中山勇於思索、勇於追問的性格，因此對他更加關注，還專門跑到他家裡對孫達成說：「老孫，孫文腦子好又有膽量，將來一定有出息，家裡的小事別叫他做了，做了無益。」孫達成夫婦很高興，從此對孫中山的學習格外上心，盡量騰出時間讓他學習讀書。

可以說，孫中山對舊制度的挑戰，從他9歲提出的這次追問中已得到充分體現。日後，他對封建制度的叛逆言行將一步步加深，並伴隨他成長，最終成為他反對封建，提倡民主的巨大動力。

第四節 為何要纏足

送信引起的問題

孫達成夫婦一心供孫中山讀書，希望他將來有出息，因此很少安排他勞動，打柴草、撈水草之類的工作就全部落到姐姐妙茜身上。每天清晨，妙茜早早出門，頂著風吹日曬忙碌一天，很晚才能回家。看到姐姐辛苦的身影，孫中山十分心疼，他總是很早起床，幫著姐姐去田裡勞作一會兒才去村塾，到了下午放學後，其他夥伴都在村頭玩耍，他卻跑到山上田地邊，繼續幫姐姐工作。妙茜見弟弟這麼懂事，既高興又心酸，她對孫中山說：「弟弟，你不用幫我工作，只要你好好讀書，有本事，將來做大官，賺大錢，咱們家就過上好日子了。」

孫中山搖著頭說：「姐姐，我不想當大官，也不想賺大錢，我想全天下的窮苦人都能過上好日子。」

妙茜知道弟弟常常有些奇怪的想法和言行，比如大哥孫眉臨走時他想要雙鞋；他看著妹妹秋綺，會講起4歲皇帝的事；他肚子裡有很多故事，全是古往今來的名人俠士的經歷，每每講起這些事，他眉飛色舞，口若懸河；還有，他回家就搶著工作，但是學習成績卻在村塾裡遙遙領先，無人可及——所有這些與眾不同的地方，在孫中山身上表現出來卻那麼自然，好像他天生具有不同常人的性格和特點。妙茜時常這樣想像自己的弟弟，為他的聰慧勤奮感到驕傲。

孫中山像

其實，孫中山不僅僅聰慧，關鍵在於他有一顆勤於學習和思考的大腦，有悲憫天下的心胸，這才是讓他脫穎而出的決定因素。一個人聰明與否，天生的差異並不大，而所處的環境影響很大，其中，你會從環境中學習到什麼，對它進行什麼樣的思考，以何種胸懷面對這一切，進而如何從中獲取進步，才是能否成功的關鍵。孫中山就是一個善於學習和觀察，並積極對身邊事物進行思索的人，他多次追問不平，是他大膽地對世界進行探索的起始，也是他最終走向成功的必經步驟。

再說妙茜，她聽了弟弟的話，笑著說：「帝象，你太善良了，可我們哪有關心天下人的本事？還是先管好自己吧！」

孫中山不服地說：「要是每個人都只想自己，不管別人，那窮苦人永遠也無法過好日子！」

妙茜看弟弟認真的神情，笑笑沒有說話，彎身背起背筐回家去。

姐弟倆快到家門口時，遠遠看見母親楊氏站在那裡，一手領著妹妹秋綺，正焦急地朝這邊張望。楊氏看到妙茜姐弟，大聲喊：「帝象，你快過來，這裡有封信，你趕緊給你外公送去。」

孫中山知道，舅舅楊文納每次都和大哥孫眉一起寄來書信，說是這樣省錢，然後讓孫達成轉交信件。他看著舅舅的信，問道：「我大哥的信呢？」

楊氏說：「你父親正在看呢！你外公最近要出海，我擔心信送晚了，他就走了，趁天還沒黑你趕緊給他送去。」

孫中山抓起信件，掉頭就跑，妙茜卻在身後喊住他：「弟弟，天這麼晚了，我和你一起去吧！」

孫中山還沒回話，母親楊氏就打斷女兒的念頭：「妳一個女孩子家，纏著小腳，哪能走急路，跟去了還不是誤事?!」

妙茜低頭看著自己的腳，弓起的腳背，尖細的腳尖，勞累一天快要站不住了，要是再走上十幾里夜路，恐怕難以支撐嬌弱的身軀。她無奈地嘆口氣，傷心地說：「要是沒有纏足就好了，每天可以多做不少工作，多走不少路。」

孫中山看著姐姐小巧玲瓏的腳，來不及細想，告別父母匆匆上路了。一路上天色由暗轉黑，越來越晚，風吹月動，半天不見一個人影，當真令人膽戰心驚。孫中山急速地跑著，跑出滿頭大汗，跑得氣喘吁吁，他一刻也不停留，半點也不耽誤，不到一個時辰就來到了外公家，順利地把信交給外公。

外公年紀大了，雖認識幾個字，老眼昏花也不方便，乾脆讓孫中山給他讀信。孫中山朗朗誦讀，一字不差地讀完信，完成任務，這才告辭回家。

外公說：「天太晚了，明早走吧！」

孫中山說：「明天還要上學，不能回去晚了。」

外公看看屋外，漆黑一片，他不放心孫中山一人返回，於是說：「明天我早點喊你，保證晚不了上村塾。」

孫中山沒有辦法，只好在外公家住下。這天夜裡，突然颳起大風，海邊風勢迅猛，呼號聲聲，十分駭人。孫中山躺在竹板床上，搖搖墜墜，好不容易迷迷糊糊睡了一會兒，第二天一大早，他趕緊地起身往家跑。外公和外婆拉住他說：「風太大了，你一個人走十分危險，明天再回去吧！」

孫中山搖頭說：「不行，不能耽誤了上學。」說完，頂著大風往家趕。

等孫中山趕回翠亨村時，風停雲散，天光大亮，已是美好的早晨時光。陸皓東和楊帝賀兩人正好到他家邀他上學。楊氏看著滿臉倦怠之色的孫中山，心疼地說：「上午就別去了，休息休息下午再去。」

孫中山卻進門背起書包，拿起一個白薯，邊走邊說：「我能去。」說著，與陸皓東和楊帝賀有說有笑走了。

望著孫中山遠去的瘦小身影，楊氏眼眶潮濕，差點掉下淚來。這時，妙茜吃完飯準備外出勞動，看見母親的神情，想想弟弟一夜來回奔忙，嘆著氣說：「唉，我要沒纏足就好了，可以替弟弟去送信。」

楊氏苦笑一下，看著自己和女兒的小腳說：「不纏足怎麼行？這都是多少年的老規矩了。過幾年妳該找婆家了，不纏足誰要妳？」

纏足是中國的古老風俗，據說這個風俗起始於南唐。南唐後宮有位叫窅娘的宮女，擅長舞蹈，她的腳很小巧，李後主就命她用布帛纏足，彎作新月狀，穿著素襪，在高六尺、用黃金製

成的蓮花臺跳舞，因此深得李後主喜愛。為了爭寵，其他宮女競相用布帛纏起腳來，意圖博得後主歡心。後來，這種風氣逐漸盛行，明清年間，纏足成為女孩子必須經歷的痛苦，長到四、五歲時，就有年長者用布將腳包住，使腳掌不能長大，隨著年紀增長，包腳的布裹得愈來愈緊，經過一段很長的時間，腳掌變成三角形，纏足的婦女走路都很困難。俗語說「小腳一雙，眼淚一缸」，可見纏足為當時婦女帶來的難以想像的痛楚。

但是，纏足可以限制婦女活動，符合封建「三從四德」的禮教，因此大受封建士大夫推崇歡迎。女子小腳受到了前所未有的崇拜與關注。發展到後來，女子腳的形狀、大小成了評判女子美與醜的重要標準，做為一個女人，是否纏足、纏得如何，將會直接影響到她個人的終身大事。在當時，社會各階層的人娶妻，都以女子大腳為恥，小腳為榮。「三寸金蓮」之說深入人心，妙茜當然知道纏足的種種說法，臉色微微一紅，低頭不說話。

楊氏略一停頓，突然想起一件事，急急地說：「不說纏足我差點忘了，妳妹妹快五歲了，該考慮給她纏足的事啦！」

妙茜皺皺眉頭，眼前浮現自己纏足的痛苦日子，那種鑽心的疼痛依舊強烈地刺激著她，聽說要給小妹妹纏足，十分不忍地說：「秋綺還小，過些日子再纏足也不晚吧！」

楊氏搖頭說：「不行，腳越小越好，應該趁小趁早纏。」說完，折身回屋，忙著準備為小女兒纏足的事。

妙茜知道無法制止這件事，轉身背起背筐出門勞動。她走在上山的路上，心裡沉甸甸的，眼前的山色景致似乎失去往日的秀麗風姿，變得灰暗陰沉，讓人透不過氣來。她邊走邊想，今天晚上，妹妹就要疼得睡不著覺了。

反對纏足

楊氏果真在這天晚上開始為小女兒秋綺纏足。秋綺不足五歲，是家裡最小的孩子，平日裡比較嬌寵。她並不知道纏足的痛苦，聽說母親要用長長的布條裹住自己的雙腳，覺得好玩。可是，等到雙腳真正被包裹起來，還要折斷前面的腳趾骨，她又害怕又疼痛，哇哇大哭。這是當時所有女子必須經歷的痛苦，楊氏哪能因為女兒哭泣就放棄？她對秋綺又是安慰又是嚇唬，強迫她接受這一切。

孫中山正在外屋讀書，聽到妹妹哭喊衝進來問：「秋綺怎麼啦？」

秋綺指著自己不能動彈的雙腳哭著說：「哥哥，我的腳，我的腳。」

孫中山這才看到她被緊緊包裹住的雙腳，不解地問：「秋綺的腳怎麼啦？為什麼要包裹起來？」不足十歲的他不甚清楚纏足的經過。

姐姐妙茜低聲說：「沒什麼，正在給她纏足呢！」

孫中山聽了，恍然明白，在他幼小的記憶裡，村中所有女子都是纏足的。有些與他年齡相仿的女孩兒，早早地纏著小腳，走路一扭一扭的，十分不方便。他看到妹妹痛苦的表情，不由說：「為什麼要纏足？我看纏足的女子走路都很困難，不方便。」說著，他低頭分別看看自己和姐姐的雙腳，想起昨天姐姐說過「要是沒有纏足就好了」的話，繼續說：「姐姐，妳看咱們倆的腳，我的越長越大，站得越牢。可是妳看妳的腳，那麼小，走路都不穩，以後要怎麼工作？」

妙茜嘆口氣說：「可這是祖祖輩輩傳下來的規矩，女人不纏足就嫁不出去。」

孫中山瞪大奇怪的眼睛，大聲說：「這是什麼道理？出嫁與纏足也有關係？纏足有什麼益處嗎？」

妙茜說：「哪有益處？就是為了出嫁。」

孫中山更加奇怪，他對這項傳統的制度感到極其困惑，覺得纏足實在沒有道理。就在他與姐姐說話的時候，秋綺的疼痛更厲害了，哭喊得嗓子都啞了，雙手抱住雙腳不停地呵著氣，似乎這樣能減輕痛苦。

時間一分一秒流逝，秋綺在無比疼痛之中煎熬著，兩天下來，人瘦了一大圈，腳也不敢下地走路，終日躺在床上哭哭啼啼，像頭任人宰割的小綿羊。孫中山看不下去了，他跑到母親面前請求說：「母親，妳放開妹妹的纏腳布吧！她太痛苦了。」

楊氏平靜地說：「不能放，所有的女子都要纏足，要是今天給她放了，以後還要重新纏，那樣會更受罪。」

孫中山急忙說：「以後就不給她纏了，像我這樣，不是更好嗎？跑得快、做得多，為什麼非要纏？」

楊氏有點煩了，看著孫中山說：「帝象，不是跟你說了嗎？所有的女子都要纏足，哪能像你一樣？哪還有男女區分？祖輩傳下來的規矩，就得好好遵守，誰敢破壞！」

孫中山也很著急，反駁道：「可是纏足毫無道理，毀壞雙腳，增加女子的痛苦，這樣不合理的規矩還要堅持遵守，太迂腐了！不合理的事，就應該反對，應該改變。」

楊氏向來疼愛孫中山，很少訓斥他，今天見他如此固執也生氣了，指著他的鼻子罵道：「人家都說你倔，還真是的。誰家的女孩兒不纏足？秋綺五歲了，不纏足長大怎麼辦？你才幾歲，懂得什麼迂腐不迂腐？難道祖宗們還不如你！去，別再說這事啦，該幹什麼幹什麼去！」

孫中山倔強地站在母親面前不肯離去，他依舊申辯自己沒有錯，錯的是纏足這件事。楊氏氣惱地抓起掃帚，朝著他搖晃幾下要打他。孫中山不動如山，勇敢地面對著砸下來的掃把。這時，妙茜從外面進來，快步攔住母親，勸阻著說：「母親，帝象不懂事，您別生氣。」

楊氏氣得扔下掃帚，扭身出去了。孫中山和妙茜站在屋子中間，兩人默默無語，好半天也沒人開口說話。

孫中山為妹妹求情不要纏足，雖然沒有成功，卻讓他意識到這件事的嚴重性。在妹妹抱著腳痛哭流涕的日子裡，他幾次偷偷為妹妹放開腳，讓她得到片刻休息，緩解疼痛。親眼目睹纏足帶給女子的種種痛苦，激發了他日後反對「大腳女子嫁不出去」、「三寸金蓮受人稱讚」等封建傳統思想的鬥志和勇氣。

第五節 老華僑遇害

海盜進村

時光在悄悄流逝，孫中山依然天天去村塾讀書。這段日子，大哥孫眉不斷寄回錢來，說在檀香山開了間雜貨鋪，生意不錯，收入增加。聽到這些喜人的消息，孫中山姐弟很開心。孫達成夫婦卻顯得心事重重，經常嘴裡唸唸有詞：「這是你大哥拼了性命賺回的錢財，咱們可要節省著花。」

算一算大哥離家已經五、六年了，這些年來，孫中山時常想念大哥，盼望大哥早日回家。他每次接到大哥的信都讀好幾遍，親自給大哥回信，向他彙報自己的學習情況。孫眉得知弟弟學習進步，不斷鼓勵他說：「好好讀書，長大了也來檀香山，幫大哥做生意。」孫中山不知道生意是何物，但他想到有朝一日能跨出國門去檀香山，心情格外激動。

這天，孫眉又來信了，孫中山迫不及待地看了一遍，接著開始大聲為父母朗讀。信中說他

孫中山像

在那裡一切安好，租了幾千畝牧場，前途不錯。原來，孫眉經過幾年打拼，積攢了資本，不但開了店鋪，還在檀香山第三大島茂伊島租了土地，從赤貧的打工者奮鬥成為很有威望的資本家。

孫達成夫婦在土地上摸爬滾打討生活，先前聽說兒子開店鋪做生意，都不以為然，現在聽說他有幾千畝地，無不驚喜有加，高興地說：「老天爺有眼啊！阿眉出息了。幾千畝地，這能種出多少糧食啊！」

孫中山不認同父母的觀點，說：「那是大哥自己奮鬥的，與老天爺有什麼關係。再說，那是牧場，不種糧食。」

孫達成沉下臉看著孫中山，怒聲說：「你就知道耍嘴皮子，有本事也像哥哥那樣賺份像樣的家業，置辦幾千畝地！」

孫中山不再作聲，默默回屋讀書。他心裡對於店鋪、牧場，這些遙遠又陌生的東西充滿了好奇，對於大哥獨自奮鬥的精神十分敬佩。

轉過天來，孫中山早早來到村塾，他進門就掏出書本來讀，心裡依然想著昨天大哥來信的事。不一會兒，同學們陸續來到村塾，王先生也踱步走了進來，看看學生們，沉著臉讓大家坐好，開始領著大家搖頭晃腦誦唱。

咿咿呀呀的誦唱聲此起彼伏，像支催眠的曲子。孫中山早就膩煩了這種誦唱方法，他目不轉睛地看著王先生，心想，先生終日板著臉孔，不苟言笑，要嘛領著大家誦唱，要嘛檢查大家的背書情況，真是太枯燥了，不知道檀香山有沒有小孩子，他們是不是也這樣讀書學習呢？他心不在焉地胡亂想著，突然，村塾外邊傳來一聲驚叫，緊接著有個鄉民衝進村塾大聲喊：「王先生，快逃，海盜進村了。」

最近，附近鄉村時常傳來海盜騷擾百姓的新聞，各村損失都不小，翠亨村比較偏僻，人口又少，土地貧瘠，倒是未曾受到攻擊。現在聽說海盜進村，一向以沉穩自居的王先生嚇傻了，他慌亂地扔下書本，跑進跑出，不知道該往哪裡躲藏。學生們看見先生慌了神，更害怕，有的鑽到桌子底下，有的拼命往外逃竄，一個個抱頭藏腳，唯恐受害。村塾裡立刻亂成一鍋粥，叫喊聲、跑動聲、東西碰撞聲，狼籍一片。

就在村塾裡慌亂不堪之際，整個翠亨村也陷入極度混亂之中，村民們四散而逃，有的跑向山裡，有的逃到河邊，有的躲進北極殿，還有的爬上樹，藏進茂密的樹葉間，各謀生路。

此時，海盜們已經持刀拿槍衝進村子，他們沒有理會普通百姓家，而是在一個長得像瘦猴、只有一隻眼的人帶領下，直接向村塾附近一家花園洋房而去。這是村上一位從美國歸來的老華僑的住所，他早年去美國加利福尼亞採礦發了財，幾年前回來後請人依照西式洋房設計建築這座住宅，是翠亨村最豪華壯觀的建築物，在村裡人人羨慕。海盜們直接撲向洋房，看來是有備而來，他們如狼似虎般，砸碎洋房大門，橫衝直撞地衝進去，見人殺人，見狗殺狗，掃清障礙後，瘋狂地搶劫值錢的財物，手起手落間，門毀窗碎，花草踐踏，人哭犬叫，頓時，美麗、精緻的洋房被損毀得面目全非，破敗狼籍，成了一處罪禍的場所。

經過半個時辰搶劫，海盜們將洋房內洗劫一空，帶著珍寶財物滿意地揚長而去。在他們慘無人道的劫掠時，翠亨村幾百位的成年人都躲藏起來，無一人敢近前。可是，卻有一個十來歲的少年，不畏強暴與危險，冷冷地站在一邊目睹了事情的整個過程。

老華僑遇害

這個少年就是孫中山。原來他聽說海盜進村後，沒有像其他人那樣慌亂躲藏，而一直冷靜地坐在村塾裡。那時，大家忙著逃命，誰也沒有注意他。後來，海盜們直撲花園洋房，孫中山看見了，也不動聲色跟了過去。他曾經跟著父親去洋房玩耍過，聽老華僑講述在海外的種種經歷，以及國外的人文風情，對那神奇、陌生的異域產生過無數次想像與嚮往。老華僑說過一句話讓他記憶很深，那就是「洋人有法律，在那裡很安全」，孫中山不知道法律是什麼，但他看得出老華僑在海外生活比較穩定。當時，孫達成還問了老華僑一句：「檀香山有法律嗎？」他正是關心兒子孫眉的安危，特地來拜訪老華僑的。老華僑想了想說：「應該有吧！聽說那裡也屬於美國管。」

孫中山聽了，少小的心中猛地一動，開口問道：「什麼是法律？咱們這裡沒有嗎？」老華僑看著孫中山，笑笑說：「不一樣，西方的法律保護人。」

孫中山更迷糊了，不解地問：「法律到底是什麼？還能保護人？」在他腦海裡，浮現出諸如俠客兵器之類的東西，他讀過很多書，覺得只有那樣的東西才能保護人。

老華僑讀書不多，文化淺，他仔細想了想，依然無法解釋清楚什麼是法律，只好說：「等你長大了，也去海外就知道什麼是法律了。」

孫中山心氣極高，當即說：「要是那裡的法律果真好，我就把它帶回中國來，這樣，咱們國家也有法律了。」

看他一臉認真的神情，老華僑高興地哈哈笑起來。

現在，眼見海盜們在光天化日之下像群餓狼撲向洋房，孫中山知道老華僑面臨危險，悄悄尾隨而至。他看見海盜們搶奪財寶，毀壞物品，隨意施殺，小小的胸腔裡怒火燃燒，他突然想起老華僑說的法律，心想，這裡要是也有法律就好了，可以保護老華僑不受害。很快，海盜們

帶著搶劫的財寶得意洋洋離去，只留下一座蹂躪過後的空房。孫中山冷冷地站在那裡，從心裡覺得悲涼。突然，老華僑踉踉蹌蹌衝出房子，跪在院子中絕望地哭訴道：「我完了，一切都完了，我冒了生命危險遠渡重洋，歷經千辛萬苦積攢的錢，全被強盜搶走了，被強盜搶光了。老天啊！要是我留在洋人的地方，那裡還有政府和法律的保護，何至遭受如此不幸？回到自己的國家和家鄉，反倒沒有保護了……」

老華僑斷斷續續的哭訴著，絕望的聲音在少小孫中山的心中激起了巨大的波瀾。他陷入痛苦的沉思中：為什麼中國沒有洋人那樣的法律？為什麼老華僑冒了生命危險，依靠辛苦勞動賺到的金錢，在洋人那裡很安全，回到家鄉卻得不到保護？為什麼那群海盜可以為所欲為，難道沒有人管嗎？這些思索成為孫中山對不平世界的又一次追問，也成為他推翻封建王朝，建立共和國家最初的思想動力。

遭受搶劫後，老華僑不死心，無奈之下，遞狀紙到衙門告狀，請求官府追索自己的損失。可是，官府不但不為他伸冤，反而誣告他串通洋人，意欲不軌，派官兵把他抓了去，還將洋房據為己有。

官兵們圍住洋房，許多孩子前來看熱鬧，孫中山也在其中，他一看頓時呆住了，原來這支清兵的頭目正是那一隻眼、像隻瘦猴，帶著海盜進村的人！官匪聯合，坑害百姓，真是天理不容！不久，翠亨村百姓瞭解到事情的真相，原來瘦猴清兵頭目前段日子向老華僑勒索，可華僑回國後繳過不少稅，覺得沒有必要賄賂他，也就不去理睬他，結果他惱羞成怒，聯合海盜，上演了這齣震驚人心的慘劇。

面對官匪的暴虐行徑，老百姓敢怒不敢言，無人敢替老華僑說話。在不平面前，少小的孫中山再次顯示出正義和勇敢的本性，這天，他一個人離開村塾，跑進清兵包圍的洋房。

守門的清兵攔住孫中山，孫中山故意大聲叫嚷：「這洋房是老華僑的，他是我父親的朋友，我以前和父親來過，為什麼現在我不能進去？你們抓走了老華僑，搶走他的房子，他究竟犯了什麼罪？」官兵們沒想到一個毛頭小子敢說出這番話，一個個既心虛又氣惱，揮舞兵器要來抓他。孫中山早就料到官兵們的伎倆，猛一閃身躲開，一溜煙跑走了。

雖然沒有為老華僑爭取回房子，但孫中山勇敢的言行還是震懾了官兵，他們不久就把房子賣掉，然後撤走了。清兵離去後，翠亨村百姓無不加額相慶，特別是馮阿公，他高興地說：「石頭仔，你立大功了。要是清兵不走，我這把老骨頭恐怕就要毀在他們手裡啦！」

孫中山說：「阿公，我還要感謝您呢！要不是您給我講洪秀全的故事，我還不知道和清兵鬥爭呢！」

馮阿公笑呵呵地說：「對，就要學習洪天王，和清兵鬥爭到底！」

這幾年來，除去讀書外，少小孫中山最喜歡做的事情就是聽馮阿公講太平天國的故事，並且從中受到很大影響，那麼，馮阿公怎麼知道這麼多事呢？他與太平天國有什麼關係呢？

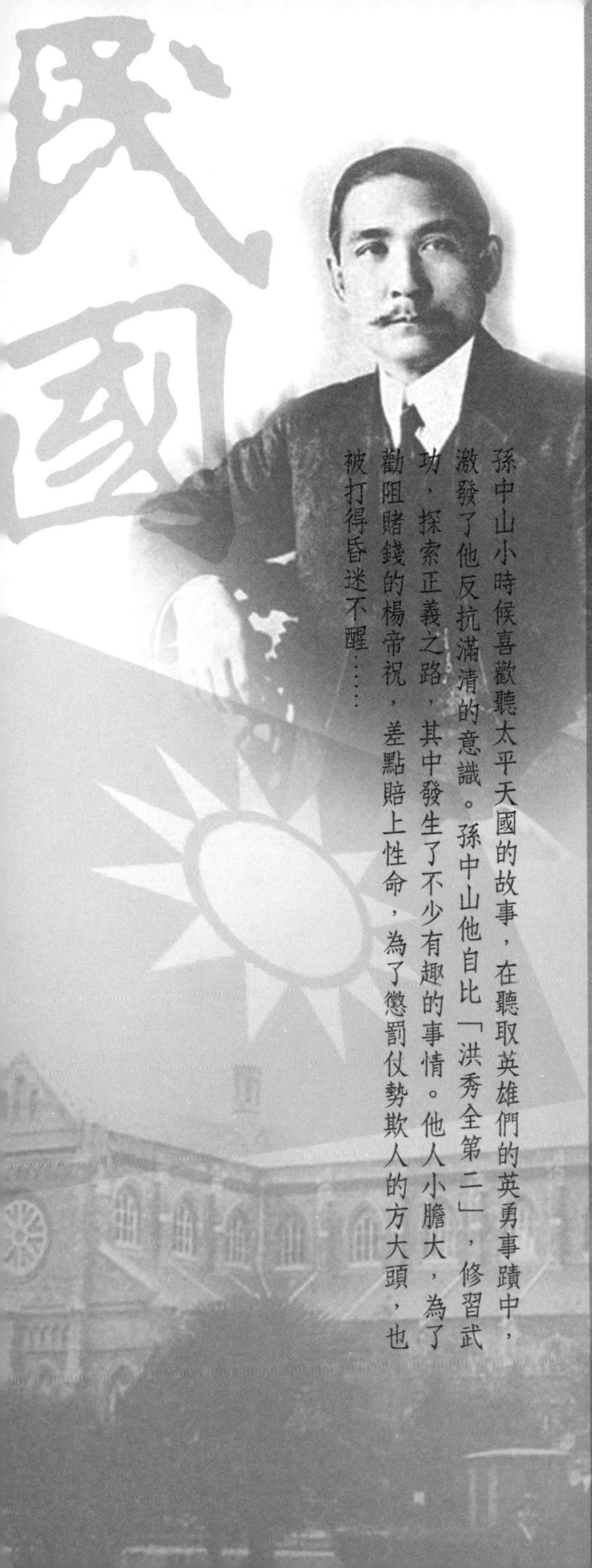

第三章

習文練武　自比洪秀全第二

孫中山小時候喜歡聽太平天國的故事，在聽取英雄們的英勇事蹟中，激發了他反抗滿清的意識。孫中山他自比「洪秀全第二」，修習武功，探索正義之路，其中發生了不少有趣的事情。他人小膽大，為了勸阻賭錢的楊帝祝，差點賠上性命，為了懲罰仗勢欺人的方大頭，也被打得昏迷不醒……

第一節　太平天國的故事

馮阿公講太平天國

孫中山出生前兩年，1864年，太平天國都城天京陷落，此後，太平軍餘部雖廣泛活動於全國各地，但都遭到清政府不同程度的打壓消滅。到他漸漸長大時，太平天國運動已經成為老百姓生活中一個深入人心的事件，流傳深遠，影響很大。

在翠亨村，有一位參加過太平天國運動的老戰士，他就是馮爽觀，人稱馮阿公。馮阿公念念不忘十年前太平天國運動的種種豪壯舉動，內心深處依然對那場旨在推翻滿清，尋求人間公平的運動滿懷留戀之情，每天早晚，他常常坐在村前的大榕樹下，出神地凝思著，似乎還在懷念那些共同奮鬥過的戰友和親人，思緒還停留在那一場場激烈的戰事中。大榕樹是全村人喜歡去的地方，更是孩子們喜歡聚攏戲耍的場所，他們看著馮阿公出神的樣子，就會湊上來與他嬉鬧。馮阿公對孩子們非常有耐心，不管他們怎麼與自己玩鬧，他也不煩，時間一長，孩子們都願意跟他玩，所以他常常為孩子們講述太平天國的領袖洪秀全、楊秀清等人的故事。老人像說書人一樣，把太平天國戰士們和清軍作戰的英勇場面，以及自己親身經歷的戰鬥娓娓道來。孩子們聽得津津有味，時而緊張地握緊小拳頭，時而眉飛色舞地大笑，彷彿身臨其境似的。

就這樣，翠亨村的許多孩子就在馮阿公的故事裡一天天成長著。有一天，孫中山和陸皓東、大秀幾人又在大榕樹下捉迷藏，他們玩著玩著，看見馮阿公來了，孫中山立刻說：「我們去請馮阿公講太平天國的故事。」

大秀說：「都聽好幾次了，我們還是先玩吧！」

孫中山說：「太平軍那麼英勇，打敗清兵，還嚇走很多滿清將軍，我們應該學習這樣勇敢的戰士，這比玩有意義。」

陸皓東也說：「對，昨天阿公講到太平軍被清兵圍困了，還不知道勝負呢！我們趕緊請阿公講給我們聽。」說著，和孫中山一前一後跑向馮阿公。

大秀沒辦法，也慢慢跟過去。

秦趙長平之戰

馮阿公看見孫中山幾人跑過來，笑吟吟地說：「怎麼了？還想聽故事？」

「對，」孫中山大聲說，「我們還要聽洪秀全的故事。」

這些天來，馮阿公已經繪聲繪色地為他們講了太平軍金田起義，洪秀全自稱天王，將士們頭紮紅巾，攻克武昌，打下九江諸事，還特地為他們講了一段湖口戰役，因為那一戰中清湘軍主帥，赫赫有名的曾國藩被打敗了，差點投河自殺。聽到這個地方，所有孩子都大聲叫好：「打得好，真過癮！」昨天，馮阿公開始為他們講太平軍一路高歌向天京挺進的過程。孫中山十分渴望知道太平軍在天京的事，所以今天急忙跑過去纏著阿公繼續講。

馮阿公很高興，坐下來開始講述。孫中山等孩子圍在他身邊，聚精會神地傾聽著，不斷發出

太平天國

驚呼和讚嘆聲，也不停地提出許許多多問題。當他們聽到太平軍攻陷南京後，建立天朝，諸王發生紛爭，互相殘殺時，一個個流露出失望神色。唯獨孫中山很鎮定，問道：「太平軍只用兩年時間就從廣西打到了南京，改金陵為天京，說明他們很團結，戰鬥力很強大，如果這個時候自己人打自己人，那以後又怎麼與清兵鬥爭呢？」

馮阿公摸著孫中山的腦袋說：「石頭仔呀，你想得真長遠。唉，當時，翼王石達開帶著一支兵馬走了，天王洪秀全就啟用年輕的陳玉成、李秀成等一批英雄，才使天國又振興了幾年。可是，終究沒有辦法對抗滿清，還是失敗了。」

孫中山聽罷，自言自語地說：「要是洪秀全滅了滿清就好了。」

馮阿公看他一身正氣，滿腔熱忱，不由說道：「滿清勾結洋人攻入天京，將士們拼死抵抗，但是勢力太單薄了，兵馬又少，死的死，亡的亡……」他腦海裡浮現出天京陷落的悲慘場景，痛心疾首，老淚縱橫，無法講下去了。

孫中山得知太平軍最後的遭遇後，激憤地握著小拳頭，好半天默默無語。在他心裡，勇於鬥爭的種子已經深深埋下，勇於革命的理想也在騰騰燃燒。少小的他以種種形式表現出對太平軍的喜愛崇敬之情，不斷地激勵自己與壓迫和剝削做鬥爭。

太平天國遊戲

孫中山對太平天國的故事表現出強烈的迷戀，儘管他已經聽了很多遍，還總是纏著馮阿公，求他為自己講故事，講起義之初的壯觀場面、講次次戰鬥的英勇人物、講打敗清兵時太平軍歡慶的時刻、講清兵如何勾結洋人擊敗太平軍——總之，只要關於太平軍和洪秀全的故事他都愛聽，都愛思考。

時間久了，孫達成知道他沉迷於此，曾經訓斥他說：「你不好好讀書，整天關心那些長毛鬼幹什麼？」滿清入關後，強迫漢人接受他們的習俗，蓄髮留辮。太平軍起義後，剪去髮辮，以示反抗滿清統治。他們披散頭髮，清廷污蔑他們為「長毛鬼」，膽小怕事的百姓也多以此稱呼太平軍。

孫中山當即不滿地說：「他們是太平軍，都是勇敢的戰士，不是長毛鬼！」

孫達成煩躁地說：「別管他們叫什麼，反正都是些不要命的人，咱們老老實實種田過日子，不要關心那些事。」

孫中山反駁道：「官府欺壓百姓，我們種田吃不飽飯，就應該反抗，爭取公平，怎麼能不關心呢？」

孫達成沒好氣地說：「你只管好好讀書，吃飯的事不用操心！」

洪秀全故居

聽他父子爭吵，楊氏走進來問：「又怎麼啦？帝象，你不想讀書啦？」

孫中山說：「不是，我喜歡讀書，可我也喜歡聽太平天國的故事，我覺得太平軍很勇敢，是群很棒的戰士……」

沒等他說完，孫達成就嚷道：「聽見了嗎？還說呢，叫你不要關心那些事，你偏偏不聽！」楊氏這才明白父子吵架的原因，勸阻丈夫說：「唉，小孩子愛聽故事，這不是常事嘛！你管那麼多幹嘛？現在世道變了，馮阿公在家裡不是待得好好的。隨他去吧！他還能成了洪秀全？」她沒有洞察未來的能力，不會預見到三十年後，孫中山比洪秀全還徹底地掀起了推翻滿清的革命浪潮，並最終取得勝利。

孫中山不管父母對這件事的看法，一如既往沉迷在太平天國的故事裡。現在，他不但經常聽太平天國的故事，還將故事搬到日常生活中，與夥伴們玩太平天國遊戲。這個遊戲也很簡單，就是夥伴們玩打仗遊戲時，孫中山扮演「洪秀全」，小夥伴們有的當「太平軍」，有的當「清兵」，雙方鬥智鬥勇，展開激烈的戰爭。遊戲中，孫中山扮演的「洪秀全」指揮著「太平軍」勇敢地攻殺「清兵」，常常殺得他們連連敗退，狼狽不堪。

這天，雙方正站在大榕樹下交戰，馮阿公走過來，遠遠地站著仔細觀看。就見孫中山沉著地率領「太平軍」衝殺過來，向著不遠處埋伏的「清兵」撲過去。馮阿公吃了一驚，心想「清兵」設下埋伏，「太平軍」過去還不身陷重圍？他剛想過去攔住「太平軍」，卻見孫中山一擺手，招呼「太平軍」停下來，站在埋伏地外面大聲說：「將士們，前面就是清兵的包圍圈，我們衝進去可能會遭受一場惡戰，我們不衝進去，敵人很快就會用洋炮攻擊我們的天京，你們說，我們是衝進去決一死戰還是被動挨打？」

孩子們群情激昂，齊聲歡呼：「衝進去，打敗清兵！打敗清兵！」

孫中山見大家鬥志昂揚，揮舞手中長棍，高喊：「衝啊！」

小「太平軍」們如下山猛虎，不顧危險殺進包圍圈，他們氣勢如潮，震懾了對方，小「清兵」們上前應戰，敵不過「太平軍」，節節後退。這次鬥爭再次以「太平軍」勝利告終。孫中山命人押著俘虜，大聲宣判：「你們滿清入侵中原，欺壓百姓，罪不可容，來人，推出去斬了！」幾個小「太平軍」將士前呼後擁押著俘虜走向河邊，意思就是在那裡施行處決。

一直在遠處觀看的馮阿公不停地點著頭，對孫中山表現出的指揮自如的大將風度十分欣喜，他走上前說：「帝象，你可真像當年的太平軍大將軍。」

小「太平軍」聽了，興奮地喊著：「大將軍，大將軍。」

孫中山望著眼前眾人，突然想起什麼，問馮阿公：「阿公，洪秀全死後，難道就沒有人起來反抗滿清了嗎？」

馮阿公嘆氣說：「這就要看有沒有人敢做洪秀全第二了。」

孫中山聽了這話，內心猛地一動，他將手中長棍揮舞一圈，昂首說出一句讓在場諸人又驚又駭的話。

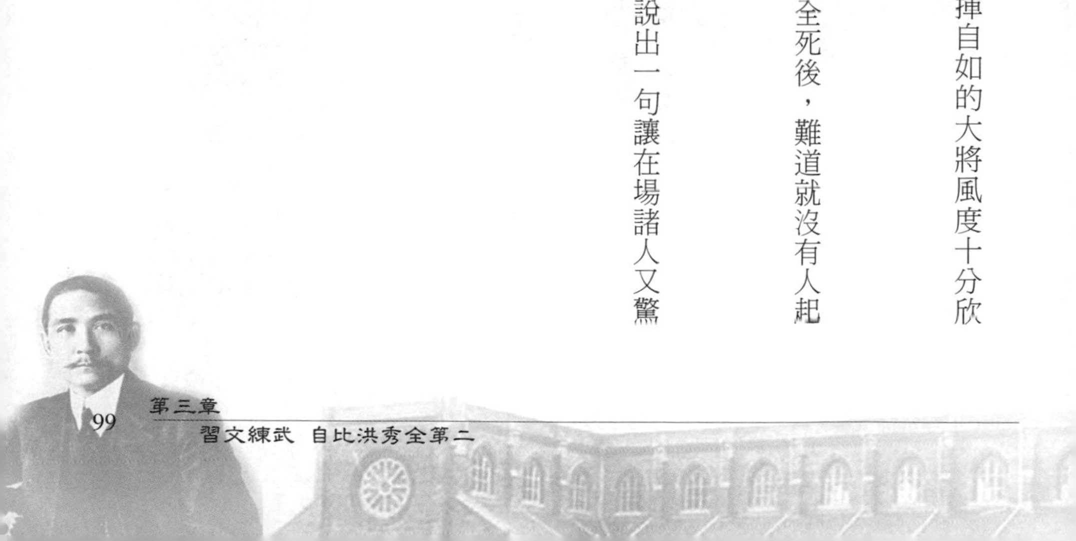

第二節　洪秀全第二

我是洪秀全第二

孫中山聽馮阿公說出洪秀全第二的話，觸動心靈深處，他當即大聲說：「我要做洪秀全第二！」

大秀聽了，高興地說：「孫文要做洪秀全，要當天王，做皇帝，我們都會當大官了。」

孫中山義正嚴詞地糾正說：「我不當皇帝，我當洪秀全，打倒皇帝，不讓他們欺壓我們。你們也不能當大官，大官都會欺負人，你們要當將士，要與官府鬥爭！」在他純樸正義的胸懷裡，反抗舊統治、舊秩序，為人民謀求公正和和平的情緒是那樣強烈。

馮阿公點頭說：「帝象說得對。孩子們，以後帝象就是你們當中的洪秀全了。」

孩子們興奮地聚攏起來，圍著孫中山大聲歡呼：「洪秀全，洪秀全。」

從此，孫中山就以「洪秀全第二」自詡，夥伴們也習慣稱呼他洪秀全，反而不怎麼喊他的乳名和學名了。這天，他們幾人又在村外山坡玩耍，一直到了天黑還不回家。楊帝賀的母親前來尋找孩子，天黑看不清楚，就聽見山坡上這個一聲「洪秀全」，那個一聲「洪秀全」，不由驚奇地想，太平軍都失敗好幾年了，怎麼這裡又出現了「洪秀全」？嚇得她趕緊回家去喊丈夫，對他訴說此事。楊帝賀的父親聽了，也覺得奇怪，就找了幾個朋友一起去山坡觀察，他們細細聽來，發現是幾個孩子在玩，就點起馬燈問：「帝賀，你們在幹什麼？怎麼還不回家？」

楊帝賀聽出父親的聲音，大聲回答：「我和洪秀全玩呢！一會兒就回去。」

楊帝賀的父親和朋友們聽了大吃一驚，他們蹲下身子商量說：「還真有洪秀全呢！這是怎麼回事？我們要不要報官？」

有一個年輕人說：「不能報官，我聽馮阿公說過，太平軍嫉惡如仇，要是咱們報了官，他們會來報復的。」

「那可怎麼辦？」楊帝賀的父親著急地說，「孩子在他們手裡會不會有危險？」

幾個人焦急地商討著，卻沒有好辦法，就在他們愁眉不展時，楊帝賀和孫中山幾人蹦蹦跳跳跑過來，看見地上的燈光，高興地喊：「回家啦，回家啦！」

楊帝賀的父親慌忙起身迎接兒子，看他毫髮無損，驚喜地問：「怎麼？洪秀全沒有傷害你？」

楊帝賀滿不在乎地說：「他傷害我幹嗎？我們是一夥的，我是他的大將軍。」

這下幾個大人更奇怪了，互相對視幾眼，不知該如何應對眼前局面。還是那個年輕人反應快，他拉著楊帝賀問：「唉，你們回來了，洪秀全呢？他住在山裡？」

楊帝賀哈哈大笑，指著孫中山說：「他幹嘛住在山裡，他不是跟我們一塊回來了嗎？」

「啊！」幾個大人看著孫中山，都張大了嘴巴，他們這才知道孩子們口中的「洪秀全」竟是小小的孫中山！

孫中山像，1905年

楊帝賀的父親生氣地責怪兒子：「帝象有名字、有綽號，你們不叫，偏偏喊他洪秀全，我們還以為洪秀全顯靈了呢！」

孫中山接話說：「要是洪秀全顯靈就好了，可以帶領我們繼續反抗滿清。」

那個年輕人一聽，推了一把孫中山說：「你這個石頭仔真有膽量，敢說反抗滿清的話，不怕官兵把你抓去？」

孫中山說：「洪秀全不怕，我也不怕，我是洪秀全第二！」

大人們聽了，覺得好笑又好氣，帶著孩子們回村子去了。

這件事後，翠亨村許多人家都知道孫中山是洪秀全第二的事，尤其是家裡有小孩的人家，每到天黑，孩子們如果還不回家，他們都猜測自己的孩子是不是跟「洪秀全」玩打仗遊戲去了？他們對孫中山很瞭解，知道他正義勇敢，也就放心讓孩子們跟他玩。

可是這事卻遭到一人反對，就是孫中山的父親。孫達成聽說孫中山自詡「洪秀全第二」，村子裡的人也都這樣稱呼他，生氣地責備孫中山：「你知道洪秀全是幹什麼的嗎？你不老老實實讀書學習，淨給家裡招惹是非！」

孫中山不服地說：「我沒給家裡招惹是非。洪秀全帶領太平軍反抗滿清，分給百姓土地，讓大家都過上好日子，這有什麼不對，為什麼不向他學習？」

孫達成罵道：「你個混帳東西！洪秀全那是造反，要被滅門九族！現在官府還在拘拿長毛鬼餘孽呢！你要再說自己是洪秀全第二，我看官兵就要把你抓走了！」他畏懼官府勢力，擔心兒子受到牽連，這種責罵和管教也可以理解。

孫中山人小膽大，內心有股改變不平世界的強烈衝動，所以才具備這種效仿英雄人物和事蹟的言行，他對父親的種種擔憂、恐懼心理不以為然。當然，此時的孫中山不過是個十歲頑童，無法看清太平軍起義的缺陷和錯誤，他接受和理解的就是他們勇於反抗，勇於挑戰，與不公和壓迫做鬥爭的勇氣和正氣。所以，他不肯聽從父親的訓斥，出得門來依舊和夥伴們玩耍太

平軍遊戲，以太平軍裡的各個英雄人物互相稱呼。不僅如此，他們在與馮阿公接觸的過程中，還知道了一件事，就是在不遠的石門坑有人辦武館，招收少年去學武術。

得知此事的孩子們很激動，他們大多是十來歲的頑童，喜歡打打鬧鬧，自然對武術很嚮往，於是商議著要一同前去學武。

學習武功

這天，王先生外出訪友，早早地給學生們放了假。時間尚早，太陽高高地掛在天上，熱辣辣地照耀著大地，孫中山和陸皓東背著書包回家，路過馮阿公家時，發現他家大門緊鎖，兩人對視一眼，異口同聲說：「阿公不在家，會不會去武館了？」

他們說完，不由哈哈大笑，孫中山說：「皓東，今天放學早，咱們去石門坑報名學武吧！」

這句話正中陸皓東心意，他拍著手說：「我也這麼想，走，咱們快去吧！」

他們來不及回家，就折往石門坑跑去。路上，正好遇到要去田裡幫忙的大秀和楊帝賀，大秀和楊帝賀放下手裡的鐮刀，也隨著他們一起匆匆跑向石門坑。

此去石門坑需要翻過一道小山，他們冒著滿頭大汗翻過小山時，天色還早，還沒到傍晚時分。山川秀美，江山多嬌，孫中山回望身後的小山，激動地說：「我們學武練功，有本事了就可以像太平軍一樣和滿清對抗！」

陸皓東和楊帝賀隨和著說：「對，我們學習武術，有了功夫，就不怕清兵和洋人啦！」

大秀點點頭，似乎對他們的理想感到很模糊，卻又不知道如何表達自己的想法，只好默不作聲。

走了不久，他們來到一處低窪的山坳，樹木叢生，枝葉繁茂，擋住了去路。孫中山幾人在樹叢中費力地前行，有時被樹枝刮傷皮膚，有時候被枝枝杈杈鉤住衣服，還有時候不小心會被樹根雜草絆倒，真是步步艱難。走了一會兒，大秀氣喘吁吁地說：「咱們是不是走錯方向了？怎麼這麼難走！」

孫中山看看四周，也覺得有些不對勁，指著不遠處一株高大的樹木說：「走，咱們爬上那棵大樹看看該往哪個方向去。」

幾個孩子努力跑向大樹，先後攀爬著直向大樹頂。等他們坐在高處樹叉上放眼四望時，就見夕陽西照，滿山樹木蔥鬱，景色非常壯觀美麗。突然，陸皓東指著南邊說：「快看，那邊樹叢後有人！」

孩子們齊刷刷調轉腦袋，朝陸皓東手指的方向望去。果然，南邊有處低矮的灌木叢，中間是處空地，幾個人正站在那裡舞刀弄槍，好像是練習武功。大秀高興地說：「那裡就是石門坑吧？咱們找到地方啦！」

孫中山想了想，滿腹疑惑地說：「石門坑辦武館，這也叫武館嗎？我看咱們不要魯莽，悄悄過去探個究竟。」

孩子們知道他足智多謀，慮事周全，無不聽從他的建議，悄悄滑下大樹，摒聲靜氣向南邊移動。終於接近那夥人了，孫中山和夥伴們弓著腰，躲在樹後伸長脖子觀望，不由大吃一驚，原來這夥人裡竟然有馮阿公！只見馮阿公精神飽滿、神態嚴肅地坐在一塊石頭上，那夥練武的人似乎累了，圍過來站在馮阿公周圍。他們說了會兒話，馮阿公站起身，端著水碗向每個人頭上灑水洗禮。然後，有人點起篝火，那夥人表情激憤、莊重地把一面繡著「清」字的龍旗投入火中，烈火冉冉，群情激越。這時，有人展開一面長長的布旗，上面寫著「天父天兄天王太平天國」，他們面對布旗，齊聲低呼：「齊心協力滅清妖，還我中華好……」

目不轉睛看著眼前場景的孫中山呆住了，他心裡蹦蹦亂跳，激動地想著，這就是太平軍嗎？馮阿公他們又要起事消滅滿清了？他身邊的大秀悄悄扯扯他的胳膊說：「這是怎麼回事？馮阿公他們想幹嘛？是不是要打仗？」孫中山低聲說：「這就是太平軍，他們可能又要和滿清打仗了。」大秀緊張極了，聲音顫抖地說：「真的？太可怕了，咱們快走吧！」他說話間，不小心蹬滑身邊一塊石頭，石頭順著山坡滾了下去，發出極大聲響。這下子可驚動了馮阿公他們，幾個身手矯健的壯年漢子飛身跳過來，大聲喝問：「誰？」

孫中山挺身而出，大聲回道：「阿公，是我們，我是帝象。」

這時，馮阿公正和其他人忙著收拾布旗、篝火，以及各種兵器，聽到孫中山的聲音，轉身跑過來，對壯年漢子們說：「這就是我說的『洪天王第二』，非常崇拜洪天王，特別喜歡太平軍的故事哪！」

壯年漢子們聽了，打量著眼前這個身材敦實，氣宇昂然，目光中透出機智勇敢的孩子，高興地說：「果真不錯，像個英雄！」

就這樣，孫中山幾個孩子被允許到空地上，他們好奇地看著這夥人還有那些武器，悄悄問馮阿公：「他們都是幹什麼的？這裡就是石門坑武館嗎？我們也想練武。」馮阿公笑呵呵地說：「他們都是我年輕時的朋友，近來在前面的石門坑辦了個武館謀生。你們想練武也可以，不過練武很辛苦，你們受得了嗎？」原來這夥人都是參加過太平軍的戰

孫中山大元帥像

士，他們時常懷念太平天國、痛恨清王朝的統治，近些日子，他們以辦武館的名義聚會，重新燃起反清的鬥志。他們不敢在武館中聚會，便在山坳裡開闢了這處場所。剛剛他們舉行的灑水洗禮、焚燒龍旗、在太平天國布旗前宣誓等儀式，都是當年他們參加拜上帝會、金田起義時親身經歷過的事情。

孫中山聽說可以學武，當即招呼夥伴們齊聲說：「能！我們不怕苦，我們不怕累，我們就是要學武長本事，將來參加消滅滿清的鬥爭！」

馮阿公等人很高興，答應他們隨時可以前來學武。從此，孫中山和夥伴們在讀書耕作之餘，常常結伴前往石門坑，在那裡學習武功，增長本領。

第三節 勇鬥惡人

勇救馮阿公

孫中山勤奮聰明，不僅表現在讀書方面，在學習武功上，也進步的很快。去石門坑學習不久，他就掌握了幾個基本招式，練起來虎虎生風，頗有氣勢。一天晚上，他和陸皓東等夥伴在村前河邊比劃拳腳，記起馮阿公他們灑水洗禮的事，一個個摩拳擦掌，也要效仿。孫中山指揮他們站好隊，用片大樹葉捲起來當碗，舀起水一個個灑在他們頭上。孩子們虔誠地接受洗禮，神情莊重，場面肅穆。灑完水，孫中山又用尖利的小木棍在樹葉上刻出一個「清」字，對大夥說：「這是滿清的龍旗，我們要放火燒了。」

陸皓東假裝生起篝火，孩子們上來把樹葉旗扔過去，就聽陸皓東嘴裡喊著：「燒了，燒了，滿清的大旗燒成灰了。」他邊說邊迅速地將樹葉旗扔進河裡，樹葉順水而去。

孩子們立刻歡呼起來，高聲叫著：「滿清消滅了，滿清消滅了。」

他們玩得正開心，就聽身後傳來一聲怒喝：「小小年紀什麼不好玩，竟玩這種遊戲？以後可要注意，小心官兵把你們抓去！」

孩子們慌忙回頭，眼前站著的竟然是馮阿公！大夥不解地圍上來，七嘴八舌問：「阿公，為什麼不讓我們玩？」

馮阿公滿面怒色，繼而憂心重重，最後拉著他們走出好遠才語重心長地說：「你們一定要記住，剛才說過的話千萬不要在別人面前說起，也不要再做灑水洗禮的遊戲，懂嗎？這樣太危險了，弄不好會驚動官府，知道嗎？」

孫中山帶頭說：「我們懂了，阿公，我們以後會多加注意。」

馮阿公相信孫中山，摸著他的腦袋說：「嗯，懂就好，你們還小，以後的路長著呢！處處都要小心留意。」他深知其中利害，擔心孩子們洩露消息，禍及同伴，影響大事。

幾天後，孫中山又和陸皓東去石門坑，天快黑了，他們走得很急，走著走著，孫中山突然停下，悄悄對陸皓東說：「我發現身後好像有人跟蹤。」

陸皓東皺皺眉頭說：「怎麼辦？就我們倆能對付他嗎？」

孫中山鎮定地說：「我裝作去樹叢方便，你就站在樹後等著，看看身後是什麼人？」

他們依計行事，發現身後跟蹤的竟然是幾個清兵，每個人手裡拿著刀握著棍，全副武裝，鬼鬼祟祟一直跟著他們。孫中山和陸皓東十分驚訝，他們商量說：「清兵怎麼跟著我們呢？他們要幹什麼呀？」想到這裡，孫中山緊張地說：「不好，清兵一定是去抓捕馮阿公他們的，馮阿公他們今天在空地上聚會，這要是去了，還不全部暴露了！皓東，你慢慢走拖住他們，我抄小路去報信。」

陸皓東勇敢地答應下來。兩個人兵分兩路，陸皓東悠悠哉哉地走在大路上，邊走邊玩，一會兒逮螞蚱，一會兒掏出彈弓打飛鳥，走得很慢；孫中山穿越樹叢，爬上小山，走山路，過溝壑，不顧路險樹密，急匆匆趕往空地。果然，馮阿公等人已經來到空地，正準備舉行儀式呢！孫中山上氣不接下氣地衝過來說：「阿公，快，快走，清兵來了。」

馮阿公他們一聽，不及細想，匆忙收拾東西帶著孫中山離去。結果，清兵跟隨陸皓東慢吞吞趕到空地時，人去地空，什麼也沒發現！

清兵撲了個空，惱羞成怒，開始打石門坑武館的主意。馮阿公他們知道此事有所暴露，也就放棄武館，各自散去。馮阿公年紀最大，依舊留在翠亨村，他不忘孫中山救命之恩，專門登門感謝。孫達成聽說孫中山救了不少人，想想自己一直反對他、斥責他，沒想到他還真敢做大事，心裡也很激動，對馮阿公說：「咱們鄉里鄉親的，世世代代相處不錯，遇到這樣的大事應該幫忙。」他以樸實善良的農民情懷接納了這件事，也對孫中山仗義救人做出了肯定。

可孫中山和父親想得不一樣，他少小的心中燃燒的是反清的火焰，努力爭取的是天下公正，這在他來說，要比救某個人或者對抗某個清兵更重要！

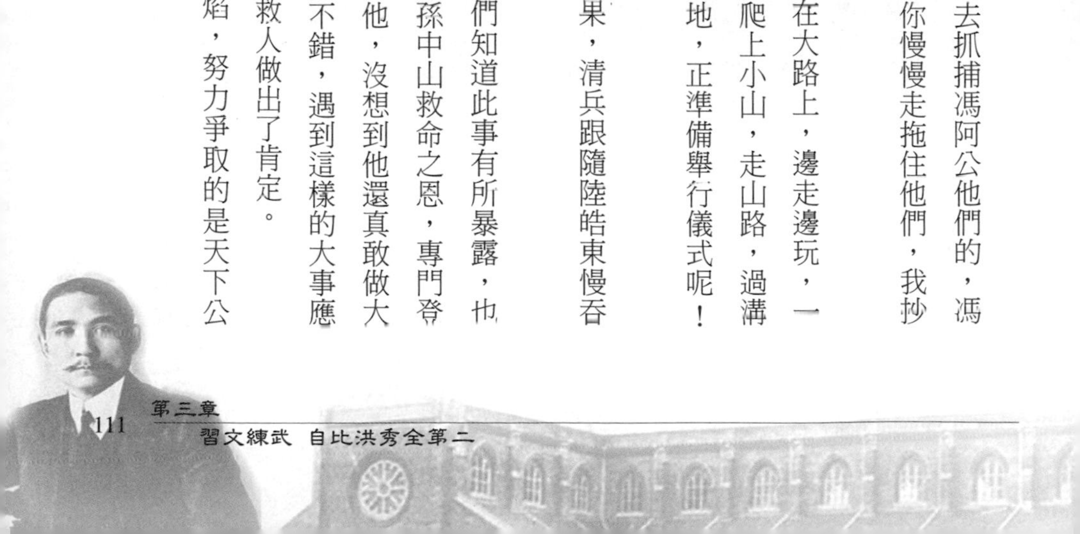

這件事後，孫中山的生活暫時恢復了以往的樣子，他天天讀書，日日勞作，仍不忘和夥伴們練習拳腳，只是不用去石門坑了。在這段日子裡，海盜進村搶了老華僑的洋房，而官府派兵逮捕老華僑，侵佔花園洋房，上演一齣官匪聯合害民的慘劇。這才有了孫中山勇敢地跑進花園洋房大聲控訴官兵之事。民怨沸沸，官府撤走駐兵，馮阿公高興地再次誇獎孫中山，對他洪秀全第二的名聲更加肯定。

與方大頭決鬥

官兵撤走後，翠亨村恢復往日的寧靜，只是大夥對老華僑的遭遇深感憐憫，常常背地裡議論此事。少小的孫中山心懷不滿，常常憤憤地對夥伴們說：「如果我們是太平軍就好了，肯定能把清兵打得落花流水。」

不久，到了一年一度的中秋佳節，每逢佳節倍思親，孫達成全家都很想念遠在檀香山的孫眉，所以讓孫中山給他寫信，並寄去家鄉的特產。中秋節是中國傳統的節日，歷來很受重視，這天不但村塾放假，老百姓也不怎麼勞動。吃過早飯，孫中山和夥伴們陸陸續續趕到北極殿，他們時常在那裡打鬧玩耍，今天他們玩鬧一會兒，有人提議玩「砍大青」的遊戲。這個遊戲簡單好玩，具體玩法就是把一根甘蔗豎在地上，每個人輪流拿刀從甘蔗的頂端砍下去，誰砍得甘蔗皮長，誰就是勝者，誰就多吃甘蔗。當地盛產甘蔗，大人孩子都喜歡吃甘蔗，這種遊戲也就非常流行。

大家嘻笑著砍甘蔗，結果同以往一樣，孫中山砍得最多，得到的甘蔗也最多。這時，圍攏過來觀看他們遊戲的孩子越來越多，有幾個年齡小的孩子站在一旁，露出羨慕神色。孫中山就把自己的甘蔗分給他們說：「拿去吃吧！」小孩子們高興地跑上來搶甘蔗，十分開心。

就在這時，突然從南邊跑過三個大孩子，帶頭的個頭高高的，頭大眼圓，一臉驕橫神色。孩子們看見他們，紛紛後退躲避。孫中山站在中央沒有挪動，他早就看清來人，正是村裡財主方繼清的兒子方大頭帶著兩個同伴。方大頭比孫中山大3歲，高出大半個頭，倚仗家裡的勢力橫行霸道，經常欺負比他小的孩童，他也在村塾上學，但他不好好讀書，常和幾個不良少年混在一起，賭牌九，搶東西，為此孫中山曾經指責過他，可他不但不聽，還以為孫中山多管閒事，仗著學習好欺負他，對孫中山忌恨不已。

孫中山像

今天早上，方大頭還賴在床上睡覺，

他的兩個朋友就去喊他，說中秋節北極殿人多，他們應該早去看熱鬧，方大頭這才爬起床，懶洋洋地跟著他們前往。他們走到村北，果然看見北極殿前聚集著好多孩子，方大頭喜歡熱鬧，唯恐錯過什麼精彩節目，於是撒腿疾跑。等他到了那裡，看見孫中山帶著一幫孩子砍甘蔗玩遊戲，心裡生氣，二話不說，就叫兩個同伴上去搶甘蔗。那些小孩子剛剛得了甘蔗，還沒吃到嘴裡呢！嚇得抱著甘蔗亂跑。

孫中山見方大頭無理取鬧，上去拉住他說：「住手，不許欺負人！」

方大頭脖梗一擰，瞄著孫中山輕蔑地說：「你少管閒事！」說完繼續搶奪甘蔗。

孫中山見他不肯停手，怒火燃燒，伸手抓住他的辮子，大聲說：「放下甘蔗！」

方大頭被扯得頭皮發麻，被迫扔下手裡的甘蔗，雙手抱住腦袋大聲說：「孫文，你住手！你不能拉我辮子！」

孫中山見他放下甘蔗，也就鬆開他的辮子。方大頭立刻跳起來喊道：「好大膽的傢伙，敢拉我辮子，給我帶來惡運。哼，不給你點苦頭，你不知道我方老爺的厲害！」說著，他惡狠狠地舉拳朝孫中山面部打去。

孫中山閃身躲過方大頭的拳頭，憤怒地指責他：「你仗勢欺人，賭牌學壞，亂搶東西，現在竟然還要打人！」

方大頭得意地繼續罵道：「哈哈哈，罵你怎麼啦？打你又怎麼啦？你父親就是有名的老傻子，你不是小傻子是什麼？小傻子，小傻子！」

孫中山忍無可忍，大聲吼道：「不許罵我父親！」

方大頭見激怒了孫中山，更加得意忘形，罵得更大聲了。

孫中山暴怒了，他不顧一切向方大頭衝去，一下子將他撞翻在地。

方大頭人高馬大，反而被孫中山撞倒，周圍立刻發出陣陣歡呼。方大頭又氣又羞，怒沖沖地從地上爬起來，像隻餓狼撲向孫中山，兩人互不相讓扭打成一團。站在一邊的陸皓東著急地大聲喊：「孫文，用學過的武功！」

孫中山也想施展自己的功夫，可他才學了幾天，只會一些基本動作，在這樣扭打的場合根本派不上用場！何況，方大頭身高力氣大，學過武功，自己漸漸居下風，被方大頭乘勢抓住了辮子。方大頭揪著孫中山的辮子轉圈，還蠻橫地嚷道：「叫我三聲方老爺饒命，我就放了你。」

孫中山豈肯輕易求饒，他努力對抗著，就是不說話。方大頭心狠手辣，把孫中山扯到牆角，往牆上使勁撞他的腦袋。周圍孩子們見此，有的嚇得慌忙跑開，有的閉著眼睛不敢看，陸皓東剛想上前救人，卻被方大頭帶來的兩個同伴攔住了，他眼睜睜看著孫中山被撞得頭破血流，心急如焚。這時倔強頑強的孫中山仍一聲也不吭，掙扎著與他對抗，直到最後沒有力氣抗爭了，昏倒在地上。

方大頭見勢不妙，帶著兩個同伴一溜煙就跑走了。

陸皓東、大秀、楊帝賀等人嚇壞了，忙上前抱起孫中山，痛哭失聲。很快地，在附近的馮阿公得到消息，和孩子們把孫中山抬到家裡，親自為他療傷包紮。大約過了半個時辰，孫中山才悠然醒來，他發現自己躺在馮阿公家裡，想起剛才與方大頭決鬥的事，摸摸自己鬆散的髮辮說：「要是沒有這討厭的辮子就好了！」

馮阿公心疼地說：「帝象啊！先養好傷，先別急！」

孫達成夫婦聞訊趕來，看著兒子傷得如此嚴重，抹著眼淚說：「方家有權有勢，他們打了人，我們也投訴無門！今後你那倔脾氣可要改一改，免得再吃苦頭。」

「我不怕！」孫中山執拗地說，「早晚有一天這些欺負人的壞人都會受懲罰。」

孫達成夫婦知道兒子愛打抱不平，喜歡伸張正義，不肯輕易聽從勸告，嘆著氣對馮阿公說：「你看這個孩子，罵不聽，打不怕，你幫我們教訓教訓他。」

馮阿公感嘆地說：「帝象外號石頭仔，真是名不虛傳。我看他性格剛強，為人正直勇敢，真像翼王石達開，長大了也一定會成為英雄好漢。」

第四節 怒斥賭徒

一 勸賭徒

這次與方大頭決鬥，孫中山雖沒取勝，但他不畏強暴的精神卻得到了夥伴們一致的尊敬。大家越來越信服他，沒多久，他就規勸了楊帝賀的哥哥楊帝祝。

楊帝祝20多歲了，人很懶惰，不喜歡勞動，嗜好賭錢。翠亨村有個小賭場，他一天到晚泡在裡面，很少回家。楊帝賀多次跟孫中山提到哥哥的事，並且邊說邊嘆著氣：「我父母特別擔心，害怕有一天我大哥賭急了，把我家的房子也賭掉。」

孫中山氣憤地說：「你該好好勸他，不要讓他繼續賭了。這樣賭下去，你們早晚都要跟著倒楣。」

楊帝賀無奈地說：「我怎麼可能沒勸？勸了好多次，可每次他都不聽，有時候還要打我，嫌我話多妨礙了他的財運。唉，我現在死心了，像他這樣的人不會變好。」

孫中山不同意這種說法，反駁道：「只要有決心，沒有做不到的事。你大哥不戒掉賭癮，一定是不明白自己的錯誤，我們應該繼續勸他，幫助他。」

楊帝賀知道孫中山聰明，辦法多，就說：「帝象，你幫我勸勸我大哥，行嗎？」

「好。」孫中山痛快地答應下來。

過了幾天，孫中山的外公捎來口信，讓他幫忙到金星灣取蠔。孫中山很高興，這幾年，他常常去外公家幫忙，還學會了划小船，在碧波蕩漾的大海裡漫遊工作，真的十分暢快。一大早，孫中山簡單吃了幾口飯，就匆匆辭別父母上路了。他走出村口，在大路上蹦蹦跳跳地走著，心裡想著熱鬧的海灣，來往的船隻，以及海鮮的美味，不由自主笑出聲來。就在他正高興時，突然聽到從路邊草叢裡傳出拳打腳踢的聲音，他嚇了一跳，忙躲到一棵樹後觀察，原來有人在打架，幾個身強力壯的小夥子圍著一個年輕人，劈頭蓋臉地狠揍著。孫中山看不下去了，心想，幾個人打一個，太不公平了！不行，我要想辦法救人，趕走那些施暴者。想到這裡，他折下一根樹枝，劈下枝葉，製成一條長棍，拿在手裡衝出來大喊：「住手！不要打人！」

那些人聽到喊聲，停下手腳回頭一看，見是個十來歲的小孩子，不由一陣嘻笑，帶頭一人說：「怎麼？你想打抱不平？」

孫中山怒目圓睜，振振有詞地說：「你們欺負人，我就要管！」

帶頭的人冷笑一聲，指著被打的人說：「欺負人？告訴你，他欠了我們的錢不還，難道不該打嗎？」

孫中山這才看清，被打的人原來是楊帝祝，馬上就明白了始末，肯定他又去賭錢，賭輸了錢無法還才被人追著打。這時，楊帝祝已經被打得頭上臉上全是血，受傷不輕，根本無力抵抗。看他的樣子，孫中山又氣又急，大聲問：「你又去賭錢了！賭輸了錢被人打了，對不對？」

楊帝祝神色黯淡，不理孫中山的質問。

帶頭的人見孫中山認識楊帝祝，陰陽怪氣地說：「怎麼樣？我們打他沒錯吧！你要是想救他，就替他還錢。」

孫中山掉頭看著帶頭的人，伸手掏出兜裡的幾文錢，扔給他怒聲說道：「他賭錢不對，可你們打人更不對！我會勸他還你們的錢。」

帶頭的人掂量著幾文錢，看著一臉正氣的孫中山，對他人小膽大的勇氣有所震懾，他想了想，帶著手下人離去。臨行前盯著孫中山說：「你記住了，過幾天我們還來要錢，到時候他不還，我們可找你要。」

孫中山冷冷地注視著他，一言不發。

等他們走遠了，楊帝祝拖著受傷的身軀，準備返回村裡。孫中山望著他，心裡升起一團怒火，大聲說：「賭錢是不對的，你家裡人辛辛苦苦賺來的錢都被你賭掉了，你這樣做太不應該

了。」他越說越激動，滔滔不絕地批評著楊帝祝。

楊帝祝是成年人，一貫遊手好閒，多結交無賴之徒，學些拳腳功夫，因此在村裡橫行霸道，無人敢惹。今天竟被孫中山一個毛頭小子訓斥，心裡十分不爽，無奈有傷在身，也不敢逞強，只好默默忍受著。

孫中山批評了楊帝祝，不忍心看他拖著傷痛趕路，對他說：「你在這裡等著，我去找人來扶你回去。」

說完，轉頭跑回村子，到楊帝賀家報信喊人。楊帝賀的父母聽說兒子被人打了，連忙喊上親朋好友去救人。等他們救回楊帝祝，才知道他跑到香山縣城去賭博，輸了錢，無錢還債，所以被那裡的惡棍追到翠亨村，這才發生了在村口打人的一幕。聽說了事情的經過，楊帝賀和父母十分難過，圍著楊帝祝又是勸說又是嚇唬，不讓他再去賭博。

孫中山站在一邊，想起答應楊帝賀的事，看到他家貧困的生活狀況，趁機對楊帝祝說：「我們小孩子都知道賭錢不對，可是你這麼大了，不但不幫家裡工作，還揮霍家裡的錢財，你這種行為，與強盜有什麼區別？我們都瞧不起你！你要是再不改掉這個壞毛病，我敢說你以後肯定過不了好日子。」

聽著他稚嫩卻真誠的話語，想著他勇敢救自己的舉動，楊帝祝心裡七上八下，喃喃地說：「我以後再也不賭了，不賭了。」

幾天後，楊帝祝傷情好轉，盤算著如何還清債務。他走到村子裡，看著進進出出工作的人們，心裡十分不快，在他看來，勞動太辛苦了，也不可能快速賺錢發財，怎麼樣才能賺到大錢，還清賭債呢？

再勸賭徒

楊帝祝一心希望賺到錢還賭債，他轉來轉去，不知不覺又來到村子的小賭場。與他相好的幾個賭徒見他來了，圍攏上來說：「哎喲，你可來了，我們還以為你聽了那個小石頭仔的話不敢賭了呢！來來來，賭幾把，去去晦氣。」

楊帝祝禁不住勸說，將父母兄弟和孫中山的勸說拋諸腦後，滿心歡悅地走進賭場，向他們借了幾文錢，又開始了賭博。一開始，他贏了幾把，高興地想，只要再贏幾次，我就可以還了賭債。看他越玩越得意，有個賭友問他：「我聽說那天帝象批評你了，這是真的嗎？他一個小孩子，你怕他什麼？」楊帝祝訕笑著回答：「哪有的事，別聽人亂說。」

就在楊帝祝迷戀賭錢的工夫，孫中山和楊帝賀幾人從村塾放了學，邊說邊笑地往家趕。路過小賭場時，他們看見不遠處有人指指點點，竊竊議論。孫中山站住了說：「看人們的反應，小賭場裡肯定又有人在賭錢。」

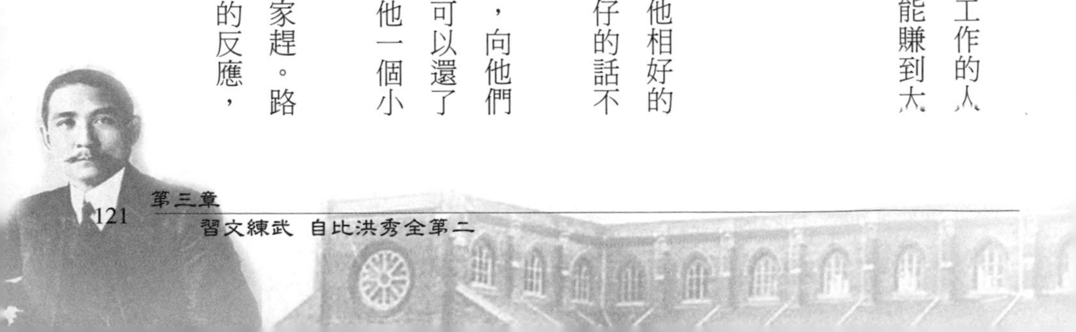

楊帝賀緊張地說：「該不會我大哥又來了吧?!」

孫中山說：「很有可能，咱們進去看看就知道了。」說完，轉身就要進賭場。

楊帝賀一把拉住他，怯怯地說：「那些賭徒都是壞人，會欺負我們的，我們還是不要進去了。」

孫中山毫不猶豫地說：「不用怕，俗話說『邪不壓正』，他們做錯了，而我們是去規勸他們，這沒有好怕的。」說著，拉著楊帝賀的手走進賭場。

他們進去後，一眼看見了坐在賭桌旁的楊帝祝。孫中山怒火燃燒，走過去厲聲說：「你怎麼又來賭錢？你忘了自己說過的話？」

楊帝祝賭得正開心，沒想到弟弟和孫中山闖進來，而且當面訓斥自己，又羞又惱，沒好氣地說：「去去去，你們自己去玩，不要管我的事！」說著，斜眼瞄瞄弟弟，威嚇他離去。

楊帝賀嚇得大氣不敢出，躲在孫中山身後低聲說：「我們走吧！別惹他了。」

孫中山不害怕，他挺挺胸脯對楊帝祝說：「你說過不賭了，今天又來賭，這就是你不對！你跟我們回家，不要在這裡賭錢了。」

楊帝祝有心翻臉，但想想孫中山救過自己，強忍著怒火說：「我贏夠了還債的錢就回去，你不要再操心了，快走吧！」

旁邊的人見楊帝祝對孫中山如此客氣，有意挑弄他的怒氣，嘻笑著說：「楊帝祝，你什麼時候變得這麼文雅了？連毛頭小子都不敢惹，該不是想改邪歸正了吧？」

經他們一番挑撥，楊帝祝臉色一陣紅一陣白，狠狠地瞪著弟弟和孫中山，恨不得他們立刻在眼前消失。

孫中山脾氣倔，認定的事情不會輕易放棄，他看楊帝祝毫無去意，知道勸說已經沒用。仔細思考，突然想起一件事，不由分說跳過去抓住他腦後的辮子，攥在手裡說：「這下你該走了吧！」

原來當地賭場有個不成文的習俗，認為被人抓住辮子運氣不好，會輸錢。楊帝祝很迷信，常常對弟弟說這件事，囑咐他不要輕易動自己的辮子，免得輸錢破財。楊帝賀和孫中山要好，就把這個說法告訴了孫中山。孫中山從小就與父祖不同，認為木偶神像不可靠，對這些迷信的傳言和做法很反感，當時還說：「這都是騙人的，不可信。」今天，他多次勸說楊帝祝無效，猛然想到以其人之道還治其人之身的說法，心想，他不是怕輸錢嗎？只要我抓住他的辮子，他認為會輸錢，自然就不賭了，所以才上前抓住了他的辮子。

再說楊帝祝，猛然被孫中山抓住辮子，心裡咯噔一下，叫道：「你放開手，放手！辮子被抓會影響運氣，我要輸錢了。」說著，用力掙脫。

孫中山一面鬆開拉著辮子的手，一面說：「你知道輸錢還不快走，不要再賭了。」

周圍人沒見過這種事情，一開始驚得瞪大眼睛，注視著孫中山和楊帝祝。等到孫中山鬆開

手，繼續勸說楊帝祝，有些人笑出聲來，嘲笑地說：「今天可開眼界了，小孩子制服了大人。楊帝祝，看來你真該金盆洗手，不要再進賭場了。」

哄笑聲中，楊帝祝坐不住了，騰地站起來，轉身揮手推向孫中山，嘴裡說著：「你給我出去！」一下子把他推出門去。

可憐的孫中山，瘦小的身軀跌跌撞撞退到門邊，收不住腳碰到門口石頭上，連翻了兩下，重重摔倒地上，無了聲息。

楊帝賀大驚失色，撲到孫中山身上大叫：「帝象，你醒醒，你醒醒。孫文，孫文。」他胡亂喊叫著，試圖叫醒孫中山。

可是孫中山摔暈了，根本沒任何反應。楊帝賀喊了幾聲不見動靜，回身衝向大哥，叫嚷著：「你把帝象摔死了，你真不是人，我再也不認你這個大哥！」

賭徒們都以為出了人命，一個個撒腿就跑，誰也不敢停留在此。楊帝祝這時已經嚇得不知如何是好，也撲到孫中山身上，連喊帶叫：「帝象，你快醒醒，你別嚇唬我。我知道錯了，你為我好我卻對你下毒手，我真不是人！」他用拳頭使勁打著自己的腦袋，悔恨交加。

就在他兄弟束手無策的時候，遠處跑來三人的父母們，他們看著地上的孫中山也慌了神，七手八腳把他扶到楊帝祝背上，讓他背著孫中山去找大夫。路上，楊帝祝一個勁地呼喚孫中山，並信誓旦旦地說再也不賭博的話。楊帝賀氣憤地看著他說：「你要是早不賭，不就沒事了！」

話音剛落，就聽孫中山緩慢地吐出一句話：「現在知道錯了也不晚。」

楊帝賀驚喜地看著孫中山，喊道：「你醒了，帝象，你沒死？」

原來孫中山剛才暈過去了，這一顛簸反而清醒過來，正巧聽到楊帝賀的話。他勉強一笑：「我哪能死，我還要做洪秀全第二呢！」

楊帝祝心裡一塊石頭落了地，高興地說：「帝象，我聽你的勸，以後再也不賭了。」

孫中山說：「太好了，那我這一跤沒白摔！」

大夥聽了，都哈哈笑起來。

過後，孫中山的母親心疼兒子，對他說：「你勸人不賭錢是好事，但不要拉人的辮子。做事情就像打蛇，要是打不中要害，必然受害。」

這件事很快在翠亨村傳開，人們對孫中山勇敢仗義的行為所讚嘆不已，那些賭徒受此影響，漸漸不再聚攏賭博。從此，翠亨村的小賭場再也無人光顧，村裡的賭風消失了，風氣大為好轉。

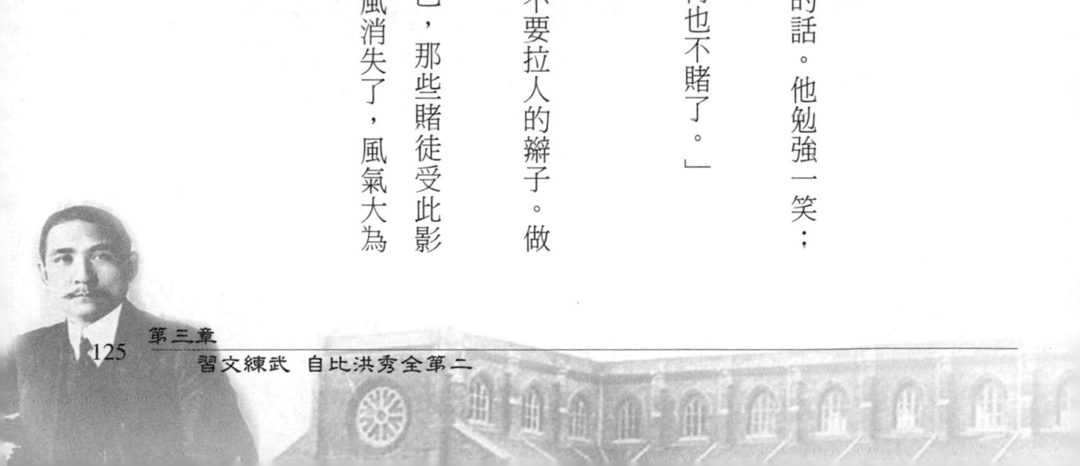

第四章

遠渡重洋　踏上異邦新生路

孫中山12歲時，遠在海外檀香山謀生的大哥孫眉衣錦還鄉，兄弟分別多年，重逢之後格外親熱。孫中山一心嚮往更為寬廣的新世界，執意跟隨大哥去檀香山，遭到父母堅決反對。但是，孫中山的心思已動，第二年勸服父母，踏上遠赴檀香山的巨輪。

首次離鄉見識了新天地的孫中山，既感慨西方先進的科技文明，更驚嘆檀香山良好的社會秩序，思想上受到巨大衝擊，「自是有慕西學之心，窮天地之想」。他不肯學做生意，拒絕大哥為他安排的事務和財產，希望繼續求學讀書，不知道他的願望能否實現？

第一節 孫眉回鄉

久別相逢

當孫中山在村子裡讀書勞作，與夥伴們遊戲玩樂，面對不平與強暴進行機智勇敢地反抗，彰顯著個性之中正義、豪勇、善良、聰慧的本性，茁壯地成長時，他的大哥孫眉出國已經七年了。這年是1878年，孫中山12歲了，春天，孫眉來信說不久可能回國。孫中山非常激動，一遍遍猜想著大哥什麼時候回來，不知樣子有沒有改變？大哥回來了會不會再去？是的話自己也要跟著去。這些問題時時縈繞在孫中山腦際，以致他經常陷入沉思之中，就連酷愛的種種遊戲也不願做，有時一個人蹲在大榕樹下整個下午都不說話。

這天傍晚，大榕樹下坐滿了人，孫達成也在其中，他最近很開心，話也多了，經常與鄉親們閒聊逗樂，有時講述歷史典故，有時講述年輕時在澳門的種種見聞。一晃三十年過去了，昔日那個在澳門成長打拼了十六年的小鞋匠，如今已是60多歲守本分的莊稼老漢。今天，他坐在那裡，剛和大家聊了一會兒，就聽一位年長者問道：「老孫，聽說你兒子阿眉要回來了？」

孫達成笑呵呵地說：「是啊！阿眉20多歲了，該回來成親了。」

那人又問：「阿眉發大財了吧？聽人說他開了工廠，還有幾千畝牧場。」

孫達成依舊喜孜孜的，深邃的眼裡閃著光彩，看起來炯炯有神，高高的顴骨上泛起一團紅暈，好像喝醉了酒似的，他客氣地說：「好歹混口飯吃吧！哪有那麼大本事！就是讓他回來趕緊成親，婚事都訂下好幾年了。」

當時，婚事秉承父母之命、媒妁之言，孫眉自然也不例外，他父母為他訂了附近村子裡譚家女兒。譚家的女兒已經老大不小，他家擔心夜長夢多，幾次上門催促婚事。孫達成夫婦年紀大了，一是想念兒子，二是渴望早日抱孫子，也就不斷寫信追著孫眉，讓他趕緊回來成親。

那人接著說：「唉，前幾年去檀香山的不少人都發達了，阿眉趕上好時機了。他這次回來，要是那裡情況好，也把我家小兒子帶去吧？」

孫達成憨厚地笑了笑，擺著手說：「他哪有那本事。」

孫中山一直坐在旁邊，他靜靜地聽著父親和人說話，心裡想像著檀香山的山山水水，大哥的身影不斷在眼前晃動，似乎那個地方有股神奇的力量在召喚自己。這時，他突然發話道：「大哥有本事，大哥還說要帶我去呢！」

那人聽了，笑著說：「老孫，你看了吧！帝象可說實話了。」

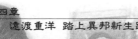

孫達成不好意思地笑笑，要是以往他一定會訓斥孫中山，可今天他特別高興，竟然沒理會他，自顧自地繼續與人談天說地。而孫中山，則再次陷入對大哥回鄉這件事的無限嚮往中。

日出日落，朝夕盼望，孫眉回鄉的日子終於來到了。6月，孫眉回到了闊別七年之久的翠亨村，與父母親人團聚。幾年的打拼磨練，孫眉已不再是離家時那個毛頭毛腦的少年，他成長為身健體壯、思想成熟、閱歷豐富、很有頭腦和眼光的青年。更重要的是，他在檀香山的幾年時間裡，經過努力奮鬥，已經成為手有餘資的新富人，掌管幾千畝牧場，開著幾家工廠、商店，生意非常興旺。由於他在經營農牧業方面成效顯著，受到夏威夷政府的青睞。那時，夏威夷製糖業發展迅速，急需要大批勞力，因此孫眉回國前，夏威夷政府發給他一份特許狀：多招華人來檀香山大興墾務。可見政府對他的信任和支持。

孫眉這次回鄉，不僅攜帶特許狀和鉅資，而且還有著豐富的經驗，洞悉西方科學文明的優點，與在老家務農時已經判若兩人。這時的他可謂衣錦還鄉，光耀門楣，在翠亨村引起很大轟動。

看著風光無限的大哥，孫中山好生激動，他日夜纏在大哥身旁，聽他講述在海外這些年的經歷、檀香山的風情人文，以及乘坐渡輪的經過。這些新奇的東西吸引著他，向他頻頻招手。

孫眉卻不能像從前那樣時時陪著孫中山，他這次回國重任在身，一是結婚，二是招收華工。經過緊張地準備安排，婚事很快結束。接下來，孫眉在家鄉設立了移民事務所，與人合股接管了一艘航海巨船，做為移民之用。

看到許多人報名出國，孫中山再也忍不住了，向父母提出了跟隨大哥出國闖蕩的要求。

不能隨行

面對孫中山提出的要求，父親孫達成斷然拒絕，堅決不同意他跟隨孫眉遠赴海外。孫中山不死心，再三懇請，母親楊氏看他心意誠懇，也替他求情：「阿眉在那邊有了產業，帝象跟去不會吃苦，就讓他去鍛鍊鍛鍊吧！」

孫達成皺眉鎖目，磕磕手裡的菸袋，粗聲說：「妳懂什麼？妳忘了學成和觀成的事！阿眉當初遠離家鄉去海外，是生活所逼。他拿著生命冒險，僥倖有了現在的成就，風風光光回來了，可是妳想過沒有，讓帝象去了，他們兩個都要漂洋過海，多麼危險！」在他內心深處，兩個弟弟慘遭厄運的事依舊歷歷在目，讓他深感畏懼，另外，孫眉在海外的事業究竟有多長遠，也讓他感到迷茫和模糊，所以他不肯讓小兒子遠渡重洋冒風險。

楊氏當然也有這些顧慮，只好嘆口氣走開了。

孫中山依然不罷休，纏著孫眉一定要去檀香山。孫眉雖有心帶著弟弟前往，可卻不敢違抗父親的心意，再想想弟弟年紀小，去了也不方便，就勸慰他說：「帝象，你不用急，我這次回

去說不定很快還會回來。你在家好好讀書，有了知識學問幫我去那邊打理生意。大哥讀書少，學問淺，需要你的幫忙。」

不久，孫眉起航遠行的日子到了，臨行前，他帶著孫中山去祖父母的墳地焚燒紙錢。這幾年，由於他不斷往家裡寄錢，父親孫達成手頭寬裕，因此多次修建祖墳，花費很大。前年，80高齡的祖母黃氏去世，孫達成請風水先生再次相看祖墳風水，竟然一次投資幾百元買下犁頭尖山的頂峰下有個叫竹高龍的地方，重新遷墳挪址，使得本不富裕、依靠孫眉寄來的那點錢財維持的家庭，差點陷入危機之中。好在孫眉做為長子，秉承傳統，支持父親的行為，聽說後再次寄回不少錢，繼續供養孫中山讀書，家裡的生活也得以保障。

孫中山祖墳所在地

話說孫達成新購置的這塊墓地，樹木成蔭，四周開闊，背後有座不大不小的山包，環境確是不錯。兄弟兩人很快來到祖先墓地，孫眉駐足細看，十分滿意，他拉著孫中山走到祖先的墳頭前，跪下來逐個焚燒紙錢默禱。

孫中山看著大哥虔誠的樣子，覺得他與父親很相似，不禁想到，父親特別重視祖先墓地，大哥也是如此，他們為什麼這樣呢？難道逝去的親人真有靈驗？在他少年叛逆的心胸中，對於這種做法始終存在著疑慮和不解。

第二天，孫眉就要再次離家遠渡重洋。12歲的孫中山既激動又失望，他一直送大哥走了很遠，看著和他與招來的一百多人聚齊離去，才一步一回頭地轉回家中。這次不能遠行，讓孫中山消沉了很長時間，他不知道大哥何時才能再回來，自己究竟何時才能離開單調、枯燥、落後的翠亨村，踏上新的生活之路。

母親和姐姐知道孫中山的心事，常常安慰鼓勵他：「你好好讀書，等明年說不定還有機會去檀香山呢！」

孫中山只有用讀書來排解心頭的惆悵，從書中找到心靈的慰藉。好在他深知「讀萬卷書，行萬里路」的道理，覺得自己遠行之前必須掌握深刻的文化知識，所以學習的時候很刻苦認真。這段時間，夥伴們常來向他打聽孫眉在海外的情況，孫中山只是簡單地講述大哥的奮鬥歷史，至於具體的海外風情和先進的科技文明，他總是說：「你們等著，等我去了海外，一定把那裡的詳細情況記下來，寫信告訴你們。」

陸皓東脫口說：「孫文，你真的要去海外？聽說那裡都是洋人，說話都聽不懂，你去了跟誰玩？」

孫中山回答：「四海之內皆兄弟，只要我誠懇待人，相信很快就有很多朋友。再說洋文也是人說的，我一定能學會。」

看他很有把握的樣子，楊帝賀說：「孫文最聰明，背書寫字數第一，到了洋人那裡，肯定也是最好的。」

時隔不久，孫眉來信說已經順利抵達檀香山，招募的華工都得到妥善安排，大家工作積極，薪酬不低。由於這次順利招工，孫眉在檀香山的地位得到進一步提高，他在夏威夷第三大島茂伊島的牧場再次擴大，從山上一直延伸到海邊。幾年之後，被人尊稱為「茂伊王」，可見他在當地人心目中的地位。

很快地，那些跟隨孫眉遠赴海外的工人開始往家裡寄錢，這下子這些工人的家裡情況大為改善，不少人來到孫達成家表示感謝。孫達成覺得孫眉有出息，為孫家增光添彩，終日得意洋洋。他已經65歲了，耕種的粗累工作做不了多少，就經常坐在大榕樹下吸著草菸，與人談天說地，說古論今。

隔年，孫眉早早與同事雇到一條約2,000噸的英國鐵殼汽船「格蘭諾克」號，準備到澳門載運中國僑民和華工。望眼欲穿盼望大哥回鄉的孫中山，聽說大哥這麼快就返回了，激動得徹夜難眠。這次，他在心裡盤算好了，無論如何也要跟隨大哥遠行。

第二節 遠渡重洋

我一定要去檀香山

讓孫中山大失所望的是，這次孫眉並沒有親自回來，只是他的同事帶船回來載運僑民。大哥沒有回來，自己出國的夢想是不是就要破滅了呢？孫中山沒有退縮，也沒有徬徨，他毅然提出跟隨這條船遠赴檀香山的要求。

這天，孫眉的同事登臨孫家，捎來孫眉的問候和禮物。聽說國外來人了，很多人都來到孫家，希望能夠報名去檀香山；另外，在檀香山務工的工人家屬也有不少請求隨同前往探親。孫眉的同事一一接待這些鄉民，告訴他們去澳門報名申辦具體事項。

澳門離翠亨村只有六、七十里路，但當時生活封閉，運輸條件簡陋，過去也並不容易，不免讓許多人煩愁為難。孫中山一直關注著這件事，他聽說可以去澳門報名，立即站出來說：

「澳門不遠，我們可以提前幾天去。」

孫達成咳嗽一聲說：「你又不去，跟著湊什麼熱鬧！」

孫中山認真地說：「父親，我要去檀香山，我要像大哥一樣外出闖蕩，不能困守家裡。」

孫達成沉悶地說：「你的事過幾天再說。」

孫中山心意已決，唯恐父親再次反對，當即說：「過幾天船就走了，還說什麼！」

孫達成看他態度強硬，不滿地說：「你小小年紀能幹什麼！等你大哥回來再說。」

孫中山拍拍胸脯說：「我都13歲了，古代秦國的甘羅12歲拜相，我還不能出國探親嗎？」

聽他父子爭論，站在一邊的孫眉的同事插言說：「伯父，我看帝象年紀不大，卻很像他兄長阿眉，聰明堅強，很勇敢哪！」

孫達成擺擺手說：「別誇他，他呀，滿腦子希奇古怪的想法，哪有阿眉樸實能幹，將來長大了能給阿眉做個好助手就不錯了。」

孫眉的同事笑著說：「那可不見得，阿眉多次對我說，帝象聰明機智，有理想有文化，將來一定比他強。」

聽他兩人談論自己，孫中山不好意思地悄悄退出來，他找到正在廚房做飯的母親楊氏，一邊幫母親添柴倒水，一邊請求說：「母親，我一定要去檀香山，妳要幫我勸勸父親。」

楊氏瞭解自己的兒子，知道他想做的事情不肯輕易放棄，去年沒有去檀香山，已經讓他消沉這麼久，這次再反對他，真不知道他能不能接受。於是嘆口氣說：「你父親也是擔心路上危險，所以才不讓你去。今年你大哥來信說，這條船是外國人造的，非常結實。我也想去看看你大哥那邊到底什麼情況，我看我和你一起去，你父親肯定同意。」

聽到這幾句話，孫中山興奮地跳起來，把身邊的一桶水都踢翻了，高興地叫道：「母親，這是真的嗎？妳真的也要去檀香山？」

楊氏笑著說：「瞧你，別喊了，當心你父親聽見不許我們去。」

孫中山嚇得立刻閉上嘴巴，偷偷向外觀望。在他心裡，再也沒有比去檀香山更重要的事了，所以爭取父親同意是當務之急，急中之急。

經過楊氏勸說，孫達成心有所動，他說：「去年不許帝象去，是因為要是他去了，兩個兒子坐一條船漂洋過海，想起來都可怕。今年阿眉在檀香山，要是妳和帝象一起走，路上有個伴，也好照應。」

聽他這麼說，楊氏笑著安慰他：「你不是一直擔心阿眉在那邊的事業嗎？我去了好好看看，要是那裡情況好，就讓帝象在那裡留下。唉，他兄弟倆在那裡，咱們也放心，對不對？」

這正是孫達成最不放心的地方，兒子獨自在海外，一待就是幾年甚至十幾年，到底情況如何，萬一有個大事小情，親人不在身旁，實在讓人牽腸掛肚。

孫達成憨厚地笑笑，說道：「這兩個孩子，當初阿眉那麼拗，非要走，現在帝象比他大哥還倔，這麼小就留不住他了。漂洋過海要好幾天，他也不知道害怕。」

夫妻倆在屋裡說話，躲在外邊的孫中山聽說父親同意自己出國，猛地竄進來說：「不怕，我不怕，只要能去檀香山，我什麼都不怕。」

孫達成看著喜出望外的小兒子，再也不阻攔他，拍拍手裡的菸袋，語重心長地說：「去吧！跟你大哥長長見識，說不定將來會有出息。在村裡待著，終究不是個出路。」

就這樣，在孫中山再三懇請堅持之下，父親終於同意他遠渡重洋去尋求人生嶄新的生活。不滿13歲的孫中山，就要開始人生旅程當中最為重要的一次航行了。

渡輪上的沉思

1879年5月2日，這是一個特殊的日子，這天，少年孫中山隨同母親乘帆船到澳門，踏上英輪「格蘭諾克」號，遠赴夏威夷，進而開始了一生事業的起點。

首次出遠門的孫中山見到什麼都很新奇，看到澳門港口停泊的大大小小船隻，來來往往的華人、洋人，林立的店鋪樓房，真有點目不暇接之感。儘管天氣已很熱，他還穿著長衫，頭上盤著辮子，戴著紅頂綢布瓜皮帽，一身道地的中國農村少年打扮。母親楊氏纏著小腳，頭戴珠花，身穿簇新的布製衣衫，對於所見所聞也是倍感新奇，她小心翼翼地領著孫中山，在擁擠的碼頭、人群中擠來擠去，生怕走散了。

在孫眉同事的幫助下，孫中山和母親終於順利登上「格蘭諾克」號輪船。母子倆首次踏上如此巨大豪華的輪船，看到裡面先進的設施、裝備，十分驚喜。他們被安排在上等艙中，鋪位整潔，各種用具都很齊全、乾淨。楊氏坐下來後，不停地打量著周圍的一切，唏嘘道：「哎呀，帝象，你看到了吧！這裡比咱們家還好呢！」孫中山也被輪船中頗具現代氣息的設備和氛圍吸引，他這裡跑跑，那裡看看，充滿無限好奇和感慨。

就在孫中山被先進的輪船吸引時，客人們陸續上船。隨後，渡輪發出一聲悠長的汽笛聲，起錨開拔，開始了長達二十多天的海上航行。

浩翰無垠的太平洋已在腳下，先進的蒸汽輪船乘風破浪，日行夜駛，快速前進。少年孫中山無法按捺內心的激動與好奇，他聽到隆隆的機器聲傳出機房，冒著黑煙的煙囪直入雲霄，他扶著欄杆在輪船上爬上爬下，看見巨大的鋼樑架支撐

著船體，就像一座沉實莊重的寶塔，與外公家簡陋的小木船比起來，有著天差地別。他來到甲板上，放眼四望，就見洋面浩浩蕩蕩，無疆無域，天地之闊，萬物之渺，盡收眼底，在他心裡掀起層層波瀾，刺激著這個剛從蒙昧的中國裡一個被山谷包圍的小村中走出來的少年。

兩天後，孫中山已經大致熟悉了船上的狀況，也認識了不少旅客、水手，在他來說，首次遠航不僅僅是要到達目的地，重要的是瞭解熟悉所見所聞，增長見聞和知識。所以，孫中山不放棄任何機會，向那些經常坐船的旅客、每位水手打聽自己好奇的各種事務，諸如這麼巨大的輪船為什麼可以浮在水面上？為什麼會有那些冒著黑煙的煙囪？隆隆的聲音是怎麼發出來的？……等等不一。

面對這些問題，許多人並不知道答案，他們甚至想都沒有想，只是笑笑說：「你這個小孩子好奇怪，怎麼會想這麼多問題呢？咱們坐船不用管那麼多事，只要平安到達檀香山就好了。」

可是勤思愛學的孫中山怎肯就此罷休，他依然沉迷在天地之闊大、渡輪之新奇之中，經常時不時地追問與自己交談的人。這天，他獨自佇立甲板上，久久凝視著無邊無際的洋面，思緒隨著眼前浮動的洋面起伏不定，時有變化。在他腦海裡，最想不明白的就是外公的小木船與腳下的大渡輪之間的差距，他實在不明白同樣是船，怎麼會有這麼巨大的差別？木頭會漂，所以木船浮在水面上，而大渡輪是鋼鐵鑄就的，為什麼也能浮在水面上？而且渡輪速度很快，卻很

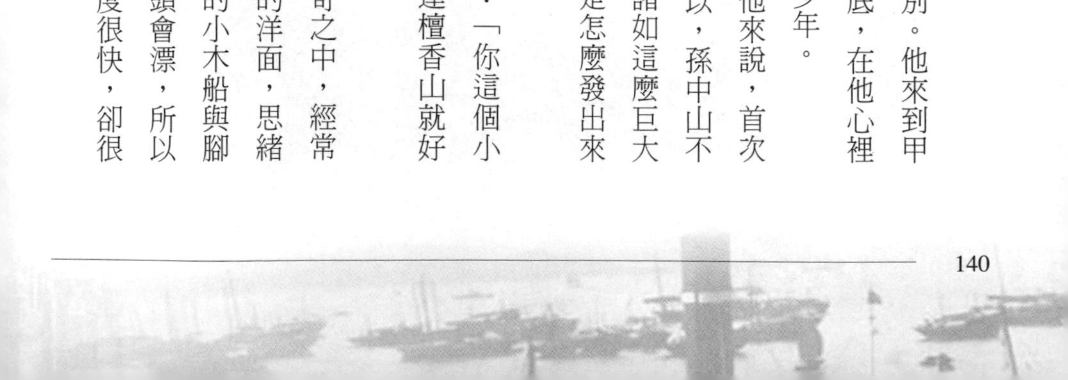

平穩，昨夜刮了一陣海風，吹得人都睜不開眼睛，可大渡輪竟安然無恙！

就在孫中山胡亂想著心事時，從船頂上走下一位洋人，四十歲左右，身高體壯，碧眼金髮，朝著孫中山站立的地方走過來。孫中山這次外出，已經見識很多洋人，所以對走過來的洋人並沒有太多留意，那位洋人卻很熱情，走近孫中山時竟用中文打招呼：「你好，小朋友。」

孫中山很好奇，高興地說：「你會說中國話，太好了。」他立刻想到此人也許會解答自己的問題。

果然，那位洋人見孫中山開朗大方，開心地與他閒聊起來。

經過交流，彼此有了瞭解，孫中山這才得知他叫傑克，是這艘輪船的船長。傑克很喜歡孫中山，覺得他不足13歲就遠渡重洋非常勇敢，對他博學多才的氣質和勇於探索的態度也很感興趣，於是帶著孫中山去機房參觀機器，還親自為他講解蒸汽原理，告訴他巨輪能夠遠航的道理。孫中山默默地聽著，仔細想著，他突然明白了，在西方國家，科技正在進行著日新月異的革命，正是這些革命，促進了洋人的發展，而中國落後愚昧，就是因為缺乏先進的科技！雖然他不明白科技究竟是何物，但他對先進的西學產生了濃厚的興趣。

瞭解了渡輪遠航的原理，孫中山經常為同艙的旅客講解，可是大夥好像不太在意，只有那些年紀小的孩子們喜歡聽，喜歡與他一起探討研究。孫中山不由發出這樣的感慨：「國人愚昧，竟然不想知道先進的科技，這樣下去，國家何日才能發展！」他憂國憂民的心志突然間產

生，在他年少的心懷裡逐漸膨脹，渴望有朝一日國家富強，民族興旺的理想也朦朦朧朧地形成。

這次遠航對孫中山意義重大，1896年11月，他給別人的一封信裡還提及此行對自己的影響：「13歲隨往夏威仁島（註：當時譯名，指今夏威夷），始見輪舟之奇、滄海之闊，自是有慕西學之心，窮天地之想。」

在沉思、學習、追問和感慨中，時間過得很快，單調枯燥的海上遠行成為孫中山13年來最生動、最先進的一堂課，他為此激動、興奮，為此晝夜難眠。就在大多數人無聊度日，除了睡覺就是抱怨，艱難地等待抵達檀香山之日時，孫中山卻獲得豐富知識，為自己的未來之路尋找到光明的指引。這天，洋面上突然飛翔著成群的海鷗，牠們俯衝翱翔，鳴叫聲聲，勇敢地搏擊在天空中，那麼勇敢，那麼神氣，那麼熱鬧，渡輪上傳出水手們的陣陣歡呼：「噢——快到檀香山啦！前面就是陸地啦！」

第三節 初到檀香山

郵局前的思索

聽到歡呼聲的旅客們紛紛湧上甲板，朝著渺無邊際的洋面四處張望，他們觀望多時不見陸地的影子，不由責問水手：「哪裡有陸地？你們是不是又閒得無聊，拿我們開心呢？」

孫中山站在人群中，望著成群飛翔的海鷗大聲說：「大夥注意了，陸地真的快要到了。」

人們立刻把目光集中到孫中山身上，不知道這個少年又想幹什麼，只見孫中山指著空中的海鷗說：「我們剛剛離開澳門港口時，海鷗就像現在這樣。可到了大洋深處，終日不見一隻海鳥。我想如今海鷗又成群出現，說明陸地不遠了。」

幾位水手聽了這番見解，高興地說：「確實如此，只要海鷗成群出現，陸地就快到了，這是我們航行多年的經驗。」

人們這才注意到空中飛翔的海鷗，許多人驚喜地說：「對啊！記起來了，剛剛離開澳門時

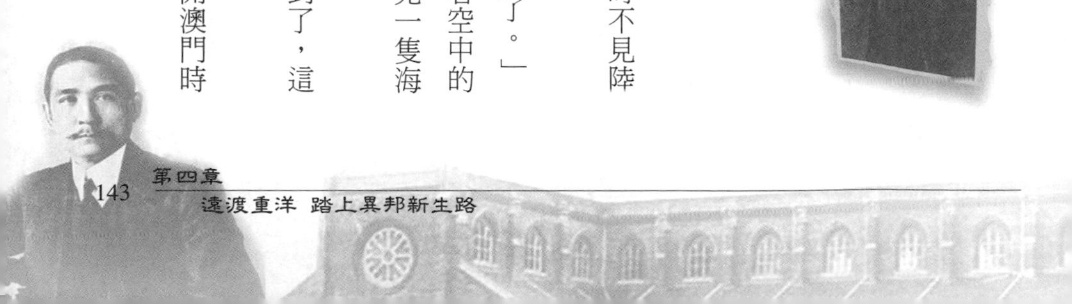

海鷗也是這樣。」大夥於是在甲板上又叫又笑，盡情歡呼，慶祝航行馬上就要順利結束。

傑克船長站在人群後，對孫中山善於觀察、積極思索的能力十分讚賞，自言自語地說：「都說中國人只知道吃苦耐勞，缺乏獨立的思索精神和自主的意識，可是這個少年卻不是這樣，他有思想、有理想，不是個普通的中國人。」他當然不會想到，他這次航行最大的收穫，就是為中國運送出一位傑出的革命家，在不久的將來徹底改變了中國的命運。

輪船又航行半天，到了黃昏時刻，一直站在甲板上眺望的孫中山突然大聲喊起來：「前面有樹，還有尖尖的塔頂，啊！檀香山到了！」躺在甲板上休息的旅客和水手們紛紛起立，順著輪船前進的方向望去，船的前方漸漸出現一片陸地，地平線上已經望得見教堂的尖頂和大片樹林。大家無不歡欣雀躍，有人開始回到船艙收拾行李，準備下船登陸，二十多天的海上遠航終於要結束了。

「格蘭諾克」號減低了速度，漸漸靠近碼頭。孫中山和母親手提肩背帶著行李，跟在旅客中來到船邊，尋看岸上前來迎接的親人，尋找著大哥孫眉的身影。

碼頭上十分熱鬧，各種膚色、衣著不同的人擠滿了整個碼頭，人山人海，不同的語言交相混雜，聲音鼎沸，就像炸開鍋一般。孫中山從沒有見過這種場面，心裡既激動又有些擔憂，緊緊地跟在母親身後，不停地張望著。此時，孫眉早就來到碼頭，也擠在前來迎接旅客的人群中，找尋著從未出過遠門的母親和弟弟。

孫中山擠著向前走，看見了大哥孫眉，忙張開手臂揮舞著喊：「大哥，大哥，我們在這裡！」說著，搶先跨上跳板，撲向孫眉。孫眉連忙搶出兩步，上前迎住孫中山，把他親熱地抱舉起來。

親人在異國相聚，心情可想而知，孫眉推辭掉一切生意和工作，陪著母親和弟弟，帶著他們遊覽島上的西式建築和美麗的風光，讓他們盡情欣賞異國情調以及各種新奇景物。此時的夏威夷還是一個君主制國家，叫做夏威夷王國，群島上住著當地的土著和移居來的白人、黑人、華人，來自世界各地的人民操著不同語言，因此當地語種比較複雜，有漢語、英語，還有大多數人都聽不懂的當地人講的楷奈楷語。

對孫中山來說，檀香山的一切都充滿了新鮮而奇異的色彩。當時火奴魯魯區域雖比現在小得多，而且處於早期開發的原始狀態，但是秩序井然，建築整齊，街道清潔，行人來往有序，與中國風情大有不同。孫中山被這些事物吸引著，天天跑出去遊覽欣賞，這天，楊氏說累了，要在家裡休息，孫眉就在家陪她。孫中山覺得無趣，獨自一人偷偷來到大街上，轉來轉去，看到一座有遊廊和欄杆的西式建築，白色的牆壁，高高的房頂，顯得整潔美觀。孫中山看了一會兒，發現裡面很多人進進出出，心想，這是什麼人家，怎麼這麼多客人？可是過了會兒，他又否定自己的想法，因為那些進出的人像是辦公事的，手裡攜帶著紙張而不是禮物，不像是串門的親戚。孫中山疑惑地站在一邊，滿腦子雜亂的想法，就在這時，突然有人拍打他的肩頭，他

驚得回頭觀望，面前站著位華人，二十歲左右，正笑吟吟地注視著自己。孫中山看看對方，問道：「你是誰？」

那人笑著說：「我是你大哥的同事，剛才老夫人聽說你自己跑出來了，讓大夥出來找你呢！」

原來如此，孫中山長舒口氣，指著眼前的建築問：「你來檀香山幾年了？你知道這裡是什麼地方嗎？」

那人看看眼前建築，笑著說：「這裡是郵局，專門郵寄信件的。」

孫中山好奇地問：「郵寄信件？怎麼郵寄？」

那人看孫中山好奇心強，想了想說：「比如說你想給老家寫信，如果沒有郵局，就只能讓人捎。可是這裡與老家隔著重洋，來往一次要很長時間，捎信就很慢。可是郵局就不一樣了，只要你寫好信，裝到信封裡，在上面貼好郵票，投進信箱裡，過不多久信就寄到了。」

聽著那人輕描淡寫的敘述，孫中山心裡更覺得神奇，他多次給大哥寫信，每次寫好了就托人轉交，確實十分麻煩。可是眼前這座建築真的能傳遞信件嗎？它又不能動，又不會跑，怎麼可能快速送信呢？而且，在信封上貼郵票又是什麼意思？他滿腦子不明白，恨不能立即進去看看到底怎麼回事。可是就聽幾聲鈴響，建築物裡陸陸續續走出不少人，有白人也有黑人，他們穿著統一，打扮整齊，說說笑笑離去了。

孫眉的同事看孫中山驚訝的神情，說道：「現在郵局下班了，明天我再帶你來。」

孫中山只好跟隨大哥的同事回到住處，他心裡依舊想著郵局前的見聞，對母親和大哥說：「我要寫信，我要去郵局寄信。」

孫眉說：「好啊！你也親身體會一下西方文明。」

孫中山連夜給老家的父親和姐妹寫好一封信，第二天一大早來到郵局，興沖沖走進去買信封、貼郵票、投信件，完成了寄信的全部過程。然後，他望著郵局的工作人員，不解地想，他們怎麼什麼都不管，那我的信什麼時候會被寄到中國？儘管他疑慮重重，依舊很興奮，因為這是他第一次接觸現代文明，體驗現代文明帶來的方便。當然，孫中山在檀香山以後的生活過程中，將不斷體驗認識到西方文明的種種特點，但這次探索和嘗試給他留下很深印象，以致於多年後，他每每談起西方文明，都不忘自己初到檀香山時的這段有趣經歷。

定居愛槐鎮

到檀香山幾日後，孫眉就把母親和弟弟安置到愛槐鎮一所住處，然後自己又開始忙著做生意。他已經租下整個茂伊島，在那裡開辦牧場、伐木場、工廠，生意非常忙碌。孫中山和母親住進西式樓房，吃喝用度全部西化，這對孫中山來說既新奇又好玩，可對於已是半白老人的楊

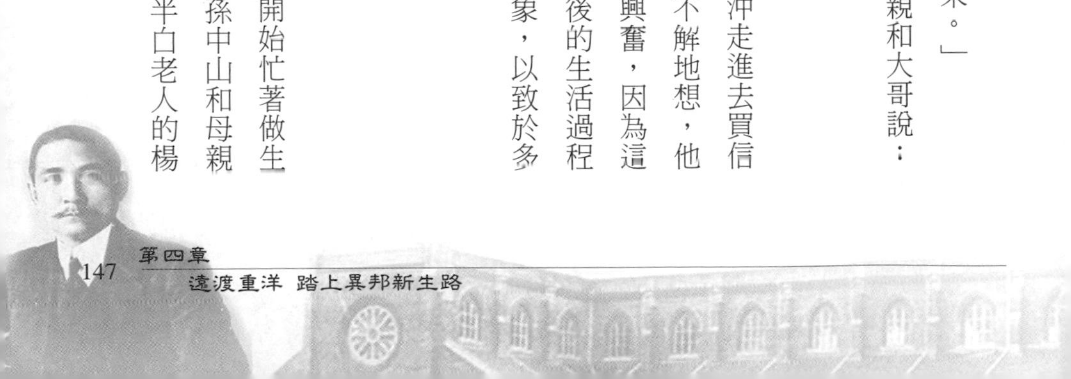

氏來說，非常不習慣。

這天一大早，孫中山剛剛起身就聽電話鈴響，他跑過去接聽電話，是孫眉的電話，告訴他今天回家接他們去茂伊島。母親楊氏也走進來，她望著電話機不解地說：「這個東西真怪，能傳聲，比孫悟空還厲害。」

孫中山笑著說：「母親，孫悟空是神話，這是科技文明，不一樣。」

楊氏怒罵一句：「什麼不一樣？科技文明還能比過菩薩神仙？」說完，頭也不回去另一房間燒香磕頭。當時僑居檀香山的華人雖身在海外，卻依舊很迷信，每家每戶都供奉著關老爺的神像，認為關老爺會保佑他們平安、發財。孫眉也不例外，每個住處都有關老爺的神像或者畫像，經常燒香磕頭。

1901年孫中山在檀香山與家人的合影

看到母親去燒香，孫中山說：「真是奇怪，關老爺在中國還管不好，跑到檀香山能管得了什麼？」楊氏生氣地說：「不許胡說，關老爺神通廣大，天底下的事他都管！」孫中山說：「他怎麼不管管翠亨村？讓那裡變得像檀香山一樣富裕文明。」楊氏更生氣了，大聲訓斥：

「你出來才幾天，就敢污蔑關老爺！真是不像話！」

孫中山不再說什麼，獨自走出家門，觀賞美麗的異國風光。六、七月的檀香山，氣候宜人、風光優美，處處一派祥和、安寧氣象。他走在小路上，兩旁鮮花爭奇鬥豔，樹木高大挺拔，他仔細辨認，卻不識得這些奇異的植物。樹木花卉間，掩映著座座景致、高大、優雅的建築，式樣新穎，十分漂亮，孫中山看得出神，心想，這裡的房子、植物和道路與翠亨村太不一樣了，怪不得老華僑會建造那麼好看的洋房，原來是效仿這裡的建築。他轉了好半天，來到大街上，看見不少人匆匆往一個方向而去，他們穿著洋服，步履匆忙，好像每人都夾著一本書，神色極其虔誠。他們要去做什麼？孫中山心中奇怪地想，不由自主跟著他們前行。穿過一條大街，孫中山看到前面有座特別高大宏偉的建築，頂端有個十字，他明白了，大哥說過，這樣的建築是教堂，西方人信奉耶穌，每到禮拜天都來教堂做禮拜，就像中國的寺廟。孫中山站在教堂外面很長時間，聽到裡面傳出誦讀聖經的聲音，可是看不見繚繞的煙火，也沒有喧嚷的場面，整個教堂內秩序井然，人人都遵守制度。他心裡想，看來這裡的寺廟不燒香，不知道他們磕不磕頭？突然間，他把眼前所見與在家裡供奉關老爺的母親聯繫起來，思考著兩者之間的區別。

容不得孫中山過多猜想，孫眉回家恰好路過此地，看見站在教堂外出神的弟弟，上前說：

「你怎麼跑這裡來了？母親呢？趕緊回家收拾一下，我們去茂伊島。」

孫中山這才記起早上大哥的電話，忙隨著他回家接母親。路上，他和大哥進商店買了幾件東西，他看到進進出出的人們不管行路還是講話、做事，都十分遵守秩序，遇到排隊等候的時候從沒有人插隊，這裡井然有序的社會環境讓他十分驚訝。正在這時，商店裡走進幾個穿著統一服裝的人，看起來有點像前幾天見過的郵局職員，他們與店主打過招呼後，遞上幾張單子，雙方愉快地交談幾句，隨後那些人就走了。孫中山不解地問：「大哥，這些人是幹什麼的？他們為什麼不買東西還給店主單子？」孫眉笑著說：「他們是稅務官，負責這個地區的稅收工作，那些單子就是稅單，讓店主去繳錢納稅。」

孫中山驚訝地說：「原來他們是當官的，可是他們怎麼那麼客氣？好像與店主是朋友一樣。」

孫眉說：「這裡就是這樣，人人遵守法律，官員依法做事，從不欺壓百姓，程序十分簡單。不像國內，當官的仗勢欺人，壓迫剝削老百姓，讓人沒有活路。」

孫中山聽說「法律」二字，猛然記起老華僑慘遭迫害的事，激憤地

說：「大哥，咱們村的老華僑被害了，他就說過國外有法律保護的話。」

孫眉嘆氣說：「對啊！國外有法律，不管你是官是民，人人遵守，每個人都受到保護；國內則是當官的大過一切，哪有地方為民作主？所以我們華僑都不願也不敢輕易回去啊！」

這幾句話深深打動了少年孫中山，他忽然間明白了法律的意義，對檀香山良好的社會秩序和法治，以及當地人對法律和制度的尊重，敬意油然而生。日後，隨著他在此居留時間增長，他對當地法律和社會秩序瞭解更加深入，曾經感慨地說：「當地人生活狀況是好的，為什麼呢？因為那裡有法律，翠亨村遭海盜劫掠的確就如老華僑所說，是因為中國所沒有的法律。」

由此可見，少年孫中山初到檀香山，思想上受到的巨大衝擊來自兩個方面，一是當地先進的科技文明，第二也是最重要的，就是當地良好的社會秩序。可以說，正是在這兩點的強烈刺激下，才激發出他思索中國前途命運的理想，變革中國的信念。

第四節

不愛錢財愛讀書

學習珠算和記帳

母子三人乘船來到茂伊島，觀看孫眉在此處的生意。當看到兒子的牧場、工廠生意很好，工人忙碌地工作時，楊氏激動得淚水四溢，拉著孫眉的手說：「好，太好了！我回去告訴你父親，他肯定也很高興。」

孫眉說：「母親，我的產業很多，我想分給帝象一部分，讓他幫我做生意。」

楊氏更激動了，說：「阿眉，你是大哥，這些年來你照顧弟弟讀書，照顧全家人生活，現在還要把產業分給弟弟，我和你父親都不知道怎麼感激你呢！」

孫眉忙說：「母親別這麼說，照料家庭和弟弟妹妹是我的責任，我怎麼會要父母感激呢？我們家以前窮，現在不窮了，好日子應該大家一起分享。」

這時，孫中山正好奇地跑來跑去，試探著所有見到的新奇事物，在他眼裡，探索和追尋永遠超過去其他一切。楊氏看他頑皮，大聲喊道：「帝象，你過來，母親有話對你說。」

孫中山來到面前問：「什麼事？母親，我大哥太厲害了，他這裡有很多先進的機器，工人們工作成效特別高。」

楊氏不理會他，說：「你大哥要把產業分給你，你還不趕緊謝謝大哥。」

孫中山說：「產業？我不要產業，我要學習西方先進的科技和文明。」

孫眉笑著說：「我知道你聰明，過幾天就送你去學習，學會了好幫我做生意。」

孫中山高興地說：「好啊！到哪裡學習？學習什麼？」

孫眉說：「就學習西方先進的科技，怎麼樣？」

孫中山睜大眼睛興奮地撲過來，摟著孫眉的胳膊說：「大哥，謝謝你。」

孫眉拍拍弟弟的腦袋，打趣說：「送給你產業，讓你當老闆你不幹，讓你學習你卻這麼高興。來檀香山的這麼多華人，恐怕只有你這麼傻！」

看到兩個兒子如此親密友善，楊氏放心地點著頭，她心裡有了個打算，決定趁今天向兒子們提出。

楊氏拉著兩個兒子的手，與他們穿過一片棕櫚林，來到海邊坐下，她望著遠遠近近層層翻滾的浪花，幽然說道：「阿眉啊！我來這裡也十來天了，看見你事業興旺，就放心了。我想，我在這裡除了燒幾炷香，也沒事可幹，實在很悶。你父親年紀大了，妙茜和秋綺又小，家裡事

多，我還是回去吧！」她目不轉睛地盯著眼前的大海，似乎穿過海水能看到家鄉一樣。

孫眉捨不得母親這麼快就離去，極力挽留說：「母親，您多住些日子吧！等我教帝象學會做生意，讓他在這裡打理著，我陪您回去。」

楊氏一聽，噗哧樂了，說：「帝象才多大，他學會做生意還不得十年八載，我可待不了那麼長時間。」

母親執意回鄉，孫眉只好趕緊安排帝象的學習，想在母親離去前讓弟弟學著做事，也好讓父母放心。就這樣，來到檀香山不久的孫中山，被大哥送到盤羅河學校補習功課，主要學習珠算和記帳的方法，以及當地人的語言。從四書五經到西學的數字算術，那可是有著天大的差別，而且學校中的老師同學多是當地人和來自西方國家的僑民，語言不通，這對孫中山來說都是巨大障礙。但這一切沒有嚇倒好學求進的孫中山，他早出晚歸，刻苦攻讀，不到一個月時間，竟然掌握了常用的楷奈楷語對話，粗通珠算和記帳方法。孫眉很高興，讓孫中山一邊讀書一邊在店裡做事，幫著記帳。經過實地運用，孫中山的珠算和記帳能力提昇很快。

不久，母親該回鄉了，臨行前千叮萬囑，叫孫中山聽話，好好做事，不能惹大哥生氣。孫中山一一答應，並說：「母親，您放心，這裡有法律，人人都很文明，我也要做一個文明的人。」楊氏見他如此迷戀此地，故意說：「帝象，你喜歡這裡，這麼想留在這裡，難道你不想家？」

孫中山慨然回答：「好男兒志在四方，我不能因為想家就固守家園，不出來探索學習！古人說，青山何處不埋骨，這也是我的理想和追求。母親，我要在這裡學習，學習先進的科技、法律，有一天回鄉改變咱們貧窮落後的生活。」

母親微笑著沒有說話，她瞭解自己的小兒子，早就知道他懷有遠大的志向，甚至超過了已經獲得巨大成功的大兒子，所以把他留在這裡也許真的會有更大的收穫。就這樣，楊氏帶著對兩個兒子無盡的祝福和美好的想像，踏上歸國的輪船。

母親走了，少年孫中山與大哥在異國的土地上相依為命，他的學習和生活之路會不會順利呢？

我要繼續讀書

母親走後不久，孫中山正式到大哥設在茂伊島茄荷蕾的店鋪做工，負責記帳。這是一份比較枯燥單一的工作，每天和數字打交道，記記進出的帳目。一開始，孫中山做得很認真，也很有耐心，很少出現差錯。不少老店員經常對孫眉誇獎他，說他年少聰慧，工作積極，孫眉很開心，每次去店中都會誇誇弟弟，鼓勵他好好做。

一晃兩、三個月過去了，有一天，孫眉來到店裡，看見弟弟正在低頭看書，上前問：「帝

象，帳目都結了嗎？你看什麼書？」

孫中山站起來，想了想回答：「大哥，每天記帳算帳太乏味了，我覺得這份工作不適合我。我要讀書，我想繼續上學，學習更多知識和文化。」

孫眉吃了一驚，說：「你不是做得很好嗎？大夥不是經常誇你嗎？是不是出了什麼錯？你說，大哥不會怪你。」

面對大哥一連串問題，孫中山鎮定地說：「大哥，我是做得很好，也沒出什麼錯。可我不喜歡做生意，我喜歡讀書。終日困在店鋪中記帳算帳，太無趣了！」

孫眉仔細思索一會兒，勸說弟弟：「做生意是件苦差事，可俗話說得好：『吃得苦中苦，方為人上人。』你還小，幫我管管店務，學點生意經，過兩年我就可以分產業給你，你可以辦農場，開商店，發大財，有什麼不好呢？這比我們當初來檀香山容易多了。」

孫中山一聽，著急地說：「大哥，我不想做生意，也不想發財，我只想讀書，學習這裡先進的科技文明，你瞧，這本書就是一位當地店員送給我的，可有趣了。」說著，他將手裡的書遞給孫眉。

孫眉接過書，看了半天不認識上面的文字，不由奇怪地問：「帝象，這上面也不是漢字，你能看懂？」

孫中山說：「看得懂，這是簡單的當地語言，內容和形式與漢語差別太大了，真的很有趣。我要是不讀這本書，還以為天下的書都像四書五經一樣呢！大哥，你讓我去上學吧！世界太大了，需要瞭解掌握的事物太多了，我要是躲在店裡記帳，與在翠亨村有什麼兩樣？不行，我不能無所事事下去，我要讀書，要瞭解世界，要讓中國人都瞭解世界！將來有一天，在我們中國也不會出現老華僑遇害的事。」

聽他侃侃而談，孫眉由驚轉喜。他對這個比自己小12歲的弟弟特別關愛，並給予殷切的期望，他希望弟弟學會做生意，希望他成為資本家，希望他們一起發財致富，但是他聽到弟弟的理想，看到弟弟心中燃燒著另一團火焰，這團火焰雖然模糊遙遠，卻閃耀著光輝的一面，這讓他同樣激動興奮。孫眉在家鄉只讀了四年私塾，知識尚淺，這些年闖蕩在外，因此遇到過不少麻煩，他很羨慕讀書多的人，對他們深厚的文化修養和廣博的知識很佩服，為此他才不斷督促弟弟讀書學習。兩年前，孫眉還曾資助過一位同鄉少年進當地教會學校讀書，那位少年進步很快，已經熟練掌握好幾種語言，經常幫助孫眉翻譯資料。所以，如今孫眉聽說弟弟要去讀書，當即應允，鼓勵他說：「好，去讀書，大哥送你去最好的學校讀書。」

孫中山沒想到大哥如此痛快地答應下來，高興地說：「大哥，謝謝你。」

孫眉拍著他的肩頭說：「謝什麼，讀書是好事，年輕人就應該多讀書，我讀書少，不能再誤了你，我回去就給你聯繫學校。」

當時，夏威夷各島招收華人少兒的學校不多，其中教學品質好一點的學校更少。在火奴魯

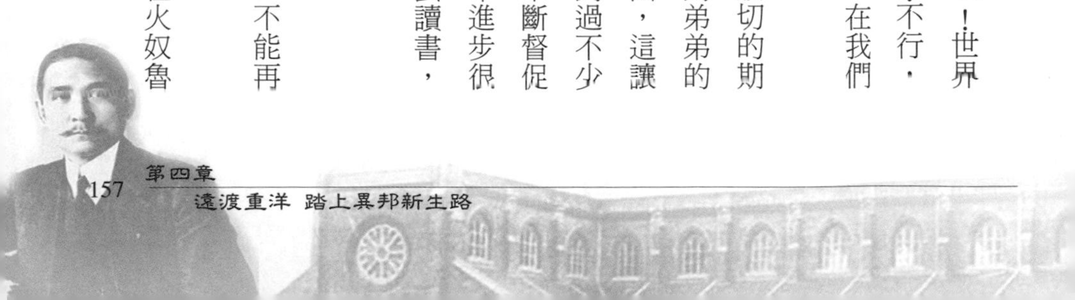

魯地區，有座意奧蘭尼學校，是夏威夷歷史上最早的學校，由夏威夷國王卡米哈米哈四世在1862年提議成立。「意奧蘭尼」（Iolani School）是夏威夷語，有「天空飛鳥」之意，寓意著國王希望學校能培養出出類拔萃的人才。這所學校的教師幾乎全是英國人，收費高於其他任何學校，每年學雜費就要150美元，是一筆不小的數目。而且，學校從孫中山來檀香山的前一年才開始招收僑居此地的華人少年入學，要求很嚴，孫中山能否順利進入這樣一所高規格的洋人學校就讀呢？

第五章

西式教育　激發少年改良夢

在意奧蘭尼學校，孫中山接受了先進的西式教育，他刻苦學習，成績優異，進步很快，得到夏威夷國王頒發的獎品，成為夏威夷華人的驕傲。在讀書過程中，他有感於東西方存在的巨大差異，逐漸反思祖國貧窮落後的原因，並且積極與同學議論，探討改造祖國的方法，改良之夢由此而生……

第一節 入校讀書

試聽

意奧蘭尼學校是夏威夷比較有名的學校，教師幾乎全是英國人，因此招收僑居此地的華人少年時，要求入學的孩子必須具備一定的英語基礎，懂得基本的英語對話，不然，學生的語言能力不過關，將很難接受正常的學校教育。孫眉早就聽說意奧蘭尼學校的名聲，有心讓弟弟孫中山前去就讀，可又擔心弟弟不會英語，無法適應那裡的教育，思來想去不知道該不該讓他去意奧蘭尼讀書。

孫中山聽說事情的原委後，對孫眉說：「大哥，我來檀香山已經幾個月了，也聽到過不少人講英語。我想，只要是他們會說的，我也一定能學會，你帶我去吧！」

看到弟弟如此執著，孫眉高興地說：「好，大哥知道你聰明好學，只要用功，沒有學不會，明天我就帶你去意奧蘭尼學校報名。」

第二天，孫中山換下從國內穿來的長衫、帽子，穿上孫眉為他準備的新式服裝，穿戴整齊，精神抖擻地跟著孫眉趕往意奧蘭尼學校。為了確保能夠報得上名，孫眉還請了位英國朋友幫忙。

遠遠地看見新穎別緻的學校建築，孫中山心中早就按捺不住激動，現在走進校園，看到裡面寬敞明亮，樓房道路整齊有序，各色植物爭奇鬥豔，四處潔淨而一塵不染，各個樓房前矗立著形態各異的雕塑，令他大開眼界。他跟在大哥身後，不停地看著想著，似乎這不是座學校，而是天上仙境一般。

很快地，他們來到學校招生處，在那位英國朋友帶領下見到了負責招生的一位女教師。女教師客氣地和孫眉兄弟打招呼，並且拉過孫中山仔細打量，回頭對那位英國朋友交談幾句。可惜孫中山聽不懂他們談話，只好認真地等候著。過了一會兒，那位朋友用拗口的漢語說：「孫先生，現在學校已經開課兩週了，你弟弟沒有學過英語，要入學會非常吃力，你看他行嗎？」

孫眉沉思一下，低聲問孫中山：「帝象，你看呢？」

孫中山堅決地說：「大哥，我行。」

意奧蘭尼學校

孫眉相信自己的弟弟，也毫不含糊地對朋友說：「我弟弟很聰明，學東西很快，不會有問題的。他一心渴望讀書，請你幫忙對老師說，就收下他吧！」

那位朋友點點頭，微笑著和女教師繼續交談。

女教師聽著聽著，竟然露出驚喜的笑容，回頭對著孫中山伸出大拇指，連聲說：「Wonderful！Wonderful！」孫中山雖聽不懂英語，但從她的神情中看出她在誇獎自己，想到她可能同意自己在這裡讀書，不由一陣心跳。

果然，英國朋友與女教師又簡單說了幾句後，高興地對孫眉說：「孫先生，老師說你弟弟這麼想讀書，這麼聰明，就給他一次機會，讓他先來學校試聽，如果能夠聽懂老師講的課，就可以正式入學。」

孫眉聽說老師如此安排，有些灰心，對孫中山說：「帝象，看來只能如此了。接下來就要靠你自己了，要是你很快學會了英語，問題不大；要是你學不會英語，也只能回去跟我學做生意了。」

孫中山卻不像孫眉那樣喪氣，雖說只是前來試聽，他依然很高興，反而安慰大哥說：「放心吧！我肯定很快就能學會英語，聽懂老師講的課。」

就這樣，孫中山成為了意奧蘭尼學校的一名試聽生，在女教師帶領下走進教室，開始了自己的西學之路。孫中山完全不懂英文，而且以往接受的都是傳統的中國教育，來到檀香山不過幾個月時間，這位剛從蒙昧國度一個被山谷包圍的小村中走出來的少年，怎麼能夠快速與現代教育接軌呢？

看看孫中山踏進意奧蘭尼之初面臨的問題吧！他坐在現代化的教室裡，身處陌生的環境，接觸陌生的老師和同學，傾聽陌生的語言，還有陌生的教學方法和學習內容，這數不清的困難圍困著他，只要他稍一洩氣或放鬆，他就有可能永遠失去在此讀書的機會。孫中山沒有被困難嚇倒，他努力著，爭取著。上課時，他一絲不苟地聽老師講解，從中發現英語的拼寫規律，並被很多新科目，諸如數學、自然科學、法律等深深吸引；下課後，他默默觀察同學們遊戲，領會日常口語習慣；放學後，他會在校園裡轉個幾圈，熟悉環境，如果遇到老師或同學，他還誠懇地向他們請教；回到家，他捧著書本猛看、猛讀，哪怕這本書上沒有幾個認識的字詞，他也讀得很認真，一旦會拼寫單詞，他會非常開心。像數學類的書籍，他雖看不懂英文，但能理解其中的算式，也照著寫寫算算，很細心，很認真。

十天之後，孫中山找到老師，用英語說出自己這幾天的心得，他說自己透過觀察，發現了英語拼寫的特點，已經學會簡單的對話。老師很驚喜，拿出課本讓他指認書上簡單的字詞，孫中山竟然會讀簡單的句子。為了證明自己能夠正式入學，他還拿起數學課本，演算上面的例題。老師看了，連聲誇讚，立即允許他正式入讀。

孫眉聽說弟弟透過努力獲得許可，可以正式入學了，連忙跑到學校為他辦理入學手續，自

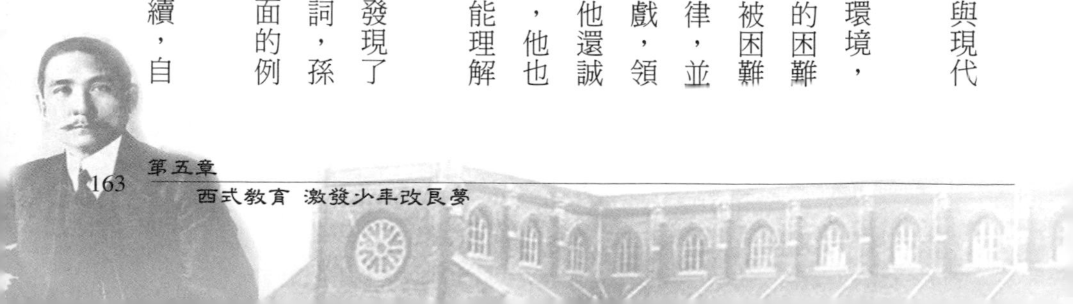

此，孫中山終於成為了意奧蘭尼學校一名正式的學生。

學習英文的故事

孫中山正式進入意奧蘭尼學校讀書後，開始了更勤奮刻苦的學習生活。意奧蘭尼開展的西式教育內容廣泛，包括文學、歷史、生物、地理、數學等豐富多彩的科目，與孫中山以前接受的私塾教育完全不同。而且，西式教育手法先進，靈活多樣，與他以前接受的呆板單調的誦讀教育方法也有著天壤之別，大大開拓了他的視野，滿足了他強烈的求知欲望。另外，學校具備良好的教學環境，師資力量和教學條件比起村塾來也要強上百倍，在這樣的學校就讀，不但能夠獲取知識，也讓孫中山更快、更直接地感受著西方的文明和先進，體驗中西之間的不同，這既為他日後改良祖國提供了思想的來源，也提供了經驗和實踐的來源。

對少年孫中山來說，他明白不管學校如何、師資怎樣，自己首先需要解決的問題依然是語言。要是無法熟練掌握英文，他在學校的讀書就不能順利進行。因此，為了快速適應意奧蘭尼學校的教育，他不得不付出比同學多幾倍甚至幾十倍的努力，來攻克語言這道難關。

學習語言是件難事，快速學會一種新語言更不容易，聰穎的孫中山不得不把握每一分每一秒，運用各種時機來學習、來磨練，這其中曾經發生過好幾樁感人的故事。

剛入學時，由於他語言基礎太差，與同學之間比較生疏，只好躲在一邊默默觀察，仔細留意。同學們來自世界各地，有白人、黑人，還有當地人，但是很少有華人，他們看著來自中國，長相穿著與自己不一樣，沉默無語的孫中山，也不大理會，自顧自地玩耍遊戲。但是幾天後，孫中山不再沉默，他勇敢地走近同學，大膽地與他們「交流」。當然，此時的交流大多依靠手勢，比手劃腳，很不方便，那些同學可能嫌麻煩，有些人與孫中山交流幾次就笑著跑開了。看著跑遠的同學，孫中山毫不氣餒，繼續與其他同學交流。有一次，他與一個英國同學打著手勢交流，兩人坐在學校的花園裡，談得投機，竟然忘記上下一節課。老師找到他們，責問他們為什麼沒有上課。孫中山用生硬的英語回答：「我們也是在上課，我是學生，他是老師。」老師被孫中山刻苦學習英語的做法感動，笑著說：「孫帝象，你很用功，相信你會成為一名優秀學生。」

經過一段時間學習後，孫中山英語程度提昇很快，在學校裡已經能和老師同學們進行正常對話，也能朗讀課文，書寫辭彙。看著他取得的進步，孫眉很高興，打算趁週日帶他去茂伊島玩耍。孫中山拒絕說：「大哥，我不能去茂伊島，我要在家溫習功課。」孫眉見弟弟學習認真，鼓勵他說：「好，你就在家好好學習吧！以後大哥多回來陪陪你。」他生意繁忙，很少回來與弟弟相聚。

哪想到孫中山聽了大哥這句話，立刻說：「大哥，你不要回來，我不要你陪。」

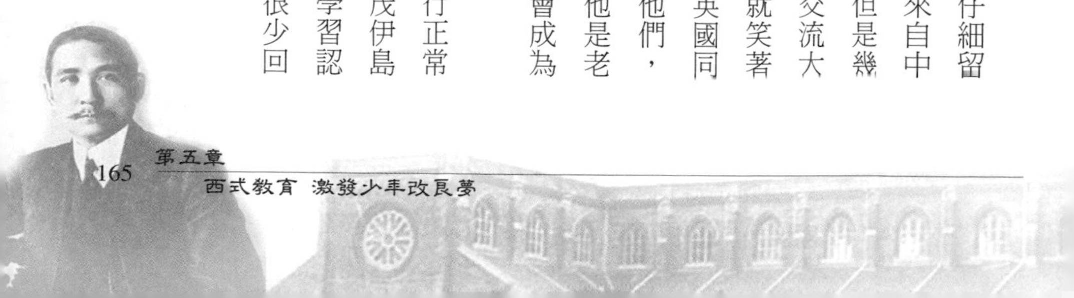

孫眉很納悶，看著弟弟問：「怎麼才上幾天學就不需要大哥啦？」

孫中山忙解釋說：「大哥，學習英語需要多與洋人談話，要是你天天在我身邊，我每天都和你說漢語，什麼時候才能熟練掌握英語？」

孫眉一聽，醒悟了：「說得有道理。你看我來檀香山這麼多年，會說的英語也不多，不流利，恐怕就是整天和講漢語的人相處，缺乏練習的原因。」

孫中山說：「就是這樣，要想在最短時間內掌握英文，必須聽、說全是英語，讀、寫全是英語，如此磨練，才能有長足飛躍。不然，今天說說英語，明天說說漢語，進步不會太大。」

孫眉支持弟弟的想法，從此一連兩、三個月不曾與弟弟相聚。而孫中山，除去每天在學校裡學習外，放學後就走上街頭、商店、景區，大膽地與見到的洋人交流，與他們談論當地習俗，各處風景，還向他們介紹中國的歷史、風俗，在這種實地演練之中，他的口語能力飛快提昇，知識面也不斷擴大。等到兄弟再次相見時，孫中山已經能夠流利地進行英語對話，讓在海外待了七、八年的孫眉刮目相看。

能夠順利說、聽英語後，孫中山開始讀、寫練習，每天一大早就起床讀書，將一天的學習內容全部讀完才吃飯去學校。有一次，孫眉問：「帝象，你天天讀這麼多，到學校後幹什麼？」孫中山回答：「我英語基礎差，每天早晨把當天的學習內容預習一遍，到學校就能更順利地聽老師講解。要不然，我遇到聽不懂的地方，不就大家都下課了嗎？」

除去預習外，每天回到家，孫中山還努力複習，把老師講過的內容讀寫好幾遍。孫眉見弟弟太刻苦了，曾經勸他說：「帝象，你不是都學會了嗎？怎麼還做這麼多練習？我看，學會英文就可以了，外國的歷史、聖經，這些多學沒有用！」

孫中山認真地說：「怎麼會沒用？我們要瞭解世界，熟悉科技文明，不學習這些東西怎麼行！我們常說『溫故而知新』，我本來基礎差，要是不努力多做練習，就跟不上老師的教學計畫。」

看弟弟如此熱愛學習，孫眉雖心疼，卻也高興，就不再去打攪他，只想為他提供學習的各種用具和環境，保證他安心順利地攻讀。在兄弟兩人共同努力下，一個學期下來，孫中山竟然由一個不識英文字母的移民少年，在全校考核中名列前茅，成績顯著。

如此優秀的成績得到老師誇獎，學校肯定，也引來同學們的羨慕，特別是那些曾經幫助過孫中山，與他關係不錯的同學，都圍上來慶祝他的成功，相邀著明年繼續努力。孫中山很開心，他想自己的學習終於踏入正軌了，我要好好地學習全部課程。在他心裡，瞭解世界和科技文明的決心永遠放在第一位，他知道這些東西是中國沒有的，他朦朦朧朧地意識到中國落後貧窮與此有關。

就在少年孫中山一心渴求知識之時，卻遇到了一件很不開心的事情，帶給他很大的影響。

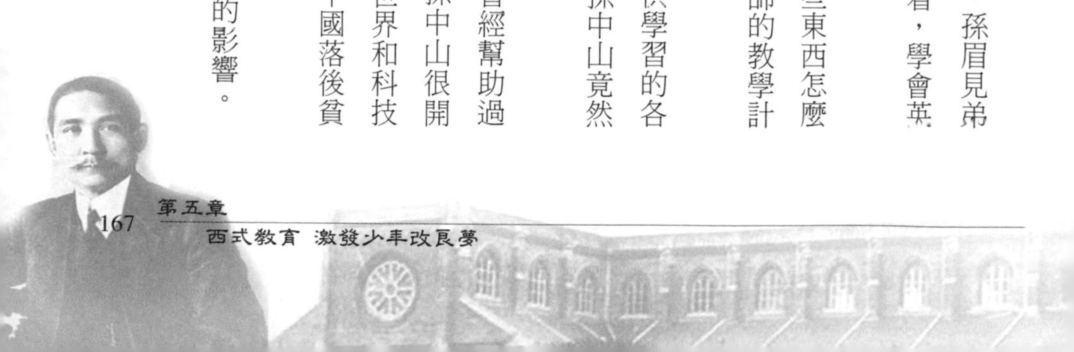

第二節　剪辮風波

辮子帶來的屈辱

孫中山刻苦功讀西學的同時，不忘進修中文，閱讀隨身帶來的各種中文書籍。他尤其喜歡中國的歷史，五千年的歷史太漫長了，其間湧現的英雄人物和激盪人心的事件數不勝數，這些人物和故事深深吸引著孫中山，也讓他深深眷戀著自己的祖國。漸漸的，有些好學的同學還經常跟他學習漢語，聽他講述中國五千年的歷史故事，由於孫中山豐富的歷史知識和富有吸引力的演講口才，常常引得同學們圍在身邊，一聽就是大半天，不時報以熱烈的掌聲。

在孫中山影響下，有些同學逐漸想要瞭解中國，認識中國，並成為他的好朋友，與他關係密切。但是，他出眾的才學和交際能力也引起一些同學不滿，為他帶來了麻煩。這幾個同學是混血土著，他們不愛學習，瞧不起外來僑民，特別瞧不起腦後拖著長辮子的華人，孫中山入學後，他們曾經多次取笑嘲弄他，指著他腦後的辮子罵「牛尾巴、馬尾巴」，以此侮辱人。

在意奧蘭尼學校，華人學生很少，他們腦後的辮子無一例外成為同學們取笑、談論的話題。孫中山注意到這種現象，多次表示不滿和反抗，無奈人單勢孤，無法堵住他們的嘴巴。現在，這幾個混血土著同學由於嫉妒，開始變本加厲地侮辱孫中山。有一次，孫中山坐在校園裡一座雕塑下讀書，被這幾個同學看見了，他們悄悄藏到孫中山身後，伸手輕輕抓住他的辮子，孫中山讀得入迷，沒有感覺到辮子被人抓住了，過了一會兒，他想起身回教室，沒想到辮子被人扯著，一站起來，馬上哐當又坐了下去，疼得啊呀叫出聲來。那幾個同學惡作劇完，嘻嘻哈哈得意地跑走了，孫中山盯視著他們跑遠的身影，心裡燃起一團怒火。

過了幾天，下午放學時，孫中山背著書包來到學校門口，看見那幾個混血土著同學圍在那裡，好像在打架。他不愛湊熱鬧，更討厭這幾個同學，因此躲得遠遠的準備離去。快要走出校門時，他突然聽見有人哭叫，其間夾雜著中國話，孫中山吃了一驚，順著聲音望過去，原來那幾個混血土著同學正扯著一位華人同學的辮子在取樂，他們一人扯著華人同學的辮子在中間轉圈，其他人在周圍狂呼亂叫：「牛尾巴，馬尾巴！頭上夾著狗尾巴！」華人同學像隻小狗一樣，頭低腰弓，被人扯著轉來轉去，眼裡含著淚水，不停地用漢語和英語乞求著：「求求你們，放開我！放開我！」

眼見此情此景，孫中山心中怒火燃燒，他挺身而出，走到華人同學面前，衝著那位扯辮子的混血土著同學大聲說：「放開他，不許欺負人。」

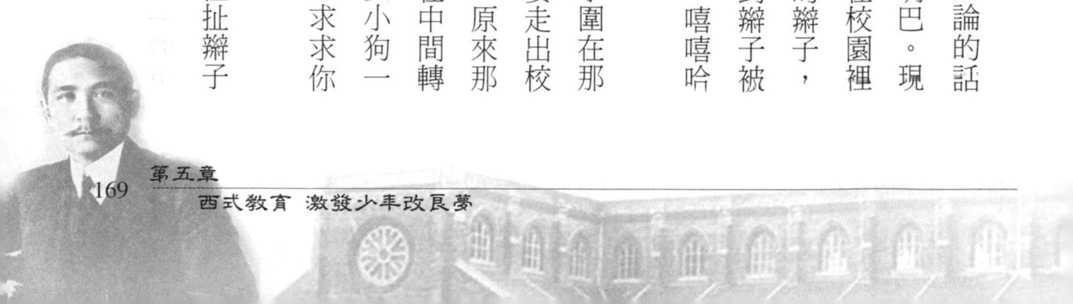

那位土著同學斜眼瞄瞄他，不懷好意地哈哈大笑著說：「噢，又來了條大尾巴。」他說著，示意其他同學去抓孫中山的辮子。孫中山早有防備，不等他們過來，一拳先打向那位土著同學，將他打翻在地上。被扯住辮子的華人同學得以解脫，拉著孫中山的胳膊說：「走，快走。」

可是那位同學挨了打，哪肯放過孫中山，他爬起來吆喝著其他土著同學撲上來圍住孫中山，對他拳腳相向。孫中山面對圍攻，毫不膽怯，他心裡充滿著對屈辱的憤恨，燃燒著正義的火焰，他勇敢地與他們對抗著，憑藉著在老家勞作習武練就的好身手，以一擋十，伸拳飛腿，竟將他們打得連連後退，屈佔劣勢。土著同學看孫中山玩命反擊，一副不怕打的模樣，漸漸失去信心，在敗退中一哄而散，各自背著書包逃走了。

校門口只剩下孫中山和華人同學，他們對視一眼，默默朝前走去。路上，孫中山得知華人同學名叫李家良，也是廣東人，去年跟隨父母來此，李家良也瞭解了孫中山的情況，兩人一見如故，交談甚是投機。李家良看著孫中山腫起的眼角，擔心地說：「你的眼睛疼嗎？去看醫生吧！」孫中山說：「不用，我家裡有藥，回去抹一下就好。」他們邊說邊走，談到辮子問題，李家良憂鬱地說：「唉，真是氣人，他們總是拿我們的辮子侮辱人。可這是我們祖宗傳下來的習慣，是哪礙到他們了！」

孫中山沉思著，過了好大一會兒才說：「其實，辮子不是我們的習慣，我讀過歷史，辮子是滿清加給我們的屈辱！我在老家時有一位阿公，他參加過太平天國，他說太平軍就剪了辮子，與滿清對抗。」

李家良吃驚地瞪大眼睛，看著孫中山說：「真的？太平軍剪了辮子？」在他看來，蓄辮子是天經地義的事，剪辮子之舉真是匪夷所聞。他從小跟著父母做生意，讀書少，父母也沒有文化，一天到晚就知道賺錢，哪裡懂這些歷史和國家大事。看來，滿清統治者經過近三百年對華夏各民族的強制要求，已經使得他們的思想產生依賴，讓他們從形式到內容完全依附滿清貴族階級。

孫中山說：「當然是真的，你在老家沒有讀過歷史書嗎？當年滿清入關，為了強迫漢人蓄辮子，採取了很多嚴厲措施，枉殺許多漢人！在我們南方，不少明末義士就是不聽清廷旨令，不蓄辮子，以此與滿清對抗好多年呢！」

李家良認真地聽著，不停地發出驚嘆之聲，他為自己知識貧瘠而羞愧，為孫中山廣博的見識而深感敬佩。他說：「唉，我連自己祖國的歷史都不瞭解啊！」

孫中山感慨地說：「豈止你不瞭解，我們中國人忍受滿清壓迫這麼多年，有幾個人清醒，有幾個人勇於反抗？太平軍失敗了，不知道何時有人再起來反抗。」他一顆憂國憂民之心竟然如此強烈，在他年少的胸懷之中越燒越旺。

李家良被孫中山身上折射出的氣息吸引，他激動地說：「孫帝象，我聽說你有很多中文

書，借給我讀讀吧！我要瞭解我們的祖國！」

孫中山高興地說：「好啊！雖然我們在海外，可是祖國才是我們的根，我們還要回去，還要改變我們的國家。」他說著，心裡突然產生一個想法，他興奮地抓過腦後的辮子，眼中閃爍著熠熠光彩。

第一次剪辮子

孫中山握住腦後的辮子，心裡冒出一個大膽的想法，他決定剪辮子，剪掉這根屈辱的辮子！帶著這個天大的想法，他興奮地與李家良告別，匆匆趕回家中。

今天孫眉正巧在家，看到孫中山進門剛想招呼，卻見他眼角紅腫，忙問：「怎麼了？跟人打架啦？」

孫中山說了句沒什麼，低頭走進內室尋找剪刀。孫眉坐在客廳，大聲說了一句：「帝象，抹點藥水，不然會感染。」

這時，孫中山拿著剪刀走出來，站在孫眉面前說：「大哥，我要剪辮子，我不要這根帶來屈辱和麻煩的辮子了。」說著，他一手扯過辮子，一手拿剪刀就要剪。

這可嚇壞了孫眉，他一下子跳起來，抓住孫中山的手說：「住手！不許胡鬧！」說著，用力搶奪他手裡的剪刀。

孫中山死死地抓著剪刀，大聲說：「我不是胡鬧，辮子是滿清加給我們的屈辱，我們為什麼還要留著它？」

孫眉生氣地說：「蓄辮子是祖宗傳下來的，你剪掉辮子如何對得起列祖列宗！」說著，從孫中山手裡奪下剪刀，怒氣沖沖坐到座位上，繼續訓斥孫中山，「你才上了幾天洋學，就不知道天高地厚了，敢做這種事！」

孫中山不肯退讓，走過來爭辯道：「洋人不蓄辮子，不是照樣文明發展嗎？我們蓄辮子，穿長衫，除了證明落後和屈辱，還有什麼作用？」

孫眉沒想到弟弟如此大膽妄為，還敢頂撞自己，氣得臉色通紅，拍打著座椅說：「你住嘴！不管怎麼說，就是不許剪辮子！洋人這好那好，可那是洋人，不是我們。你以後少跟洋人來往！」

孫中山倔強地站了一會兒，本想繼續與大哥理論，可是孫眉已經拿著剪刀扭身回屋，關上門不再出來。

直到晚飯時，孫眉才走出房間坐到桌邊，他極其嚴肅地對孫中山說：「帝象，我知道不少洋人取笑我們的辮子，可是習慣就好了，不要放在心上。你好好讀書，只要學習好，其他的事情不要管。」

孫中山見大哥不理解自己，不知道辮子帶給自己的不僅僅是一時的侮辱，更是思想上的傷害，於是說：「大哥，在老家時我和方大頭打架，他抓住我的辮子用力往牆上撞，都把我撞暈了，我當時就想要是沒有辮子多好。我們村裡的馮阿公，他參加過太平軍，太平軍都不留辮子，起義和滿清對抗，打下了大半個中國呢！我覺得這根辮子實在無用，只會帶來不便、帶來屈辱，為什麼要去習慣它？留著不如剪掉！」

剪辮後的孫中山

孫眉見他如此頑固，知道一時無法勸解他，擔心他真的做出過激舉動，而真的剪了辮子，只好採取強制措施，給弟弟下了死命令：「你不要解釋了，我跟你說，祖宗的傳統不能變，辮子不能剪。不然我就無法向列祖列宗交代了。」

這件事情就這樣過去了，接下來的幾天裡，孫中山幾次試圖勸說大哥，都被他嚴厲的擋了回來。第一次萌生剪辮子的想法和行動被扼殺了，這次雖沒有成功，可顯示出孫中山對落後傳統的厭惡，和勇於向舊傳統挑戰的勇氣。

李家良一直關注此事，那天他聽說孫中山要剪辮子，已是驚得目瞪口呆。幾天來，他每天都向孫中山打聽事情的進展，得知他與孫眉為此大吵了好幾次，擔憂地說：「帝象，你太大膽了吧！怎麼敢和大哥吵架？你不怕大哥打你嗎？」

孫中山堅定地說：「為了剪掉這根辮子，挨打算什麼！」經過這次風波，他發現到很多問題，心裡產生許多想法，這次李家良問起，正激起他抒發不滿和感慨的欲望：「家良，我現在才知道事情的嚴重性，你看，辮子帶給我們數不盡的屈辱和麻煩，這種愚蠢的風俗是滿清強加於我們的恥辱，可是多少人能意識到這個問題？我大哥在海外七、八年，天天受西式文化影響，可他依然頑固地遵循舊傳統，不肯接受剪辮子這種做法。像我大哥這樣的人遍佈檀香山，他們明明知道西式文化先進、文明、科學，卻不肯承認，不願帶動國人去改變。你想想，在國內的中國人又怎麼可能主動認識到自己的落後和不足，怎麼去改變自己的命運呢？」

聽他侃侃而談，李家良目不轉睛地傾聽著，心潮隨之澎湃起伏，無比感慨：「對啊！為什麼大哥他們不肯接受改變呢？你說我們什麼時候才會剪掉辮子，我們的祖國什麼時候才能變得文明富強起來？」

孫中山激動地演說著，目光變得深沉而悠遠，內心中充滿了憂患意識，這股超乎年齡的責任感和成熟心使得他那麼投入、那麼堅強，突然間，他似乎尋找到了問題的答案，望著東方沉

著有力地說：「依我看，必須等到全體中國人都明白了辮子是滿清加給我們的恥辱，有了決心，才能徹底剪掉頭上的辮子，或者至少是大多數人，使全世界都知道才行。況且，中國所受的種種恥辱，辮子不過是其中之一，我們應該立即行動起來，把這所有的恥辱全部去掉！」

這個答覆，多麼像一位成熟的政治思想家的風範。也許從那時起，他心裡就有了推翻一切舊傳統、舊制度的想法和勇氣。

第三節

西學影響

深夜的追問和沉思

隨著知識一天天加深，隨著在檀香山的生活逐漸深入，少年孫中山深受西學影響，已不再是那個剛剛走出國門、滿懷懵懂的鄉村少年，他勇於接受新事物，積極瞭解世界，不忘探索和追尋，在新的環境裡快速地成長著，成熟著。

剪辮子風波之後，孫中山陷入更艱難地求索當中，這個難題就是：中國為何貧窮落後？西方國家為何文明富強？這是個艱難的問題，孫中山卻無時無刻不掛念在心裡。那麼這個問題是怎麼進到他心裡，或者說怎麼從他心裡萌生出來的呢？

自從與李家良相識後，孫中山陸續認識好幾個華人同學，他們很快成為無話不談的好朋友，每天一起上學，一起回家，一起做功課。孫眉不在家時，這些同學還會住在孫中山家裡，幾個人睡在一起，談論學習，談論當地的見聞風俗，談論祖國，談論世界，在這些僑居海外的

少年人心中，異國習俗是他們最感興趣的事情，懷念祖國是他們不變的主題。

有一天，李家良和鍾工宇又住在孫中山家裡，夜裡，他們談興正濃，難以入睡，不知不覺談論到基督教的問題。意奧蘭尼學校從屬於英國聖公會，平日除了教授功課外，還有各種宗教的聚會和課程，星期日則要組織學生到附近的教堂做禮拜。那裡的主教名叫韋禮士，由他負責給學生們教授聖經課程。

鍾工宇說：「明天就去做禮拜，聽說我們也可以加入基督教了。」

李家良嘆口氣說：「唉，我父親可固執了，不允許我入教呢！說入教就變成『洋和尚』了，無法向祖宗交代。」

孫中山聽罷，立即反駁說：「基督教提倡『平等、博愛、自由』，旨在喚醒世人，拯救世人，有什麼不好的？」

鍾工宇附和道：「對，李家良，我們讀《聖經》，做禮拜，已經充分瞭解基督教，你怎麼還聽你父親的話?!」

李家良不好意思地笑笑，低聲說：「可我們終究是華人，不是洋人，要是回到家鄉，還怎麼信基督教？」

孫中山聽到家鄉二字，頓覺胸中湧起一股熱潮，他激動地說：「我們在家鄉信神、信關帝，祈求他們保佑我們過上好日子，可是國內生活貧窮落後，老百姓吃不飽穿不暖，與檀香山的生活根本無法相比，而你們看西方人，他們信基督教，不但生活富裕安穩，而且社會秩序井然有序，人人遵守法律，政府和人民相處和諧，這在國內簡直無法想像。」

李家良聽了，歪著頭想了想，認同地說：「對啊！在國內官府橫徵暴斂，欺壓老百姓，當官的仗勢欺人，無惡不作，沒有人不痛恨他們，恨不能將官府推翻。檀香山就不一樣了，我來這裡一年多，從沒聽說哪個當官的欺負老百姓。就連我們華人他們也不欺負，全按照法律做事。」

聽他這麼說，鍾工宇也說起國內和國外不同的社會秩序問題，對國內官民勢同水火的局面大發感慨，而對英美政府與人民和諧相處的情況無不讚嘆。孫中山聽著他們議論，心潮澎湃，他對這種懸殊巨大的差異早就看得清楚，想了很多，如今他不禁發出這樣一種追問：「為什麼這裡的人們生活安樂，文明、先進，而祖國的百姓生活困苦，落後、封閉？為什麼英美政府和他們的人民相處得這樣好，而滿清皇帝自命天子，把我們當作天子腳下的螞蟻？這樣對嗎？」由信仰談論到政府，看來他真正關心的是天下大事，是祖國的命運前途。

面對巨大的差距，許多人只知道追求富足享樂，厭棄貧窮落後，卻不去深思差異背後的原因，甚至認為差距是天生的。可是少年孫中山沒有這麼想，他在發現到差距之後，進行深入的思索和追尋，試圖找到造成如此的原因，雖然他沒有能力從深層次解答自己的困惑，但毫無疑問，他已敏感地意識到導致中華民族積弱積貧的一些弊端。

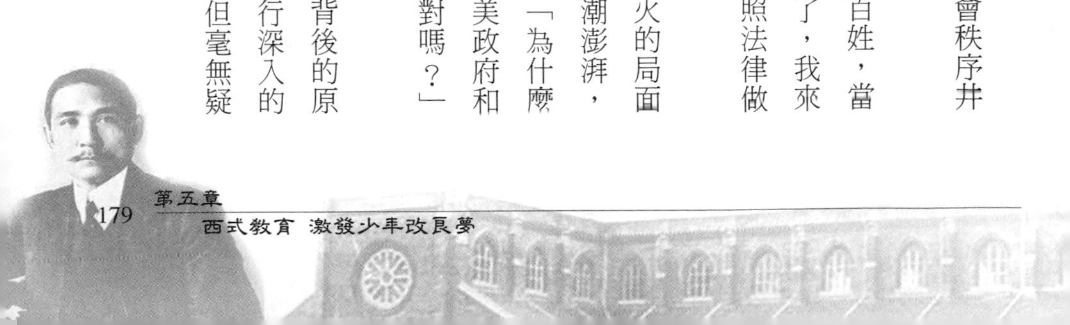

聽了孫中山的這次追問，李家良和鍾工宇都沉默了。檀香山的夜晚靜謐安詳，一年四季空氣中都飄蕩著淡淡花香，十分舒適宜人，他們靜靜地躺在床上，呼吸著這裡自由、舒暢的空氣，想像著家鄉的落後、愚昧、貧窮，一個個心情沉重，無言以對。在他們來說，即便能夠看清國內外存在的差異，也從沒有追思過其中的原因。

孫中山像

在深沉夜色的籠罩下，孫中山在心裡一遍遍對自己的問題重複思索著，他多麼想立刻就能清楚問題的答案，尋找到國內外存在差距的原因，並且將這個原因公諸世人，使得他們都來面對現實，積極改變祖國，改變各自的命運。

入教受阻

少年孫中山認識到祖國與西方國家的差距之後，大膽質疑兩種社會制度的不同，努力探索中國貧窮落後的原因。受孫中山影響，這一切成為他和華人同學最熱心的話題，每每課餘或閒暇，他們就聚在一起討論祖國為什麼落後、能不能擺脫貧窮、國人什麼時候才能過上安樂富足的日子……等等。赤子之心，炎炎如日，真是令人感動萬分。

時間就這樣流逝而去，除了討論之外，同學們的變化也很大，不少華人同學先後加入基督教，成為虔誠的基督教徒。孫中山學習聖經非常認真，他經常研究教義，與別人討論教理時滔滔不絕，很有見地。主教韋禮士和夫人都很喜歡他，對他特別關照，多次解答他提出的問題，親自與他辯論教理，使得孫中山進步很大。經過學習，孫中山瞭解了基督教的深意，對其宣揚的「平等、博愛」精神尤其尊重，認為這種精神可以促使人類進步，社會和諧發展。而這些東西，恰恰是國內缺乏的。

眼看著不少同學洗禮入教，深受基督教感染的孫中山也想接受洗禮。這天，他好不容易見到大哥孫眉，提出自己的想法。可是孫眉一聽，頭搖成撥浪鼓，他沒好氣地說：「前次想剪辮子，這次又要入教，不行不行，兩件事我都不允許！」

孫中山料到大哥會反對，立即搬出自己早就想好的理由：「大哥，我的不少華人同學都加入基督教，他們能加入，我為什麼不能？入教和剪辮子不一樣，老師鼓勵入教，我要是不入教，怎麼學習聖經？」

孫眉生氣地說：「怎麼不是一回事？這都是與祖宗傳統相悖的事，所以都不能做！老師是

洋人，他們鼓勵加入，可我們不能信他們的。」

孫中山只好拿出基督教「平等、博愛」的精神說服大哥，可孫眉軟硬不聽，就是不同意他入教，並且認為弟弟受西學影響太重，斥責說：「我們是華人，不該接受基督教影響，不能成為洋和尚，我看你受他們的影響太深了！我不是早跟你說過，學學英文和算術就可以了，學什麼聖經！有什麼用！依我看信基督教除了讓人背叛祖宗，做出大逆不道的事來，別無益處！」

孫中山不服氣地指著牆上掛著的關帝像，與大哥辯論道：「難道信他就是正確的嗎？關雲長不過是三國時期一個將領，早就死了一千多年了，為什麼要信奉他？信他又有什麼用？」

孫眉見弟弟如此大膽妄為，怒不可遏，上前揪住他的衣領子大聲說：「你太放肆了！在檀香山的華人誰不信奉關帝，你竟敢說出這種話來。我看你受基督教影響太深了，我告訴你，你要是再敢放肆，就別想再去上學了！」

孫中山畢竟年少，而且一心渴求新知，擔心大哥不讓他在意奧蘭尼學校讀書，只好暫時忍耐下來，不再爭辯。事後，他幾次試圖說服大哥，均遭到強烈反對，孫眉瞭解弟弟的個性，擔憂地對朋友說：「唉，帝象在學校讀書倒是學了不少知識，但是受西化影響太深，我現在有些後悔，不該送他去這所教會學校。他個性倔強，認準的事情非要堅持到底，繼續讓他在這所學校待下去，遲早會做出背叛祖宗的事。」

朋友勸說他：「你也不要太在意，現在不少華人入教了，帝象聰明好學，聽說韋禮士主教對他十分關照，他要是果真入教也沒什麼。」

孫眉說：「帝象和別人不同，他喜歡到處演講個人認為正確的事情，他要是入教了，肯定四處宣揚基督教的好處，排斥我們祖宗的傳統，這要是回到國內，還不招來大禍！」看來，他對弟弟還是比較瞭解，對他憂國憂民的心志也有所洞察。

再說孫中山，他被阻不得入教，雖心情不爽，但依然熱衷基督教，刻苦勤奮地學習聖經，研究其教義和教理。實際上，果如孫眉所感覺到的，孫中山之所以熱衷基督教，並且在幾年後最終成為一名基督教徒，的確是在藉助基督教「平等、博愛」的精神，做為反封建的思想武器。中國的封建社會已經存在兩千多年，其根深蒂固的思想束縛著國人，要是沒有嶄新的、強大的思想來衝擊它，社會無法改變，中國無法進步。關於這一點，老革命家馮自由在他的《革命逸史》中有深刻的分析：「國父（指孫中山）之信教，完全出於基督救世之宗旨。」「然其所信奉之教義，為進步的及革新的，與世俗之墨守舊章，思想陳腐者，迥然不同。」馮自由還提到他多次聽過中西教士與孫中山討論宗教問題，孫中山旁徵博引，引經據典，經常列舉新舊宗教歷史及經典，分析得鞭辟入裡，透澈精彩，「殊非常人所矣」。

第四節 國王頒獎

英文考試得了第二名

孫眉擔心弟弟受西化影響太深，後悔送他進意奧蘭尼學校讀書，因此經常責罵他，提醒他不要加入基督教。少年孫中山一面被迫接受大哥的訓斥，一面繼續自己的學習探索之路，在學業和思想上不斷進步著。時光飛逝，轉眼孫中山入學已經三年了，三年的西式教育，三年的追索與成長，他從一位來自封建國度的13歲舊時少年，轉變成以「天下命」為己任的16歲花季少年。從13歲到16歲，正是一個人價值觀和世界觀形成的最關鍵時期，1914年5月7日，孫中山在廣州嶺南學堂做題為《非學問無以建議》的演講時，在提到這段求學經歷時，這樣描述：「憶吾幼年，從學私塾，僅識之無。不數年，得至檀香山，就傅西校，見其教法之善，遠勝吾鄉。故每於課暇，輒與周圍同學諸人，相談衷曲，而改良祖國，拯救同類之願，於是乎生。當時所懷，一若必使我國人人皆免苦難，皆享福樂而後快。」

1882年，孫中山經過三年多勤奮學習，參加學校的畢業考試，在這次考試中獲得英文文法第二名的好成績。他從一位完全不懂英語的學生取得如此優異成績，得到學校和老師們一致表揚，甚至得到了夏威夷國王和王后的獎勵。前面說過，意奧蘭尼學校是夏威夷歷史上最早的學校，由夏威夷國王卡米哈米哈四世提議成立，為學校取名「意奧蘭尼」，希望學校培養出出類拔萃的人才，可見其深受國王和政府重視。所以，每屆畢業典禮，國王都要親自參加並且頒發獎品。

聽說弟弟得了第二名，還要接受國王頒獎，孫眉大為開心，放下所有生意趕往畢業典禮會場，參加弟弟的畢業典禮。典禮會場設在意奧蘭尼學校，前往參加典禮的人很多，有學生家長，有各界人士，當然，國王和王后是典禮的重要人物，他們的到來讓所有人為之興奮激動，特別是那些將要得獎的學生，個個精神抖擻，心情激昂。

孫中山站在隊伍裡，他黃色的皮膚格外引人注目，不少人指指點點，大概在說：「瞧，有位華人少年也取得好成績。」孫中山倒不在乎別人的關注，他挺直著胸膛，高昂著頭顱，意氣風發。孫眉看見了弟弟，高興地向他揮舞著手臂，滿面笑意。

很快，典禮正式開始，國王和王后站到臺上，為取得優異成績的學生頒發獎品。輪到孫中山了，國王親手將一本中國書籍發給他，並且鼓勵說：「你是意奧蘭尼學校第一個獲獎的中國學生，我和夏威夷為你驕傲，你的祖國也會為你驕傲的。」孫中山激動地接過書籍，心裡湧動著滾滾熱浪，久久難以平靜。

典禮結束後，老師和同學們圍上來向孫中山表示祝賀，美籍老師芙蘭蒂文說：「孫帝象，你很成功，你是我教過的學生中最出色的。」芙蘭蒂文是孫中山的英文老師，幾年來不但輔導他學習英文，在言傳身教過程中，還用西方資本主義思潮影響他，可以說對他人生觀的形成有很大的影響。芙蘭蒂文十分欣賞孫中山，覺得這位來自遙遠的半封建半殖民地國度的學生很有個性，很有頭腦，芙蘭蒂文也是位好學的人，他向孫中山請教中國的文化、歷史，因此師生關係融洽。透過這種互相學習，芙蘭蒂文看到孫中山才學廣博，思想深刻，對於政治和歷史尤其敏感，於是鼓勵他攻讀政治，借給他關於林肯和華盛頓的，以及許多國外資產階級革命的書籍閱讀。在閱讀中，孫中山開闊了視野，認識到許多前所未有的思想，境界大大提高。

聽了老師的誇獎和鼓勵，孫中山謙虛地說：「都是老師辛勤教導，我才有今天的成績。」

檀香山的孫中山雕像

芙蘭蒂文很高興，用漢語喜悅地說：「你也是我的老師啊！孫帝象，我跟你學了不少漢語呢！」這席話說得在場人開心大笑。

接著，同學們輪流上前祝賀，祝賀孫中山得到國王獎勵，就連昔日愛捉弄人的那幾個混血土著同學也不好意思地說：「孫帝象，以前我們做錯了，希望你原諒。」孫中山說：「不是你們的錯，是我們太落後、太愚昧了。」說著，他眼中一片濕潤。李家良、鍾工宇見此，想起孫中山剪辮子的事，忙說：「帝象，現在你取得這麼好的成績，還得到國王和王后頒獎，這可是我們華人的榮耀。」

確實，這次獲獎在華人圈影響很大，許多以前認為孩子無法接受西式教育的家長，開始將孩子送進意奧蘭尼學校，鼓勵孩子去學習、讀書。孫中山聽說後，很高興地說：「獲獎能夠帶動大家學習和改變，真是太好了，這比獎給我什麼都強。」

拒絕財產

畢業典禮後，孫眉為了獎勵弟弟，帶著他去茂伊島，決定在那裡做出一項重大決策。路上，他想起自己曾經後悔送弟弟去意奧蘭尼讀書的事，不由失笑道：「帝象，三年學習不容易，你有了今天的成績我也可以和父母交待了。」

孫中山沒說什麼，他心裡想著基督教的事，思考著大哥會不會同意自己入教。兄弟兩人各自想著心事，很快來到茂伊島。他們走進孫眉的辦公室，坐下來後孫眉打開抽屜，取出一份合約遞給孫中山：「帝象，這是一份財產贈送合約。如今你畢業了，我要送給你部分產業，讓你幫著我打理生意。」

孫中山伸手擋回大哥遞過來的合約，誠懇地說：「大哥，我不要產業，我只要讀書。」

孫眉放下合約，不解地問：「帝象，你現在已經畢業了，你還讀什麼書？」

孫中山眼裡閃爍著光彩，激昂地說：「大哥，夏威夷還有所高等學校，就是火奴魯魯的阿厚書院。我想去那裡讀書。」

阿厚書院是美國人開辦的，是歐瓦胡學院的大學預科班，這是當時夏威夷的最高學府，規模較大，學生近千人，校制為美式。

孫眉看著弟弟，目光中充滿了困惑，語重心長地說：「帝象，你學會的東西也不少了，懂太多也沒有用處，我看不要去讀書了。最近我生意特別忙，先幫我管理店務吧！」他最初的打算是要把弟弟培養成生意人，讓他與自己共同管理偌大的產業，可是三年來孫中山深受西學影響，與他在各種觀念上已經產生強烈分歧。為了不讓弟弟沿著西學之路越滑越深，孫眉決定不再讓他繼續讀書，以免做出違背祖宗傳統的事。

孫中山聽了大哥的建議，十分無奈，盡力為自己爭取說：「大哥，你辛苦這麼多年才積攢的財產，你還是自己留著吧！我不要。要說學會的東西，不過九牛一毛，西學內容廣博深遠，要想有所成就，必須繼續攻讀。大哥，我才讀了三年書，瞭解的知識實在太少了，如果半途而廢，真的很可惜。」

孫眉不是不知道學習的重要，也知道弟弟的心思，盼望他在學業上有所成就，但他實在擔心弟弟癡迷於基督教，受西化影響太重，將來真的做出過激舉動，自己就無法向父母和祖宗交待了，於是狠心說：「現在我的生意發展太快，忙不過來，你先過來幫忙，上學的事以後再說。」

孫中山雖倔強，但他向來尊重比自己年長12歲的大哥，也知道大哥性情強悍，一旦做出決定不容他人爭辯，很難更改，只好接受大哥的安排，再次進入茂伊島牧場，做起記帳和管理財物的工作。

剛來檀香山時，孫中山曾經在大哥的店鋪裡幫過忙，做過帳務工作，現在重新拾起這份「舊」工作，他依然沒有多少興趣。而且，現在的他經過三年薰陶，早已不是初來此地時那個語言不通、怯生生打量周圍一切的少年，他精通英文和當地語言，熟悉此地生活，擁有要好的同學朋友，對西學充滿嚮往和迷戀之情，可以說，此時的他比孫眉知識更廣、見識更深遠，那麼，他能安心於枯燥單調的工作，甘心做大哥的生意合夥人嗎？

而此時的孫眉一心拓展事業，已經租下整個茂伊島，人稱「茂伊王」。看著事業蓬勃興

旺，他雄心勃勃，多次找到弟弟向他描述未來富足美好的前景，鼓勵他專心工作，跟著自己學習做生意，將來會分給他更多產業讓他經營。孫中山每每聽到這句話，總是說：「大哥，我早就說過了，我對產業不感興趣。」說完，埋頭讀書，很少繼續聽大哥談論生意上的事。

孫眉十分關照弟弟，覺得他年紀小，不知道產業的重要，因此一笑置之，心裡卻想，不管你要不要，我這麼多產業遲早要分給你，我已經告訴父母了，這裡的一切是咱們兄弟倆的。

16歲的孫中山就這樣在大哥的牧場裡度過一段管理帳務的日子，他身在牧場，心在學校，時刻想著讀書之事，他能不能走出牧場，重新踏進學校的大門呢？

第六章

兄弟反目　撕神像喚醒同胞

少年孫中山拒絕了大哥贈送的財產，進入牧場工作，他不忘宣揚先進的西學，打擊國人封建愚昧的種種落後弊端，一度引起牧場中很多工人關注，也遭到大哥多次批評。終於，孫中山撕毀關帝像，觸怒保守的大哥，兄弟反目。孫中山被打，還遭到驅逐，等待他的又是怎樣的命運呢？

第一節

不忘讀書夢

宣揚西學

少年孫中山再次進入大哥孫眉的店鋪，幫助經營店務，但他的心思完全不在生意上，每日裡除了埋頭讀書，就是宣揚一些西學理論，比如基督教的「平等、博愛」精神，西式教育的種種先進文明之處，等等不一。

有一次，他和幾個伐木工人聊天，講到國人的愚昧落後，中西方存在的巨大差距，感嘆地說：「在國內，老百姓們賤如螻蟻，生命無保障，飽受滿清皇帝和各級官吏蹂躪，可你們知道嗎？並非全天下都是這樣的，英國和美國政府就和人民相處和諧，在那裡社會秩序井然有序，人人遵守法律，沒有人欺負人的現象。」

有個剛來檀香山不久的年輕工人驚奇地說：「真是這樣嗎？那當官的靠什麼發財？老百姓能聽從官府的命令嗎？」

孫中山說：「在英國和美國，沒有誰聽誰的問題，政府和人民聯合起來制訂法律，大家都遵守法律，所以誰也不用害怕誰，誰也沒有特權去管別人。」

年輕工人睜大著眼睛，用心聽孫中山講這些道理，覺得簡直像天方夜譚一般不可思議。有些來檀香山時間比較久的工人，對中西方之間的差距感觸很深，但他們只知道工作，很少去深思，聽孫中山講出法律一事，紛紛點頭說道：「對，這裡有法律，法律可管用了，保護任何人，就連我們僑民也保護。」

正當他們聊得興起時，突然店鋪外走進一人，他姓楊，人稱老楊頭，來檀香山許多年了，與孫眉一起創業發展，現在負責牧場的財物工作，是孫眉最貼心的朋友和事業夥伴。孫中山兩次進入牧場工作，都是在他手下，跟他學習記帳、算帳等基本財物知識。老楊頭四、五十歲，終日穿著舊式長衫，梳著油光光的長辮子，不苟言笑，舉止嚴謹，一副標準的大清子民形象。在他手底下工作，孫中山覺得壓抑沉悶，他有時候忍不住想，老楊頭來檀香山這麼多年，怎麼一點改變都沒有？

確實，老楊頭從不改變，甚至連襪子都要老婆從國內郵寄來的才穿，從不去洋人商店裡購買。在他身上，你看不出一點西化的東西，更要命的是他的思想，他的腦殼固守著封建傳統，對於先進文明的西學抱著強烈的排斥態度。

在與他相處的日子裡，孫中山不只一次與他發生爭論，焦點就是要不要接受西學，西學可

取不可取。老楊頭固執地認為，祖宗的傳統不能變，華人應該遠離西學，避免受其影響。孫中山曾經這樣反駁他：「你說祖宗的傳統好，可是為什麼我們在國內生活困苦艱難，備受官吏欺壓，而在這裡反而獲得自由、財富和保護呢？要是回到國內，你擁有的一切還能繼續擁有嗎？」老楊頭想了半天，無言以對，只好搖頭擺手，表示不願與他理論。孫中山見他身在檀香山，享受著西式文明的種種好處，心卻如此頑固不化，感到非常可悲可嘆。

老楊頭似乎有意與孫中山作對，每當孫中山與人講說西學，探討祖國落後的原因之時，他就會突然冒出來，不冷不熱地進行一番打擊。現在他又出現了，並且接著工人們的話題說：「哪裡的法律都比不上咱們祖宗訂下來的規矩，只有遵守祖宗的規矩，什麼事情都好辦，不會出差錯。」

聽他這麼說，有些工人覺得有道理，停下議論法律的話題，轉而說起祖宗規矩來。

孫中山知道老楊頭又來打擊自己，走出來沉著地說：「我記得祖宗規矩裡有句話：『父母在，不遠遊。』我聽說老楊大哥家裡也有父母高堂，可是你來檀香山已近十年，是不是也沒有按照規矩做事？」

一句話說得老楊頭面紅耳赤，張口結舌。孫中山接著滿懷激情地說：「咱們的國家正在遭受滿清和列強欺壓，國將不國，這是事實；國人生活面臨絕境，民不聊生，這也是事實。所謂『國家危亡，匹夫有責』，我們身為華夏兒女，為國為民分憂是情理之中的事。現在我們見識了西學先進之處，認識到祖國的不足，就應該積極學習，勇於承認和改變，這才是祖國實現富足強盛的道路。你們說對嗎？」

這番富有激情和煽動力的演說打動了在場每個人，他們熱烈地鼓著掌，齊聲喝采。老楊頭沒想到孫中山不但不聽自己的勸告，反而將西學與救國救民連在一起，既氣又怕，搖著頭氣憤地說：「帝象，你太過分了。我告訴你，西學會害人，你要是繼續鼓吹，小心你大哥把你攆走！」

孫中山毫不動搖，堅定地說：「西式教育就是比傳統的私塾教育先進，基督教提倡的『平等、博愛』精神就是救世學說，西式制度就是比滿清統治強，我不但要說，還要讓全體中國人都知道，讓全世界都知道，只有這樣祖國才會改變，才會強盛！」

老楊頭顯然無法忍受孫中山的狂傲，氣得腦後的長辮子都晃動起來，他將拳頭不停地砸在門框上，發出痛苦的哀嘆聲。工人們見此，拉著孫中山走出店鋪，走向牧場。

這場辯論可算是孫中山為救國救民進行

孫中山像

的第一次簡短有力的演說，連他自己也覺得奇怪，以往不過議論西學的好處，說說祖國的種種落後之處，將兩者簡單比對一下，怎麼今天突然把兩者結合起來，好像一下子尋找到了自己苦苦追索多年的答案似的，他感覺特別輕鬆開心。

當然，孫中山不會料到，這場辯論將是他今後人生中無數次辯論的開端，將是指引他進行改變祖國的革命運動之思想萌芽。但是，當下的他沒有料到的是，這場辯論為他的生活帶來了怎樣的改變。

如願進入阿厚書院

少年孫中山的所作所為當然瞞不過一個人的眼睛，這就是他的大哥孫眉。孫眉其實都聽過弟弟議論這些救國救民的話題，也因為剪辮子和入教問題與他展開過激烈爭吵，當然清楚他的心思，但他沒想到弟弟如此膽大率性，竟然不顧自己的勸告，在眾人面前大肆宣講，再加上特別是老楊頭三番五次前來向他告狀，訴說孫中山的種種叛逆言論，以及不恭不敬的做法時，他真的有些無法容忍了。

這天，孫中山正在店鋪內讀一本介紹華盛頓的書，孫眉在老楊頭陪同下大踏步走進來。孫中山讀得入迷，根本沒有注意到他們兩人，頭也沒抬。孫眉怒沖沖上前奪過他手裡的書，大聲訓斥：「帝象，你不好好工作，就知道讀些不著邊際的書，到底想幹什麼？」

孫中山回答：「大哥，這是本介紹美國第一任總統華盛頓的書，非常動人，你怎麼說不著邊際呢？美國就是在華盛頓的帶領下……」他剛要向大哥演講華盛頓的種種事蹟，卻被孫眉無情打斷了：「不要再說了，我們是中國人，管不了西洋的事，以後你少讀這些書，少講這些話，做好自己的工作！」老楊頭也在旁邊幫腔說：「對，我們雖然在海外，但不能忘本，不能忘掉祖宗傳統，不然死了怎麼有臉見列祖列宗。」

聽他們一唱一和勸阻自己，少年孫中山非常反感，他心裡怒氣上升，頂撞一句：「就知道拿祖宗說事，卻不知道關心活著的人！」

孫眉怒聲說：「活著的人怎麼啦？你不是活得好好的！我就是不要你做錯事才來管你，你別狗咬呂洞賓，不識好人心。我跟你說過多少次了，不要迷信洋教，你聽了嗎？」

兄弟兩人在店鋪裡爭吵，引來不少圍觀的工人，他們指指點點，議論紛紛。老楊頭見此，擔心吵架降低孫眉的威望，連忙勸說他離去。

之後不久，孫中山回到火奴魯魯找李家良、鍾工宇等同學玩耍，聽說他們進了阿厚書院讀書，非常羨慕。他們相邀去韋禮士主教的教堂做禮拜，在那裡他與韋禮士暢談辯論，度過畢業以來最開心的一天，由此，孫中山暗下決心，一定要繼續讀書。

回到茂伊島後，孫中山立刻找到大哥，向他說起阿厚書院的事，表示願意繼續讀書。孫眉

正為弟弟言行放肆，不務實業而生氣發愁，聽說李家良和鍾工宇進了阿厚書院，想著弟弟學業優異，酷愛讀書，不安心工作，不如再去學校讀書，說不定將來在學業上有所出息。孫中山見大哥動搖了，特別激動，連忙表態說：「大哥，我不喜歡牧場裡的工作，我還是想讀書，想學習知識，你還是讓我去吧！」孫眉無奈地嘆口氣說：「我本意是讓你學做生意，你卻不喜歡。這也罷了，等過幾年你長大了，從阿厚書院畢業了再做生意吧！」他始終對弟弟關愛有加，寄予厚望，希望他繼承自己的事業。

孫中山高興地說：「大哥，阿厚書院是預科班，畢業後成績優異的學生可以直接去美國讀大學，我想去美國，想去那裡接受更深的教育。」

孫眉聽了，半是憂愁半是喜悅，憂愁的是弟弟始終對生意不感興趣，而對西學充滿熱情；喜悅的是弟弟有膽量，懷有志向，竟然夢想去美國深造。據說，在美國上大學可以學習醫學、科學、教育學，成為醫生、科學教、教育家。儘管孫眉反對弟弟受西化太重，擔心他做出叛逆之舉，但他還是比較重視教育，認為只要不背叛祖宗，做些研究工作還是不錯的。

不管他心底如何想，目前最要緊的就是送孫中山回到火奴魯魯，進入阿厚書院。聽到這個消息，老楊頭也很高興，對孫眉說：「我看帝象年紀小，不懂得生意艱難，也就適合在學校讀書，你這次把他送回學校，咱們牧場裡就平靜了。」

老楊頭的支持更堅定了孫眉的信心，本來他還擔心孫中山回到學校後會受西學影響更重，更難管教呢！既然老楊頭也認為弟弟該回到學校，那麼他立即親自去阿厚書院聯繫。校方瞭解到孫中山在意奧蘭尼學校的學習情況，二話沒說就同意了他的入學申請。孫中山如願以償得以繼續讀書，其心情可想而知，他激動得徹夜難眠，連夜收拾好各種書籍、用具，準備第二天就去學校就讀。

可是，孫眉認為春節在即，這是華人最重視的節日，弟弟應該在家裡過完節再去學校。孫中山只好接受大哥的安排，在茂伊島與大哥一起過春節。當時，茂伊島已被孫眉承租，島上大多數是華人，他們依照舊風俗舊習慣修築佛堂，張掛關帝像，過著與國內相差無幾的封閉生活，很少與外界交往。這在孫中山來說，是悲哀和愚昧的象徵，也成為他急於脫離這種環境，尋求新力量、新光明的動力。

好在春節過後，孫眉很快就實現了自己的承諾，把弟弟送回火奴魯魯，讓他住進了島上最高等的學府——阿厚書院。此次入學與前番進入意奧蘭尼不同，孫中山已經熟練地掌握了英文，具備不少西學知識，熟悉了西學教育的特點，重要的是，他那顆胸懷世界、渴求新知的心越發蓬勃，越發積極，越發旺盛。可以說，這次入學對他極其重要，也將不可避免為他帶來人生的轉機。

第二節　要做「洋和尚」

得意門生

少年孫中山進入阿厚書院，開始了自己更高層次的求學讀書生涯。阿厚書院是夏威夷規模最大的學校，師生近千人，採取美制教學，也是所教會學校。這所學校除了教授文學、自然科學、數學、聖經等基本學科外，還開設醫學、政治學、美學等專業基礎課程，意在引導學生的愛好，發現他們的專長，為其進入大學打基礎。孫中山入學後，很快就對政治學和醫學產生濃厚興趣，甚至想到未來去美國深造，就選這兩門功課，做些深入研究。

孫眉聽說弟弟喜歡醫學，很高興地說：「學醫也不錯，有門專長，將來有出息。」在他看來，只要弟弟不再迷戀基督教，不再宣揚抵觸滿清的反動言論，做些研究和學問還是不錯的。但是，孫中山並非像大哥想的那樣，喜歡政治學和醫學就會放棄其他，在他充滿激情的年輕歲月裡，渴求新知的同時依然不忘改良祖國和同胞的決心，所以他依舊迷戀基督教，希望從中找到解決國家和民族前途的辦法。這樣一來，孫中山讀書之餘，就常常去韋禮士主教那裡，向他請教聖經知識，與他探討基督教教理教義。

又是一個禮拜天，孫中山像往常一樣穿戴整齊，興致勃勃趕往韋禮士主教所在教堂做禮拜。昨天夜裡，他讀聖經時遇到一個新問題，打算今天與主教好好探討一番。孫中山趕到教堂時，天色尚早，教堂裡人不多，他徑直找到韋禮士主教，向他問好招呼。韋禮士主教看著孫中山，滿臉笑意，迎上來說：「孫帝象，你來得真早啊！看你這麼有精神，是不是又有什麼新理論？」孫中山經常向主教請教問題，也經常發表自己獨特的見解，在韋禮士眼裡，這位來自東方古國的學生思辨敏捷，認識問題深刻獨到，是個難得的人才，因此對他格外關照，對他的問題和發現也是格外留意。

孫中山笑著說：「主教料事如神，我今天正有一事不明，特來請教呢！」

他們說話間，教堂裡陸續走進前來做禮拜的教徒，於是孫中山也隨著普通教徒一起誦唱讚詩。

禮拜完畢，韋禮士主教特意留住孫中山，與他繼續探討教理和問題。兩個人熱烈地談論著，時而情緒激越，時而感慨萬千，時而滔滔不絕，聲音抑揚頓挫，此起彼伏，引人入勝，簡直有種耳不暇聽之感。他們專心討論，忘記了時間流逝，不知中午已去，夕陽將近，這時韋禮士夫人尋上門來，聽著他們熱情洋溢的話語，看著他們從上午到現在沒有挪動的身形，不由失

聲叫道：「上帝啊！你們這是在幹什麼？難道吃飯都顧不得了嗎？」

韋禮士主教恍然而言：「孫帝象，我們還沒有吃午飯，你餓了嗎？」

孫中山這才回轉心神，摸摸自己的肚腹，啞然失笑，對韋禮士夫人說：「夫人，我纏著主教討論問題，沒想到時間過得這麼快。」

韋禮士夫人笑盈盈地看著孫中山說：「孫帝象，你是主教最得意的學生，我想他和你討論問題，也不知道餓了。」

一席話說得三人都笑出聲來。

韋禮士主教說：「夫人說得太對了，我教了這麼多學生，孫帝象可算是最優秀的，對於教理和教義的理解和認識非常深刻，比一般牧師都要強很多。」

韋禮士夫人突然想起一件事，不解地問：「孫帝象，你這麼喜歡基督教，為什麼不洗禮入教呢？你的好多同學和同胞都加入基督教了。」

這句話問到孫中山的痛處，他垂頭沉思片刻，繼而堅定地說：「夫人，我們中國有句話叫做『水到渠成』，我想我沒有入教是因為時機未到，時候一到，我自然會洗禮入教。」

韋禮士主教和夫人對視一眼，聳聳肩膀，他們沒有聽懂孫中山話中之意。這幾年來，除了全面接受西學之外，孫中山時刻不忘修習中文，提高自己的中文修養，所以國語能力也很強。今天他運用「水到渠成」這個成語回答韋禮士夫人的問題，既有禮貌又避免說出大哥阻撓入教之事，顯示出超強的外交才能。

看著韋禮士夫婦迷惑的眼神，孫中山笑著說：「你們放心，只要有機會，我肯定會接受洗禮，加入基督教。」

韋禮士夫婦如釋重負地嘆口氣，笑著說：「東方語言太神奇了，太奇妙了，孫帝象，你還要當我們的老師，我們想繼續學習漢語。」在意奧蘭尼學校的日子，孫中山的不少老師都跟著他學習過漢語，韋禮士夫婦也不例外。

孫中山滿口答應，在韋禮士夫婦帶領下，朝著他們家走去。這段時間，孫中山獨自吃住在火奴魯魯，很少回茂伊島，韋禮士家就成了他經常光顧之所。另外，他還常去芙蘭蒂文老師那裡，這位老師新近應徵到阿厚書院，再次成為孫中山的老師，師生重逢，當然十分驚喜，他們又恢復以前互相學習的日子，來往特別密切。

可是，孫中山頻繁與韋禮士主教交往的事很快就傳到孫眉耳裡，他聽說後勃然大怒，決定親自去火奴魯魯一探究竟。

孫眉大鬧教堂

本來，孫眉聽說弟弟喜歡醫學，一心希望他鑽研學問，學業有成。哪想得到，前幾天老楊頭神祕兮兮跑來告訴他，說孫中山又開始與基督教徒往來，尤其是那個韋禮士主教，簡直就把孫中山當作自己的子弟，日夜與他在一起。孫眉聽說後，疑惑地說：「韋禮士主教不是意奧蘭尼學校的嗎？帝象現在在阿厚書院，怎麼還能與他交往？」

老楊頭著急地說：「這你就不知道了吧！阿厚書院也是教會學校，也宣傳基督教，火奴魯魯就巴掌大個地方，韋禮士主教又那麼有名氣，阿厚書院還不得繼續請他去教聖經。這一來二去，帝象還不得繼續與他交往。」儘管他猜測有出入，但韋禮士主教確實很有名，與孫中山的關係也非同一般。

孫眉當下就急了，抓起外套披在身上，急匆匆要趕往火奴魯魯。老楊頭一把攔住他說：「等等！我跟你說，你不是不知道帝象的脾氣，你現在去了，他正好好地在上著課呢！你的責問他會聽嗎？你要先想個辦法，看準機會，去了就能抓住他的把柄，叫他不得不聽從你的安排。」

孫眉知道老楊頭鬼點子多，忙問：「老楊大哥，你說，我該怎麼做才能管制住帝象？」

老楊頭來回踱著步子走了幾圈，突然眼光一亮，激動地顫聲說：「有辦法了。」他伏在孫眉耳邊，嘀咕半天說了自己的計畫。孫眉邊聽邊點頭，臉上漸漸佈滿喜悅神色。最後，他滿意地說：「好，就按你的計畫行事。」

老楊頭滿有把握地說：「你就聽我的，包準沒錯。帝象不過是一個孩子，還能反了天？你連哄帶嚇唬，他就得跪下向你求饒！」

就這樣，孫眉按照老楊頭的計畫，先派人打探清楚孫中山與韋禮士主教經常會面的地方，然後趁著禮拜天偷偷來到火奴魯魯。他先去阿厚書院，沒有找到孫中山，立即趕往意奧蘭尼學校韋禮士主教那裡，因為他早就打探到孫中山經常去見韋禮士主教，與他談論聖經和基督教。他想，去了當場逮住他，不怕弟弟嘴硬、不聽話，可是到了韋禮士那裡，他依然沒有見到孫中山，就連韋禮士夫婦也不在家，孫眉有些不知所措了，弟弟到底去了哪裡？

稍作休息後，孫眉想，乾脆去教堂吧！先找到韋禮士主教再說。他來檀香山十幾年，從來沒有進過教堂，在他的思想裡，弟弟孫中山雖迷戀基督教，還提出過加入基督教，但畢竟沒有正式入教，所以也不可能在教堂裡。出乎他意料的是，等他趕到教堂時，發現弟弟竟然明目張膽和許多教徒站在一起，誦唱讚詩，與教徒的行為已經一般無二。

孫眉火上眉梢，不容細思上前扯住弟弟大聲喝叱：「誰叫你到這裡來了！說過不讓你信基督教，你偏不聽！走，跟我回去！」這聲吵鬧驚動所有人，大家停下誦唱，齊刷刷將目光盯在孫眉兄弟兩人身上。

孫中山知道大哥的心思，但他見大哥在眾目睽睽之下如此無禮，擾亂教堂秩序，氣得頂撞道：「信教是我的自由，你管不著！」

孫眉更惱怒了，指著孫中山的鼻子罵道：「我管不著？好啊！我管不了你，你聽著，從今天起，你就給我停學，立刻回家去！」

「回去就回去！」孫中山何哥哥孫眉針鋒相對。

孫眉氣得臉色發青，怒吼吼地說：「好，我這就去給你辦退學手續，你立刻跟我回去！」說著，他轉身大踏步走出教堂，直奔阿厚書院而去。

這邊，韋禮士主教被突如其來的變故嚇呆了，眼睜睜看著孫眉離去，才慌忙跳下講臺，追出去喊道：「孫先生請留步，請留步！」

教堂裡，教徒們望著發生在眼前的一切，有人驚得目瞪口呆，有人不停地在胸前劃著十字，還有人低聲唸誦著什麼，大意都是在祈求上帝原諒。孫中山不得不走出教堂，跟在韋禮士主教身後奔跑追趕。不一會兒，他們追上了孫眉，韋禮士主教勸說道：「孫先生，你聽我說，孫帝象是個很優秀的學生，他不但熟讀聖經，其他功課也特別出色，在意奧蘭尼學校時曾經得到過國王獎勵，希望你珍惜這莫大的榮耀。」

孫眉正在氣頭上，什麼話都聽不進去，沒好氣地說：「他不聽我的話，還要什麼自由，不讓我管他，我現在就是不讓他讀書了，看他聽不聽！」

韋禮士主教說：「孫先生，我知道你產業很多，人稱『茂伊王』，像你這樣的人為什麼不讓自己的弟弟讀書呢？孫帝象還年輕，不讀書能做什麼？」

這句話問到孫眉的傷心處，他氣惱地說：「叫他做生意他不做，叫他讀書，又整天只知道研究聖經和基督教，宣揚一些反動言論，這要是傳回國內，會招來大禍的！」

韋禮士主教明白孫眉的擔心，安慰他說：「信不信基督教確實是個人的自由，孫帝象對基督教理解得非常深刻，絕對不是一時衝動。依我看，信不信教與學習其他知識關係不大，你要考慮清楚，就因為這個問題影響他的學業，未免太可惜了。」

孫眉既生氣又心疼地看著弟弟，無奈地嘆口氣說：「唉，咱們孫家怎麼出了你這麼個大逆不道的子孫！走，跟我回去，我要好好跟你談談，然後再決定上不上學的問題。」

他們與韋禮士主教告別，踏上回歸茂伊島的路程。這一去，孫中山滿腹不安，不知道能不能回到阿厚書院繼續學業。

第三節 兄弟反目

挨了一巴掌

孫眉一氣之下，將弟弟孫中山帶回茂伊島，打算好好管教他一番再讓他回去讀書。兄弟倆回到牧場後，孫眉開始語重心長的勸說教育弟弟：「帝象，我跟你說多少次了，祖宗留下來的東西不能改變，只有咱們國家的教派是最好的，除此之外，無論什麼教都不正派，基督教是洋人的玩意，他們信上帝，做禮拜，咱們中國人不能信他們！我跟你說，你來檀香山好幾年了，一直接受西化思想，我擔心你誤入歧途，才不支持你繼續讀書。你自己說，你是要讀書還是要信基督教？」

對孫中山來說，這兩者都是他最熱衷和喜愛的，不可偏廢，尤其是近些日子，他開始將基督教與中國傳統思想進行比對研究，試圖從中尋找到祖國愚昧落後的原因，試圖為廣大同胞尋找到一條光明坦途。他認為，基督教宣揚的「平等、博愛」理論恰是國內最缺乏的，是喚醒億萬同胞，拯救他們走出苦海的最佳道路，所以，面對大哥的問話，他斬釘截鐵地說：「大哥，基督教雖然是洋人創建的，但它宣揚『平等、博愛』，並沒有限制只有洋人才可以信。我們中國遭受了幾千年封建思想束縛和壓迫，體制腐朽，思想封閉，科技落後，經濟衰敗，哪一樣都比不上西方先進國家，為什麼還不向人家學習，努力改進呢？你看看，世界上許多國家都在發生著日新月異的變化，他們紛紛取消帝制，建立共和制國家。英美各國經由資產階級革命取得突飛猛進，一躍成為世界強國，不管在政治、經濟、文化，各個方面都超出帝制國家。世界在進步，而我們中國呢？愚昧落後，尊奉著滿清的皇帝、太后，沿襲著幾千年來的封建陋習，國人甘願做奴隸，像什麼磕頭跪拜、君君臣臣，都極力維護，不敢絲毫改進。我認為要想改良祖國，要想讓中國強盛，必須從國人的思想和習慣上進行徹底改變，拋棄陋習，接受新知，進行一場徹底的革命，要不然，祖國難以改良。」

他侃侃而談，將自己多日的思索總結成一場精彩演講，真有股氣吞山河之氣概。孫眉聽著弟弟的演說，臉色愈來愈難看，最後他大喝一聲：「住口，你真是無君無父，大膽妄為！國家大事哪容你在這裡信口雌黃！既然你如此固執不化，我看你就別去讀書了！」

孫中山滿腔激情，一心拯救祖國同胞，覺得自己所想所做並沒有錯，見大哥依然固守己見，不肯接受改變，也是怒火上升，提高嗓門說：「我說的句句屬實！國人太愚昧了，抱著陋習不放，還以為自己做得正確。」一說到這裡，他看到了大哥腦後的辮子，接著說：「就說你腦

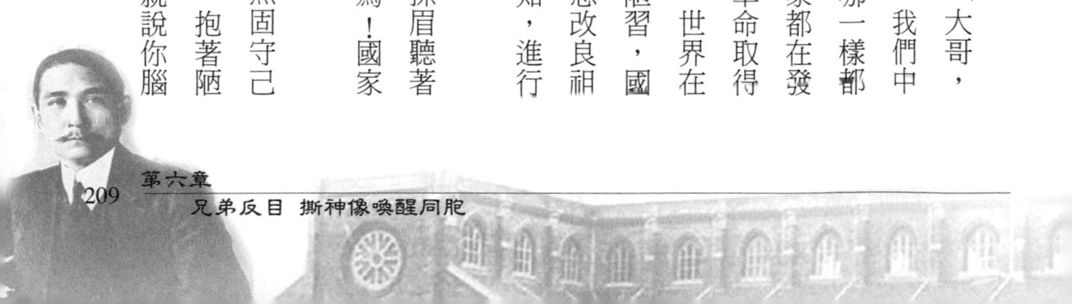

後的這根辮子，這是滿清入關時強迫我們蓄留的，是恥辱，到了現在你不但不肯剪掉，還口口聲聲說這是祖宗的規矩，不可改變。可你明明知道蓄辮子帶來的麻煩和羞辱，無疑於向世人展示祖國的落後和國人的愚昧，要我說，剪掉辮子，留起短髮，這樣既文明又從心理上擺脫滿清控制，才是一舉兩得的正確做法。」

孫眉聽不下去了，他霍地站起身，揮手打了孫中山一巴掌，怒聲說：「滾，滾得遠遠的，別讓我再看見你！」說完，他掉頭走進內屋，再也不肯出來與弟弟說話。

孫中山撫摸著挨打的臉龐，心情反而平靜下來。這麼多年，大哥對自己關愛疼護，付出許多心血培育自己，這份兄弟情誼可謂世間少見。今天，大哥因與自己見解不同而出手打了自己，可見自己的主張和認知確實觸動國人麻痺的神經，讓他們感到不舒服、不自在了。如果真能激發他們改良的決心，那麼挨一巴掌又算什麼！這樣想著，孫中山默默回到自己的住處，關起門來繼續讀書思索。

孫眉兄弟兩人起爭執的事很快傳遍茂伊島整個牧場，老楊頭不失時機地向孫眉進言說：「帝象太過分了，他宣揚的那些理論真的很嚇人。你想想，太平天國不就是依靠什麼拜上帝會聚集百姓，最終起事造反的。要是帝象再這樣迷戀基督教，我看他最終也要走上這條路。可怕啊可怕！」

經他三番五次不斷火上加油，孫眉越發生氣擔憂，他決心不再讓孫中山回火奴魯魯，不再讓他繼續學業。他打算嚴厲管教孫中山，讓他留在牧場安心工作。可是讓他意想不到的是，孫中山剛剛回到牧場這幾天，卻發生了一件大事，這也最終促使他改變計畫，做出了一個重大決定，進而改變了孫中山在檀香山的求學生活。

迷信的病人

少年孫中山被迫留在茂伊島，不得回火奴魯魯的阿厚書院讀書，他幾次找大哥講理，都被孫眉嚴厲駁斥回來。孫中山心情煩躁，只好在牧場裡暫時住下來。牧場裡有不少工人與孫中山熟識，他們喜歡聽他說故事，聽他講述西方先進的教育制度、資產階級革命的發展史、華盛頓和林肯等人的事蹟，也喜歡聽他討論祖國的弊政、國人的陋習，以及如何改良祖國同胞的種種設想和計畫。看來，當時孫中山已經具有一定的演講才能和發動組織能力，能夠積極宣傳自己的理論和主張。也可以看出在群眾中間，渴求改良者還是大有人在，這也正是孫中山最終進行革命，並且獲得巨大成功的根基。

得知孫中山不去讀書的消息，好幾個工人立刻找到他，請他繼續為他們講故事、論時政，與他談天說地，做著改良祖國和命運的夢想。孫中山見到他們很高興，立即把這些日子在火奴魯魯的各種見聞講給他們聽，並且討論最近世界上發生的大事，以及國內的情況等等。他們熱

烈地談論著，一個個情緒激昂，滔滔不絕，場面十分熱烈。俗話說「三人為眾」，這些人聚在一起，大約有七、八個人，已是個不小的團體，他們的言行舉止很快引起老楊頭注意。老楊頭領教過孫中山的厲害，不再獨自露面阻撓，而是把這件事告訴孫眉，讓他趕緊採取措施。

孫眉還沒有來得及行動，孫中山卻做出了一件震驚茂伊島的大事。這天，孫中山正在給工人們講述基督教，反覆強調其「平等、博愛」精神，工人們聽得入迷，一人忍不住問：「聽說信基督教就是做『洋和尚』，這是違背祖宗的事，真是這樣嗎？」

孫中山回答：「我認識的不少中國人都信了基督教，他們生活安樂，子女都進入西式學校接受教育，有人還去美國和英國讀大學，不但學會文明先進的生活，將來還會做科研，學專長，成為世界上有用的人才，這有什麼不好？難道我們非要蓄著小辮子，穿著長布衫，戴著瓜皮帽，接受私塾裡搖頭晃腦的誦唱教育？與先進文明的世界隔絕來往，過著閉關自守的落後生活？」

工人們聽他一說，立即議論紛紛，都在訴說國內生活的閉塞、愚昧，無不羨慕此地人文明、先進的生活方式。有位工人還說：「哎呀，不來檀香山真不知道世界上還有這樣美好的地方，我以前以為全天下都是滿清皇帝的，所有人都蓄辮子，敢情事情不是這樣，世界太大了，我們太落伍了。」

正當大夥興高采烈地議論時，突然傳來一陣急促的跑步聲。聲音很響亮，似乎很多人在奔跑。孫中山和工人們趕快走出屋子，只見幾個人抬著位中年漢子朝著佛堂方向跑去。這是怎麼回事？孫中山好生疑惑，看到後面老楊頭走過來，忙攔住他問：「老楊大哥，出什麼事了？」

老楊頭專心跟著那些人趕路，冷不防被孫中山喊住，嚇了一跳，眨了半天眼睛才說：「李同犯病了，大家帶他去佛堂祈福，請求關帝爺保佑。帝象，你不去工作在這裡幹什麼？」他抬眼看看孫中山身後站著好幾個人，猜想他又在這裡演說煽動人心，於是這樣責問他。

我們在前面說過，當時出海在外的人，由於缺乏安全感，一般都很迷信，在孫眉的牧場裡、廳堂上就供奉著關帝的畫像。他們經常燒香磕頭，祈求關帝

南京中山陵

保佑。由於牧場內大多數是華人，他們還修築佛堂，供奉關帝和其他各路神仙，三不五時前去進香祈禱。特別遇到有人生病，他們從不去請西醫治療，而是跪在關帝像前磕頭擺供，祈求關帝爺降福消災。關於佛堂和關帝像之事，孫中山早就有所耳聞，今天聽說有人病得那麼嚴重還不去看醫生，反而跑進佛堂祈禱，心中升起莫大勇氣，轉身跟隨大家向佛堂走去。

老楊頭滿腹不解地看著孫中山，自言自語：「奇怪，難道帝象也要去佛堂祈福？」

孫中山三步併做兩步，很快趕上病人一夥，他上前勸說道：「我看這位大哥病得很嚴重，還是先送他去醫生那裡吧！佛堂祈福沒有用！」

抬著病人的幾個人見是孫中山，客氣地說：「我們生病了都是去佛堂，不習慣那些洋醫生看病。」

孫中山在阿厚書院接觸過醫學，略懂醫術，仔細觀望病人，見他臉色臘黃，面部由於疼痛而扭曲，雙手緊緊捂著右部肚腹，看起來像是患了膽囊急性炎症，病情很急。他知道這種病只要把握時間治療，並不嚴重，一旦延誤時機，不但給病人帶來痛苦，也會加重病情，於是繼續說：「西醫看病非常準確，好得也很快，這位大哥病情危急，需要趕緊治療，我這就帶你們去。」

可是那幾個人並不聽孫中山的勸告，依舊急匆匆趕往佛堂。

孫中山沒有放棄，緊追慢趕跟在其後，一路不停勸說著，希望他們聽從自己的主張。在他解釋和鼓勵下，那幾個人心有所動，停下腳步商量說：「老李病得不輕，去佛堂能管用嗎？要不就讓孫少爺帶他去看看洋醫生？」

孫中山高興地說：「好，我這就帶你們去。」

他們剛要行動，老楊頭氣喘吁吁跟上來，一把抓住孫中山阻止說：「帝象，你又想幹什麼？」他掉頭看著那幾個人訓斥說：「前面就是佛堂，你們還不快走！」

撕毀關帝像

那幾個人聽了老楊頭訓斥，不敢停留，連忙往佛堂趕去。孫中山再想阻攔已經來不及了，於是掙脫老楊頭的手緊緊追趕，嘴裡還大聲喊著：「等等，你們不能去佛堂，應該去看醫生。」

可是那些人本就迷信，又習慣聽從老楊頭的指揮和安排，根本聽不進孫中山的話。

不一會兒，他們抬著病人進了佛堂，跪在地上又是燒香又是磕頭，向掛在牆上的關帝像祈求著，祈求保佑病人好轉。而病人被扔在一邊，痛苦得不停呻吟著，在地上滾動著，病情毫無減輕的表現。此時，孫中山和老楊頭也已經踏進佛堂，他們一前一後，孫中山看著病人痛苦的樣子，心裡燃燒著憤怒和焦躁的火焰，他衝過去拉起跪在最前面的一人，搖晃著他的肩膀說：

「你醒醒吧！你看看病人，他都成什麼樣子了，你跪在這裡燒香磕頭有什麼用！」那人不忍地看看地上的病人，臉色十分難看。孫中山繼續說：「燒香磕頭治不了病，要相信科學，相信醫生，這才能治病。我知道你們都迷信關帝，可你們睜大眼睛看看，他不就是牆上的一幅畫嗎？關雲長是三國時期的人，這個你們大夥應該都熟悉，他死了已經一、兩千年，死了的人怎麼可能治療疾病？怎麼可能保佑你們？」

聽他如此演說，老楊頭又驚又怒，上前厲聲制止：「帝象，你不要胡說八道！你自己癡迷西學，還要來煽動大夥嗎？我告訴你，我們都信奉關帝，關帝能保護我們！你那套西學救國救民的理論不管用，你不要在這裡侮辱神靈，褻瀆祖先，你趕快走！」

孫中山寸步不讓，據理力爭道：「你們說關帝能治病，那地上的病人怎麼不見好轉？你們這是迷信，是愚昧，是落後。我們的同胞就是被迷信矇住了眼，看不見先進的、科學的東西，執迷不悟，不知道進步。」

老楊頭氣得眉毛鬍子亂顫，指著孫中山說：「什麼先進的、科學的？什麼都比不上關帝爺靈驗。我和你大哥漂洋過海十幾年，靠什麼發財，靠什麼平平安安地活下來？就是靠關帝爺！你說西學那些玩意，全都是蠱惑人心的東西，靠不住！」

孫中山被他保守落後、固執偏見的言行深深刺激了，他望著地上痛苦的病人，看看跪在地上茫然不覺的同胞，心情極其沉痛，他義無反顧地回身面對關帝畫像，伸手將其撕了下來，握在手裡轉過身來說：「你們看，這就是你們迷信的關帝爺，我現在就把他撕爛，你們看看他能不能降罪於我？」說著，抬起手來，把關帝畫像撕成兩半。

眾人嚇呆了，望著孫中山和他手裡撕爛的畫像，沒有人說話，佛堂內的空氣似乎凝滯了，除了病人的呻吟，再無其他聲響和動靜。孫中山沒有停下動作，三、兩下就把畫像撕成碎片，扔在地上說：「大夥看見了吧！我把關帝像撕成碎片，不照樣完好地站在這裡，沒有受到什麼災難。我們已經迷信了幾千年，到了該覺醒的時候了，現在世界上先進的國家都已經推翻了帝制，創建共和國家，人人平等，社會文明進步，我們為什麼不效法，不改進？就是因為我們太愚昧了，我們要覺醒，要從改變自我的陋習做起，積極接受先進的科學，共同努力，喚醒沉睡的祖國，推翻滿清統治，拯救億萬同胞。」

猶如一道閃電照亮昏暗的佛堂，眾人被他激越高亢的演說感染、震懾、畏懼。老楊頭目瞪口呆地看著眼前一切，竟不知道如何收拾這場面，如何對付叛逆不馴的孫中山。孫中山說完之後，招呼幾個人抬起病人，帶著他們趕往火奴魯魯的西醫院。

經過治療，病人好轉。可是這件事徹底震動了茂伊島，震怒了孫眉，當他聽說孫中山撕爛關帝像，在佛堂發表推翻帝制的演說，還帶著病人去西醫院看病，再也無法容忍了。他寫信告訴父親孫中山的所作所為，商量著該如何處置弟弟。這時，與孫中山幾次較量，結果都被孫中山辯駁得無言以對的老楊頭也徹底失望了，他惱羞成怒，多次找到孫眉，對他說：「孫帝象無

君無父，擾亂場規，煽惑工人，這樣下去，不但他要倒楣，恐怕我們整個牧場都要受牽連，我不能和這樣的人共處，我不能背叛祖宗，你要是再不趕他走，那麼我就辭職回國，不幹了！」

老楊頭以辭職相要脅，孫眉也擔心弟弟長此以往，最終受西化影響過重，成為孫家的不孝子孫，禍及家門，因此暗地通報父親，打算將孫中山送回國，讓他回鄉反省。

那麼，孫中山果真因此被迫離開阿厚書院，離開檀香山，回到家鄉了嗎？

第七章

被迫回國　改造鄉政遭驅逐

踏上回鄉的旅程，孫中山沒有忘記自己的志願。他怒斥官吏，發表演說，不忘改良夢想，發動群眾搞建設，一度引起村裡人好感，推舉他為「長老」，讓他參與村裡大事。然而，當他再次向封建迷信舉起抗議的手臂時，卻引起全村譁然，村裡容不下他，他將何去何從呢？

第一節 回國途中

船上的貪官污吏

孫中山撕毀關帝畫像，極力鼓動茂伊島的華人拋棄陋習，接受先進文明的科技，進而改變不良生活習慣，在他來說，這是改良祖國和同胞的思想在萌芽、在發展，是積極的行動。但是他的行為毫無疑問觸怒頑固分子，遭到大哥孫眉堅決反對和壓制，兄弟兩人又經過幾次激烈爭論後，孫眉不再猶豫，買好回國的船票交給弟弟，打發他回國去。

孫中山年輕氣盛，不肯服輸，認為自己的所作所為並沒有錯，因此不肯向大哥低頭，拿著船票毅然踏上回國的輪船。就這樣，1883年7月，不足17歲的孫中山結束了自己的第一次海外之旅，結束了在檀香山五年的求學生涯，在翻滾湧動的太平洋之中，在顛簸起伏的航船之上，開始了回歸祖國的旅程。五年前，不足13歲的孫中山初出國門，首次登上巨輪，曾經對先進的科技產生過無限嚮往，曾經對浩瀚的太平洋產生過無窮聯想，有過「慕西學之心，窮天地之想」。如今，經過五年學習和薰陶，他飽受西學影響，見聞淵博，知識大增，思想和境界早已產生翻天覆地的變化和進步，與昔日那個剛剛走出閉塞的封建古國的少年不可同日而語，現今的孫中山，已經成長為深受資產階級思想影響的資產階級知識分子，胸中燃燒著反抗封建壓迫的種種理想。

二十多天的旅程並不寂寞，孫中山不是讀書，就是站在甲板憑欄遠眺，沉思不語，或者與船上的各色人士交談議論。他善於交流，又精通漢、英兩語，具備豐富的知識，因此船上的人很喜歡與他說古論今，談論中西文化，以此度過一個個枯燥乏味的海上之日。每每遇到孫中山感興趣的話題，他常常滔滔不絕地講說、議論，富有激情，以此引來眾多聽眾。

輪船到達目的地香港後，孫中山改乘一艘中國沙船從香港回到香山縣金星港。踏上小船，滿目皆是國人，與乘坐巨輪的情況大不相同。少年孫中山在感觸到深深鄉情的同時，也更真切地感受到祖國和同胞們的愚昧落後之境況。尤其讓他大感吃驚的是，當船駛進中國海域時，船主立即大呼小叫地提醒船上的乘客：「大家注意，快要到岸了，上船盤查收稅的官吏要來了，大家一定要小心，不要像在國外那樣放肆，知道嗎？對當官的必須畢恭畢敬，謹慎耐心，不然會招來麻煩。」

孫中山大惑不解，高聲詢問：「哪裡的官吏來收稅？」

船主回答：「還能有哪裡的官吏，當然是官府的。我看你年紀小，再多說幾句。我這艘船

大多接送海外的乘客，我知道你們從海外回來，見識多，知道洋人的法律，可這是在中國海域，官吏們根本不理你們那一套，盤查非常苛刻，收取的稅金也五花八門。所以我每次都要提醒大家，對待官吏必須小心謹慎，耐住性子，不可以有過激的言行。知道嗎？一旦惹惱他們，我們可就吃不了兜著走，回不了家啦！」

聽他這番解釋和勸告，大多數乘客不禁心裡發毛，他們之中有人領教過官吏的盤查收稅之苦，不無心悸地說：「等著吧！到時候誰也逃不過他們的魔爪！」

孫中山既驚奇又氣憤，暗暗想，不知是哪方官吏，竟敢在光天化日之下橫行霸道？他們究竟會做出何等令人不齒的行徑呢？他胡亂猜測之際，船隻已經飛快地駛向金星港，沒多久就停靠到了港口岸邊。船主再次緊張地提醒乘客，要大家耐心地等候盤查，不可造次生事。說話間，就聽到一批官吏吆喝著上到船上，他們穿著清朝廷統一的官服，一個個橫眉立目，氣勢洶洶，有人手

裡還拿著兵器，在乘客面前搖搖晃晃，叫嚷著盤查行李，讓乘客們打開包裹，看他們的樣子不像是收稅，倒像是要搜捕什麼犯人。見此情形，船主立刻恭敬地上前伺候著，示意乘客奉獻禮品，打發官吏，乘客們心領神會，紛紛拿出早就準備好的禮品，遞交給那些官吏。官吏們收到禮品，大為喜悅，在船上來回走動幾圈，然後大模大樣地下船走了。

望著他們離去的身影，乘客們長舒一口氣，立刻收拾行李，準備下船登岸。可是還沒等大夥將包裹打好，就聽又是一陣騷亂，船上又出現了另一批官吏。他們與上批官吏穿著打扮一般無二，也是手裡拿著兵器，神情兇暴，叫嚷著收取厘金，讓乘客打開包裹。這下乘客們算是明白船主的警告了，無可奈何地再次打開包裹，堆放到船中央，接受官吏們檢查。

盤查下來，很多乘客的值錢物品都被沒收了，有些乘客還被迫繳納稅金，有些乘客甚至遭到無端打罵。總之，經過這次檢查，甲板上就像遭到了搶劫，滿目狼籍，而乘客們備受欺凌，卻敢怒不敢言。等到官吏們覺得搜刮得差不多了，攜帶著貴重物品、錢財，像打家劫舍的強盜一樣呼嘯而去，空留下一船乘客，望著滿地行李，有苦無處訴，有淚流不出。

第二批官吏剛剛下船，乘客們還沒來得及回過神來收拾行李，就聽鼓響鑼鳴，人聲鼎沸，原來又一批官吏打著更響亮的旗號上船來，他們這次要盤查鴉片！這可是個大名頭，幾十年來，海關擔負著禁菸重任，哪個敢阻攔！他們上船後，比前兩批官吏更兇殘、更粗暴，將船上的行李翻來踢去，一件都不放過。最終，他們也劫掠到充足的值錢物品和錢財，才停下施暴的雙手，得意洋洋地離去了。

三次盤查，三次遭劫，船上乘客們辛苦賺來的乾淨錢，在千里迢迢回歸祖國的第一天，就這樣不見了蹤影，被貪官污吏勒索而去，他們怨恨、憤怒，卻只是忍受這種種屈辱和不公，默默地收拾著殘敗的行李物品，準備著能夠安全登岸回家，然而，事情並不像他們期望的那樣，更大的風波還在後面。

第一篇喚醒民眾的演說

船隻在金星港遭到無端盤查，各方官吏打著各式名目的旗號任意搜查乘客行李，巧取豪奪他們的物品錢財，少年孫中山坐在船中，目睹了整個過程，他的心中怒火燃燒，血液沸騰著，他看不下去了，他要為乘客們大聲疾呼，訴求人間公正。就在這時，船上竟然又出現一批官吏。第四批官吏的出現無疑惹怒了諸多乘客，大家低頭收拾行李，誰也不去理睬他們。

也許第四批官吏清楚乘客們先前的遭遇，態度竟有些溫和，帶頭的人漫不經心地踱了幾步，瞄著乘客們說：「你們不用慌，先把行李包裹打開，我們這次前來檢查火油，沒什麼大不了的。來，都把包裹打開！」

他一聲令下，就見那些差吏像聞見血腥味的蒼蠅，嗡一聲圍攏到行李前，準備新一輪搜刮勒索。沒等他們動手打開行李包裹，忍無可忍的孫中山挺身而出，攔在他們前面，怒聲喝道：

「住手，你們不要無理！」

官吏們沒想到有人敢出來阻攔，更沒想到站出來的還是個少年，一個個呲牙咧嘴叫嚷著：

「呵，你吃了熊心豹子膽啊！敢阻攔我們執行公務！」

孫中山輕蔑地看著他們，指著已遭三遍蹂躪的行李包裹說：「你們這是執行公務嗎？從船隻靠岸到現在，已有四批官吏上來盤查收稅，我想問問，你們到底還要搜刮勒索幾次才肯罷休？」

官吏們聞聽此言，惱羞成怒，張牙舞爪圍住孫中山，恐嚇著要打人。孫中山毫不膽怯，義正嚴詞地說：「國家有收取稅金的法律，你們是執行法律的官員，你們不按照法律做事，而是上船勒索敲詐，中飽私囊，船隻被阻港口，乘客得不到保護，無法下船上岸。這都是貪官污吏所為，我要到港口官廳控訴你們！」

見他人小膽大，措辭嚴厲，打扮西化，舉止之中透著一股凜然不可侵犯的正氣，帶頭官吏想了想，揮手招呼過船主，陰聲陰氣地問：「這人是誰？怎麼搭乘了你的船？你說，他是不是洋人派來的奸細？」

船主嚇得滿頭大汗，慌忙制止孫中山，陪著笑臉對帶頭的官吏說：「官爺，您可別誤會，這位乘客是從香港來的，與洋人一點關係也沒有。」他說著，回頭示意孫中山趕緊認錯，不要

再與官吏爭吵理論。

孫中山豈肯向貪官污吏認錯，他跨前一步，站到帶頭官吏面前繼續說：「你不用管我是誰，我也不會做出背叛祖國的事情。可是，你們為官不仁，貪贓枉法，欺壓國人，見到洋人卻卑躬屈膝，甘做奴隸，還要裝作什麼正義之人，來責問我們辛苦勞作的大眾百姓，強行勒索，你們做得太過分了！」

經他這番質問，官吏們又驚又怕又怒，他們被揭穿老底，已無法在船上待下去，帶頭的官吏氣得辮子打顫，朝著船主怒聲喝叱：「扣留船隻，扣留船隻！」然後，帶著人氣呼呼跳下船，揚長而去。

船隻被扣，乘客無法下船登岸，到了傍晚時分，船上岸邊燃起燈火，在昏暗的燈光映照下，乘客們思鄉心切，想著不知道何時才能通行，不由哀怨聲起。船主嘆著氣埋怨孫中山說：「我早就提醒過你不要魯莽，不要與官吏爭吵，現在好了，我們被扣在這裡，怎麼辦？」

聽到大夥抱怨，孫中山既難過又傷心，他難過的是乘客們無辜遭受此難，傷心的是他們不能理解自己，不能奮起反抗不公和壓迫，反而逆來順受，甘願受辱，真是太愚昧了。想來想去，孫中山再次挺身而出，站在船中央憤慨疾言：「同胞們，我們的祖國在腐敗萬惡的官吏掌握中，你們還坐視不理嗎？他們強行勒索，假借著各種名目上船搜刮，強迫檢查大家的包裹，這是侮辱，是愚昧，是犯罪。可是他們不以為恥，反而覺得自己高人一等，就應該欺壓大夥，你們說這樣對嗎？」

乘客們對官吏所為深感厭惡，只是不敢反抗，白天看到年少的孫中山仗義執言，早就對他心懷敬佩，現在聽他這番演說，群情激昂，眾聲紛紛：「官府太黑暗了。」「官吏們太貪了。」「我們國家遲早要壞在這夥人手裡。」

議論聲聲，孫中山激情不減，高聲說：「對啊！我們國家深受滿清摧殘，政府黑暗無道，百姓備受蹂躪。這樣的政府不是一個好政府，這樣的政權只維護當官者的利益，卻不利於百姓。一個好的政府應該給予人們平等的權力和自由，不管是官是民，都應該互相尊重，互相愛護。」

乘客們第一次聽到這樣的言論，大為驚訝，一個個屏息靜氣、神情專注地傾聽著，似乎聽到了天外來音一般。孫中山將滿腔憤慨化做宣傳的動力，他列舉了貪官污吏欺壓百姓的種種惡行，宣傳中國政治必須改造的道理，總結出「一個好的政府應該給予人們平等的權利和自由」的政治理想。

儘管大多數乘客暗地支持孫中山，但是屢次領教官吏欺壓的船主還是深深恐懼著，他在第二天一大早，悄悄尋到港口官廳高級官員，向他們行賄，乘客才被准許登岸。得到這個消息的孫中山倍感心痛，他深深的明白，國人麻木不仁，官府貪鄙殘酷，看來國家真的需要徹底改造了。

第二節　年輕的「長老」

修路設燈

少年孫中山終於回到了闊別幾年的家鄉，回到了翠亨村。整整五年過去了，翠亨村依舊貧窮落後，鄉村中依然是一成不變的舊習俗，鄉人們如同往昔一樣愚昧、迷信，看著這些境況，孫中山心情非常沉重。他經過資產階級思潮薰陶，已深深地產生改變同胞和國家的決心，因此他決定積極行動起來，把想法付諸現實。

早在檀香山讀書時，孫中山就多次寫信給家鄉的童年好友陸皓東，告訴他自己在海外的見聞和經歷，向他描述西方先進的科技、文明的社會、靈活的教育、多樣的課程，告訴他希望改變國人習俗，追求美好生活的願望。如今，他回到家鄉，陸皓東格外激動，日夜與他相伴，聽他講述海外的生活和所受的各種教育，聽他講述基督教的事，對其提倡的「平等、博愛」的精神深感訝然。當然，孫中山告訴他最多的就是西方社會井然有序的秩序，政府與人民和諧相處的事。這在陸皓東聽來，真是百思不得其解，恨不能立即跑到當地去看個究竟。後來，孫中山沉痛地告訴他回鄉時遇到官吏多次上船勒索，自己發表演說鼓勵人們起來反抗的經過，陸皓東無比敬佩地說：「孫文，你真厲害，你竟敢斥責官吏。」

孫中山深深地嘆口氣說：「皓東，這幾年你一直待在家鄉，生活閉塞，沒有見過外面的世界，不知道天下之大，也不知道我們有多麼愚昧和落後啊！」確實，陸皓東幾年來生活在家鄉，讀完私塾後就下地勞作，偶爾外出打工，接觸的新鮮事少，要不是和孫中山時常通信，恐怕早就成為一名普通農民了。

陸皓東憨厚地笑笑，摸著腦袋說：「孫文，你說我們愚昧落後，可我們習慣了，感覺不到。我看你現在說的，比起我們小時候聽馮阿公講的太平天國還要激進，還要厲害。」

馮阿公已在兩年前過世，他的太平天國故事也結束了。誠如陸皓東所說，此時孫中山所追求的，已不同於洪秀全等農民革命的英雄們的理想，也不同於康有

翠亨村

為、梁啟超等地主階級知識分子希望走改良主義的道路，他經過五年資產階級思想教育，已經成為一名資產階級知識分子，他有一種強烈的設想，這就是西方資產階級早年反抗封建主義束縛時的那種理想，可見，孫中山正在成長為一種新興的社會力量的代表者。

但是，當時年少的孫中山直接提出的，還只是一種資產階級的地方自治思想，這種思想在封建社會裡具有叛逆性，卻還沒有鮮明的革命性。因此，初回鄉村的孫中山在極力宣揚自己的主張和見聞，鼓動村民們改變陋習，接受先進的科技文明的同時，漸漸開始了改變家鄉的簡單行動。

陸皓東像

回家後，孫中山發現村裡的道路年久失修，妨礙大夥走路，而且村子裡沒有路燈，一到天黑，行路很不方便，他想起檀香山寬闊的馬路和明亮的路燈，於是聯合陸皓東等朋友，商量著修路設燈，做為改變鄉村面貌的第一步行動。

修路設燈的計畫得到村裡很多人的支持和贊同，就連馮氏族長也連聲誇獎，說孫中山外出幾年有出息了，學問深、頭腦靈、見識多，沒白出去這幾年。孫達成見大夥都信服孫中山，覺得光彩，原先抱怨兒子不安心學習，受西化過重的心思也一掃而光，高興地掏出部分錢財，支持孫中山的計畫。

初次顯露身手的孫中山[illegible]興奮，立刻與陸皓東動手行動，他們發動少年夥伴投入到修築道路的運動中，搬石運灰，鋪磚墊[illegible]火如荼地進行著。孫中山還利用學習掌握的西式科技組裝路燈，架設線路，將自己學會的知識[illegible]授給夥伴們。這幫少年非常賣力，工作進展很順利，等到村裡道路修繕完畢，幾盞路燈也架了起[illegible]到了夜裡，燈光映照，成了當地一景，四里八鄉不少人前來參觀，紛紛議論，說孫家兩個兒子[illegible]本事，一個在海外賺大錢，一個回鄉就為大夥做好事。

已經70歲的孫達成聽到議論，整日喜孜孜的，他覺得自己[illegible]年信奉風水之說終於在兒子們身上靈驗了，他們有福氣啊！他哪裡想到，孫中山所作所為與[illegible]親的想法截然相反，他在向封建迷信挑戰，與愚昧落後鬥爭，他想經由自己的努力喚醒大眾[illegible]引導他們走向新生活。儘管父子倆各懷心事，想法不同，但是這件事的成功還是極大地鼓舞[illegible]孫中山，也讓他很快得到村裡人認可，成為大夥心目中見識廣博的新一代青年俊傑之才。

參與村中大事

孫中山滿腔熱情，努力把在異域感受並學習到的先進思想、制度[illegible]科技，在自己的身邊環

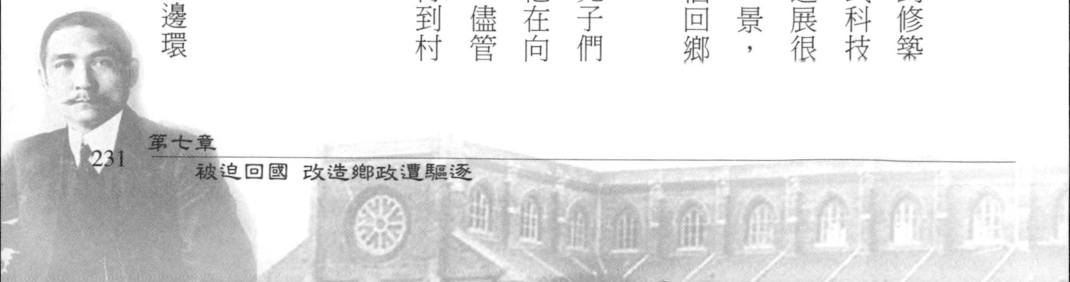

境中宣傳、實施，希望透過這種方式喚醒村人，改造他們落後的生活習俗，也讓他們過上安樂、平等的好日子。村裡人見這位昔日頑皮聰明的石頭仔，從西洋歸來後不僅知多見廣，還很熱心改造鄉政，無不對他報以信任和喜愛之情。

翠亨村雖小，也有自己的管理系統，這就是以馮氏家族為首的長老制度，這個制度規定每月舉行一次例會，出席者都是村中有威望的長老，由他們商量決定村中大事。孫中山修路設燈之舉，為他贏得讚譽，也得到馮氏族長極力肯定，於是他被邀出席長老會議，成為村中最年輕的「長老」。

孫達成夫婦見兒子如此受重視，非常高興，經常囑咐孫中山說：「你小小年紀，參與村裡的大事，一定要多聽聽老人家們的建議，不要亂說話，亂逞強。」

孫中山說：「出席會議就是去發表意見、各抒己見的不是嗎？不說話怎麼行！」

孫達成耐心地說：「你年紀小，又出去這些年，不懂鄉情世俗，怎麼能和老人家們相比呢？你還是聽話，去了多聽少說，知道嗎？」他對兒子很瞭解，生怕他講出不合習俗，觸怒大夥或者時政的話。

孫中山年少氣盛，一顆拯救國人之心正蓬勃燃燒，怎麼肯順從世俗，怎麼能不積極發表個人的主張？他反駁父親說：「要是都不說話，都不發表意見，這樣的會議還有什麼意思？再說，老人家們雖有經驗，可他們生活閉塞，思想僵化，一味順從只能導致事情惡化，不會起到改造鄉村的目的。」

孫達成生氣了，提高嗓門喊道：「你大哥多次說你言行不恭，我還不信，沒想到你真的越來越離譜了，竟敢瞧不起老人家！你說說，你有什麼本事，你有多大能耐，還要改造這改造那！」

聽他父子爭吵，楊氏勸阻說：「帝象剛剛回來，還不習慣村裡的生活，你也別著急，慢慢勸他，幹嘛非要跟他生氣？」說著，她回頭看著孫中山說：「帝象，你也改改你那倔脾氣，你父親年紀大了，你別老是惹他生氣！他跟你說什麼你就好好聽著，知道嗎？」

馮氏宗祠

孫中山默默地看一眼父親，看到他滿頭白髮，滿臉皺褶，脊背有些佝僂，已是風燭殘年之狀，心有不忍，悄悄退出去，回到自己的屋裡捧讀書本。

儘管孫中山沒有與父親繼續爭論，但他依然堅持自己的想法。過了幾天例會的日子到了，早晨，他第一個來到宗祠，精神抖擻地等待著今天的會議。昨天夜裡，他已經準備好今天要闡述的觀點，就是鼓動大夥爭取更大的權益。

說起這件事也有些來歷，孫中山回鄉後，在積極改造鄉俗的同時，發現地方官吏依舊腐敗而兇殘，與他在金星港所見所聞差不多，對他觸動很深。前幾天，村裡來了幾個官吏，吵吵鬧鬧地收取不少稅金，當時，孫中山就上前責問他們：「這收的是什麼稅？」官吏不屑地瞄著他，沒好氣地斥責：「官府收稅，與你何干？」孫中山又去問村裡百姓，問他們知不知道收什麼稅，所有村人無一例外地回答：「官家的事，咱們哪裡知道？只要當官的來了，咱們就乖乖繳錢，包準沒錯。」孫中山看著這一切，感到非常悲哀，他決定向大家宣揚稅金的用處，向大夥講講西方國家如何利用稅金造福百姓的事，所以，他今天一大早就來到宗祠，做好了演講的準備。

長老們陸陸續續趕到宗祠，大夥打著招呼寒暄問好，然後開始例行公事地討論問題。孫中山耐心地聽他們述說著村裡的大小事情，什麼張家的祖墳侵佔了李家的風水，李家的兒子不該出手打人……等等不一。孫中山坐在最末尾，他聽來聽去，就是聽不到大夥議論稅金的事，於是沉不住氣了，騰地站起來說：「我想說件事。」長老們立刻齊頭轉向他，用充滿好奇和期待的目光看著他。

孫中山略微調整一下情緒，滿懷憤慨地講了前幾天收稅的事，最後總結自己的看法：「官吏們拿了大夥的錢，大夥卻沒有受到出錢的益處，不知道錢跑到哪裡去了。這說明大夥不懂得政府的作用，實際上，一個政府應該替人民管理種種事情，就像家長應該注意到家中每一個人，為每個人考慮一樣。大夥既然繳了稅錢，官府就應該每年做一些事情，比如建造學校、修築橋樑、鋪設馬路等，為大夥造福謀利。可是現在官吏們只知道收稅拿錢，一件事都不為大夥做！你們說，大夥的錢哪裡去了？到皇帝那裡去了！官府這樣做合理嗎？不合理！」

他富有感染力、充滿反抗意識的演說震懾了所有長老，大家面面相覷，一時間竟有些措手不及，不知道該如何應對這種場面。還是馮氏族長反應快，他從略顯慌亂的神情中鎮定下來，咳了幾聲後說：「帝象，啊！不，孫文——孫文，你說的事我們知道了，你看，我們生活在閉塞的鄉村，很多問題都不是自己說了算。當官的來了，我們能不聽命嗎？這是祖宗幾代傳下來的規矩，我們不能破壞。你剛才說皇帝、官府，這些話都是大逆不道的言論，知道嗎？以後可千萬不要再提了。」

孫中山沒想到自己滿腔熱血的演講只換來幾句勸阻，根本沒有人當一回事，心裡一涼，隨即說：「就是因為我們太愚昧、太膽小，不知道爭取自己的權益，才縱容官吏們為所欲為，橫行霸道。只要我們勇於爭取，勇於反抗，肯定能取回屬於我們的權益，肯定能尋求到平等和自由！」

此時，長老們都已明白孫中山的主張，也清楚馮氏族長的意見，知道眼前是一場關係非同小可的爭論，誰也不敢疏忽，緊張地觀望著。馮氏族長站起身來，神情變得嚴峻，聲音十分苛責地說：「孫文，你不要說了，今天我們不討論這個話題！」說完，倒背雙手在宗祠內踱步，不再說一句話。

宗祠內鴉雀無聲，長老們垂頭不語。時間在悄悄流逝，孫中山呆呆地站在那裡，心裡翻滾著萬千話語，卻始終沒有說出一句。時近中午，不少家屬前來探尋，準備喊長老們回家吃飯，這場僵局才被迫宣告結束。

孫中山步出宗祠，抬頭看到陽光眩目，碧空萬里，不禁脫口而出：「青天白日，何時才得光耀世間！」他無限感慨世人的愚昧、無知，企盼他們盡早覺醒。

第三節 榕樹下的西式「學校」

銅錢上的人頭像

自從孫中山在長老會議上議論稅金一事之後，村裡人對他多有側目，馮氏族長再也不在人前誇獎他少年俊傑之語，而是派人暗地警告孫達成，說孫中山深受西化影響，言行很不謹慎，希望他嚴加管教。孫達成知道兒子惹了麻煩，滿腹怒火，幾次申斥孫中山。孫中山一番好意，打算發動百姓爭取自己應得的權益，反而被人如此對待，感到十分難過。一直大力支持他的陸皓東得知事情原委後，沮喪地說：「孫文，村裡人太落後了，我看他們真是無藥可救。你別生氣，我帶你去海邊玩幾天。」

這幾年，他經常去海邊幫人捕魚，因此熟悉海邊的情況。孫中山卻說：「我沒有生氣，我只是覺得傷心，為什麼我們國人不知道覺醒？為什麼他們不去追求自己的權益？他們心甘情願受人欺壓，這到底是因為什麼？」

陸皓東看他情緒激動，拉著他往金檳榔山走去，邊走邊說：「你還記得我們小時候來打豬草的事嗎？你那個時候真有兩下，每次做得都很快。」他說著，指著遠處稻田繼續說：「你看，稻子快熟了，我母親說收完稻子就讓我去上海，我表兄在那裡有份產業，收入不低，打算支持我讀書。」

孫中山立即說：「好啊！你就該繼續讀書。我聽說上海非常繁華，也很開放，你去了不僅可以學習知識，還能瞭解很多世界大事，見識先進的科技和文明。」

陸皓東在孫中山影響下，早就對先進文明的社會產生無限嚮往，聽他這麼說，心情也激動起來，拉著孫中山很快爬到山巔。兩人尋到一塊石頭坐下，陸皓東再次讓孫中山為他講述檀香山的各種見聞、人文、習俗。

兩個少年滿懷夢想憧憬著美好的未來，在山巔上坐到天黑才起身回家。彎彎的月亮升上半空，朦朧的月光下，樹木搖曳，涼風習習，別有一番情趣。孫中山突然記起多年前自己和姐姐妙茜打柴草的一段經歷，那時，他曾經發出這樣的追問：「為什麼種田的吃不起米飯？」如今十幾年過去了，鄉間習俗依舊，百姓困苦的生活不改，真讓他百感交集，覺得自己空有一番理想和抱負，卻派不上用場。

轉眼間，孫中山回鄉已有兩、三個月，他沒有因為稅金一事沉默下去，相反地，生性堅強、能言善辯的他更加熱心地宣揚西學的種種好處，積極帶動鄉人改變各種陋習。在這期間，他曾經做過一次有意義的調查活動。那天，他看見村裡人都在大榕樹下乘涼，就走過去與他們閒談。談話中，有些好奇的小孩子纏住孫中山，讓他講述異域見聞。孫中山很熱情，招呼一幫孩子過去，給他們講西學的種種課程，既生動又有趣，引得孩子們專心致志，十分投入。

有一個調皮的孩子突然問：「你在海外那麼多年，你也見過他們的錢嗎？」

孫中山伸手掏掏衣兜，摸出幾個硬幣說：「瞧，這就是海外的錢，跟我們的不一樣。」

孩子們一擁而上，圍住孫中山喊：「我看看，我看看外國錢是什麼樣子。」

大家爭先恐後，生怕錯過機會，孫中山笑著說：「不要慌，不要慌，這些錢你們拿去吧！留著慢慢看。」說完，他當真把幾個外幣扔到孩子們中間。

孩子們哄鬧著去搶落在地上的外幣，孫中山一直認真地看著，心想，這些孩子從小接受私塾教育，內容和形式都很枯燥單調，與西方先進的教育簡直無法相比。如果能夠在村裡開辦西式學校，也讓他們享受文明先進的教育該多好。

就在他思索的時候，幾個成年人走過來，站在孫中山面前說：「帝象，你總是說西方多麼好，多麼文明，這是真的嗎？你說咱們人窮志短的，有辦法跟人家比嗎？」他們是孫眉童年好友，與孫家關係不錯，人也樸實能幹，沒有因為孫中山得罪長老而疏遠他。

孫中山慷慨激昂地回答：「當然能。只要我們有信心、有勇氣，就能進步，就能趕上他們。」

有個鄉民羡慕地說：「帝象，你口才好，有本事，將來肯定過得好，不像我們，沒有讀過書，缺少知識文化，什麼時候也過不好。」

孫中山最感困惑不解的就是鄉人們的態度，他們逆來順受，不知也不肯去爭取、去反抗、去變化，反而認為順從是自己的天職，任何時候都不能違背皇帝的旨令。而皇帝是什麼人，為什麼可以統治國家，恐怕難有幾人知道。想到此，孫中山從衣兜裡掏出一枚中國銅錢，拿在手裡掂了掂後，指著上面的人頭像問：「你們知道這是誰嗎？」那人不假思索地回答：「皇帝！」孫中山說：「對，這是皇帝，可你們知道他是什麼人嗎？你們看見銅錢上的字了嗎？這是滿洲字，不是中國字，統治我們國家的，不是中國人，是滿洲人！你們聽命滿清統治壓迫，難道還不覺醒嗎？」在他意識裡，西方資產階級思想已經萌芽，他開始反思中國落後的根源，認識到反抗封建思想的必要性。當然，由於條件所限，他只是把「反清」做為反封建統治的具體目標。

那人聽了孫中山的話，翻來覆去看了幾遍銅錢上的字，憨厚地笑笑：「我不識字，不知道這是滿洲字還是中國字。」

孫中山心底一陣悲哀，他想，中國人受不到教育，只能愚昧地生存，要是能夠大力創辦學校，改變這種局面該多好！他年少的情懷裡，一顆救國救民之心竟然如此強烈，像烈火一樣，恨不能立即燃燒掉所有的不公，一切的落後和愚昧。但是，現實生活依然如故，沉緩而遲重，不見絲毫改變和進步，並且對他這些格格不入的言行做出了極大的否定和打擊。

榕樹下辦學

孫中山一而再地鼓動鄉民，希望他們奮起反抗壓迫，爭取自由和權益，但他們卻不領情，對他表現出排斥和抵制的姿態，這讓孫中山非常苦惱。

這天，陸皓東到他家裡借書看。孫中山從檀香山歸來時，帶回不少西方書籍，內容新穎有趣，讓陸皓東大開眼界，他時常前來借閱，與孫中山共同分享書中趣味。

兩人在孫中山的小屋裡翻閱書籍，暢談理想，孫中山慷慨地說：「要是在村子裡辦所學校，讓所有人都來閱讀這些西式書籍，接受先進文明的教育，那該多好啊！」

陸皓東笑了：「這是個好主意，不知道長老們會不會同意？」

孫中山想起上次關於稅金的事，嘆著氣說：「要想讓他們同意，可不是件容易事。依我看，咱們倆也沒事，不如把孩子們聚到榕樹下讀書，讓他們也來接受一下西式教育。」

陸皓東連聲稱好，立即整理書籍，興奮地說：「你等著，我這就回去召集孩子們，他們肯定不去私塾，都跑到咱們這邊來。」

說做就做，孫中山釘了幾條板凳，還粉刷了一面木板，準備當黑板用。到了中午，趁孩了

們從私塾放學時，陸皓東就去拉攏他們，讓他們到榕樹下聽講新鮮的課程。孩子們都很喜歡從海外歸來、見多識廣的孫中山，特別喜歡聽他講西方的文明和科技，像什麼巨大的輪船、高聳的教堂等等，現在聽說他在榕樹下講課，呼啦啦全都跟著陸皓東跑過去，生怕沒跟上。

此時，孫中山已經架起木板，在上面畫了一艘巨輪，巨輪上有高大的機器，冒著濃煙的煙囪，看起來逼真生動。孩子們圍攏過來後，看著木板上的巨輪非常興奮，嘰嘰喳喳，議論不休。孫中山揮手示意大家靜下來，然後指著巨輪問大家：「你們知道這是什麼嗎？」

「輪船。」孩子們異口同聲回答。

孫中山高興地說：「對，你們說得很對，可是你們知道它是用什麼做的嗎？用木頭還是用鋼鐵？」

這下，孩子們的回答五花八門，有人說用木頭，有人說用鋼鐵。前者不服氣地責問後者：「鋼鐵放到水裡就沉下去了，怎麼可能製作輪船？我們見過的船都是用木頭做的。」後者更不服氣，昂著小腦袋說：「我聽大人們說過，海上的大輪船全是鋼鐵做的，那樣才結實堅固，才能漂洋過海。」

聽著他們如此投入地理論，孫中山很開心，再次示意孩子們停下爭吵，告訴他們正確答案，並再次引導他們思考：為什麼鋼鐵輪船可以浮在海面上，而不下沉？

他今天所講正是當年初出國門時，他在巨輪上困惑的問題之一。現在，他把其中原理講給孩子們，告訴他們先進科技的種種好處，以及科技帶來的中西方之間的差距。孩子們聚精會神的聽著，思緒飄蕩在一個無限美好和先進的世界裡，感覺非常奇妙。

第一堂課結束了，孩子們意猶未盡，竟然都不肯離去。這時，不少家長尋找孩子回家吃飯，看他們在這裡聽孫中山講西式課程，都嚇了一跳，慌忙領著孩子們走了。

下午，不少孩子沒有去私塾，而是直接跑到榕樹下，希望繼續聽孫中山講課。孫中山和陸皓東很高興，搬出那些西式書籍，分發給孩子們，讓他們從中體驗不同文化的差異。就在他們興高采烈地邊看書邊講課的時候，突然，馮氏族長和私塾的王先生怒容滿面地出現在他們面前。

原來，王先生聽說了孫中山講授西學的事後，感到事情不妙，立刻彙報給了族長。馮氏族長大吃一驚，他對孫中山回鄉後激進的言行早有防備，唯恐他惹出事端，因此取消他長老的資格，希望他有所警覺。沒想到他不但不知悔改，反而利用各種場合和機會宣揚反動言論，今天還組織孩子們學習西方學問，這還了得！所以他立刻跟隨王先生來到榕樹下，查看孫中山的叛逆舉動。

榕樹下，孫中山看到族長和王先生，立即明白他們的意圖，起身剛要說明自己的打算，就聽王先生怒聲說：「孫文，你好大膽子，光天化日，竟然在這裡煽風點火，造謠惑眾，宣揚西洋的學問，你說，你眼裡還有師長祖宗嗎？你還是中國人嗎？」

孫中山被劈頭蓋臉一頓怒罵，既氣又惱，頂撞道：「我改良鄉俗，教化百姓，有什麼不對？要說誰是中國人，我看你們信奉滿清皇帝，甘願受辱，才不是中國人呢！」

王先生氣得臉色發紫，揚起巴掌說：「一日為師，終身為父，我今天就要教訓教訓你。」

馮氏族長咳嗽一聲，制止王先生的舉動，回身對孫中山說：「孫文，你想教學這可以商量，但你在榕樹下私辦洋學，宣傳反動言論，這可是大事。一旦驚動官府，事情就不妙了。我剛才讓人告訴你父親了，一會兒他就來，你們父子好好商量一下，再決定要不要繼續在這裡講學！」

他話音剛落，就聽遠處傳來孫達成的聲音，他高聲喊叫著孫中山的乳名，怒氣沖沖地叫嚷著要他回家去。不一會兒，村裡陸續湧出許多孩子的家長，他們吵吵嚷嚷、推推拉拉地各自領著自家的孩子回去了。

看著人群漸漸散去，族長和王先生也得意地離去了，榕樹下，只剩下孫中山和陸皓東，他們看著狼籍的書籍，殘破的木板和凳子，心裡有種說不出的悲涼感覺。陸皓東一屁股坐在地上，唉聲嘆氣：「完了，咱們的計畫失敗了。」

孫中山慢慢蹲下身子，一手撿拾地下的書籍，一手拍打著陸皓東的肩膀，語氣堅定地說：「失敗不算什麼，我們還要打起勇氣和舊勢力鬥爭！」在他身上，堅強不屈、百折不撓的精神已然有所體現，在他以後的革命人生中，這種精神自始至終支撐著他，成為他與敵人鬥爭的有力武器。

第四節　大鬧北極殿

神仙是木頭的

果如孫中山自己所說，他在打擊面前沒有退縮，相反地，打擊和壓制更激起他鬥爭的勇氣和力量。沒過多久，他和陸皓東又做出一件大事，這件事成為他反抗封建思想，呼籲人們破除迷信的有力之舉。

翠亨村有個極具權威的地方，這就是村北的北極殿，殿內供奉著北帝君和金花娘娘的神像，常年香火不斷，附近鄉村的人遇到什麼大事小情都來進香跪拜，祈求神靈保佑。地方上的土豪劣紳抓住人們的求福心理，經常大辦廟會，搜刮錢財，坑害窮苦百姓。孫中山小時候常常和夥伴們在北極殿前玩耍，對這裡的情況瞭若指掌，回國後，他看到大夥依然迷信神靈，豪紳們依舊藉此騙人搞迷信活動，非常氣憤。有好幾次，他站在殿前向跪拜的人們宣傳「木偶無知，信奉無益」的道理，但人們聽了，都不肯相信他。後來，這些話傳到孫達成的耳中，他還遭到父親的嚴厲訓斥。

與父親沉溺於迷信不同，孫中山自始至終對此持有強烈的反對態度，儘管無人聽信他的科學宣傳，他還是一如既往地宣傳著新思想，希望人們能夠早一日覺醒。這天，他正在家裡讀書，聽到父母議論說北極殿正在裝修，過幾天就要舉行一次大廟會。聞聽此言，他十分憤慨，放下書本大聲說：「泥塑木雕的神像都是騙人的，不可信！」說完，他大步走出屋子，準備邀陸皓東、楊帝賀等朋友去北極殿查看一下情況。

他們很快來到北極殿，但見殿內外粉刷一新，北帝君和金花娘娘的神像閃著釉彩，霎時引人注目。楊帝賀說：「聽說今年舉辦的這次廟會可隆重了，還請了縣裡的戲班來唱戲，這下可有熱鬧看了。」

陸皓東瞄了幾眼流光溢彩的神像，撇著嘴說：「這還不是騙人的把戲，為了辦廟會，每家繳了不少錢，可這些錢，大部分都被主事的豪紳私吞進腰包了。」

這時，有幾個小孩子跑過來，他們看著殿內外鮮豔的色彩，指指點點，交頭接耳，目光中流露出敬畏神色。

孫中山一直沒有說話，內心卻翻湧著極其憤慨的熱浪，他在殿前柱子下站定，目光中充滿了憂憤的神情。不多時，北極殿前陸陸續續來了不少鄉民，大家手捧香燭，極其虔誠地走進殿去，紛紛跪倒在新粉刷的神像前，一個個默默祈禱著，似乎新刷過的神像更加靈驗了，更能為他們帶來福氣和運氣。不一會兒，兩個負責維修翻新的老豪紳也來到殿內，他們趾高氣揚，態度傲慢，一副為百姓做了好事而居功自傲的樣子。

孫中山正在觀察思索著，就聽身邊的一個小孩子說：「聽我爺爺說，剛剛刷新的神像最靈驗了，誰先進去磕頭誰運氣好。」

那幾個孩子聽了，很激動地指著殿內磕頭的人說：「那咱們來晚了，被他們搶先了。」

第一個小孩子說：「沒關係，我們現在進去也來得及。」

孩子們說著，就要進殿去磕頭。孫中山上前一步，攔住他們說：「神像是木頭刻的，泥巴塑的，哪有什麼靈驗？你們磕頭它也不知道，它不過是騙子用來騙香火錢的工具。」

孩子們根本沒聽過這種言論，一個個目瞪口呆，站在殿門口，既不敢進去也不敢出來。裡面的一個鄉紳看著門口有群孩子，唯恐他們吵鬧生事，走過來想攆走他們，恰好聽到孫中山最後一句話，不由勃然大怒，瞪著眼睛低聲吼道：「不許胡說！誰敢褻瀆神靈，神靈就會降罪嫁禍於他！」

孫中山不再沉默，轉身看著鄉紳，一字一句地說：「你說那些供奉著的神像會降罪嫁禍嗎？好，那我們就來看看它們是什麼東西做的。」說著，他三步併兩步地走到神臺前，毫不猶豫地跳上臺去，用力掰斷北帝君的一根手指，拿在手裡向在場眾人說：「看見了吧！這是木頭的，這座神像是木頭雕刻的，它不是活的，它沒有靈性，它聽不懂大家的祈禱，它連自己都保護不了，它怎麼可能保佑大家？」

頓時，香客和鄉紳們都嚇呆了，他們不敢相信自己的眼睛和耳朵，一個個驚嚇得呆若木雞。門口的那些小孩子卻很興奮，看著木頭手指叫起來：「原來神仙是木頭！」孫中山情緒激越，拍打著北帝君的手臂繼續說：「這不過是塊木頭，經過雕刻變成現在的模樣，它不是神仙，不是神靈，我們沒必要信奉它！為什麼它會擺在這裡，被供為神靈呢？就是因為有人想賺錢，就用它做誘餌欺騙大家，讓大家都來進貢燒香，他們好賺取香火錢！」

受到鼓舞的孩子們嘰嘰喳喳叫嚷開來，有些膽子大的跑到神像前摸摸這，動動那，覺得很好玩。

這時，那兩個鄉紳回過神來，怒不可遏地指責著孫中山，驅趕著嬉鬧的孩童。可是，孩子們生性活潑，好玩愛動，在殿裡跑來跑去，肥胖老邁的鄉紳根本追不上他們。香客們本來十分驚恐，見此情景，都哈哈笑起來。

平日一本正經、道貌岸然的鄉紳受此侮辱，哪肯罷休，他們停下追趕，喘著粗氣倉惶逃出北極殿，叫嚷著：「反了，反了，該好好收拾收拾這幫傢伙了！」

遭到驅逐

望著逃走的鄉紳，殿內大人孩子笑成一團。孫中山站在神臺上，意猶未盡地對大夥繼續演說迷信的危害，鼓勵大家相信科學，早日覺醒。一直在門外的陸皓東也走進大殿，跳上神臺，掏出隨身攜帶的小刀在金花娘娘的臉上連劃幾道，向大夥證明神像確是木頭雕刻，並無神靈之說。

香客們被他們勇敢的作為感染，紛紛起身離殿而去。粉刷一新的大殿頓時空蕩蕩、冷清清，孫中山和陸皓東、楊帝賀領著孩子們走出大殿，帶著勝利者的喜悅揚長而去。

我們不難想像，孫中山大鬧北極殿這一壯舉會給他帶來什麼惡果。就像在檀香山撕毀關帝畫像一樣，它震撼了翠亨村，引起許多人的反對，特別是那些鄉紳地主，他們認為孫中山褻瀆神靈，大逆不道，極大地動搖他們的地位，因此對他展開猛烈攻擊。這些人以馮氏族長為代表，還有附近鄉村有權勢的各色人物，他們紛紛尋上孫中山的家門，向孫達成興師問罪。

孫達成得知兒子的所作所為後，萬分氣惱，面對上門問罪的人，他除了連聲賠罪外，一再表示願意出資重新修繕北極殿。結果，他拿出十兩銀子修復神像，才算平息了村民們的激憤。可事情並沒有到此結束，馮氏族長放出話來，孫中山年輕氣盛，回鄉這幾個月惹出不少事，這些事要是上報官府，哪一樣也夠他受的，讓孫達成好好反思一下，為兒子尋個出路。

孫達成年紀大了，遭此打擊身心俱疲，一氣之下，病倒在床。孫中山有心反抗，可勢單力孤，竟無人容他說話辯解，母親楊氏傷心地看著這個場面，既心疼兒子，又怨恨他惹事，還要照顧生病的丈夫，日夜流淚。孫中山面對此情此景，知道翠亨村已經容不下自己，這天夜裡，

他悄悄去找陸皓東商量說：「我們無法在村裡待下去了，不如外出求學。」

陸皓東因為用刀子劃了金花娘娘的臉，也遭到極大打擊，這幾天正在家裡接受父母教訓，他聽了孫中山的話，馬上說：「我早就不想在村裡待下去了，要是藉機外出求學，那可太好了！」他們經過商量，一致認為香港開放文明，思想先進，於是孫中山決定去那裡求學。陸皓東早就有去上海的打算，決定先徵求父母的意見再做決定。當孫中山把這個想法告訴父母時，孫達成夫婦無奈地嘆著氣答應下來。

幾天後，孫中山告別父母，獨自一人踏上求學之旅。這次離鄉不同尋常，既有驅逐之辱，又有新生之念，對少年孫中山來說，心情非常複雜，前途也不知可否，但他信念堅決，滿腔熱忱不減，像一隻展翅雛鷹，將要翱翔在藍天白雲之上。

孫中山走後不久，陸皓東也去了上海，終於實現自己求學之夢。從此，他們各在一方，為心中的夢想開始了新的追尋和奮鬥。

孫中山紀念館

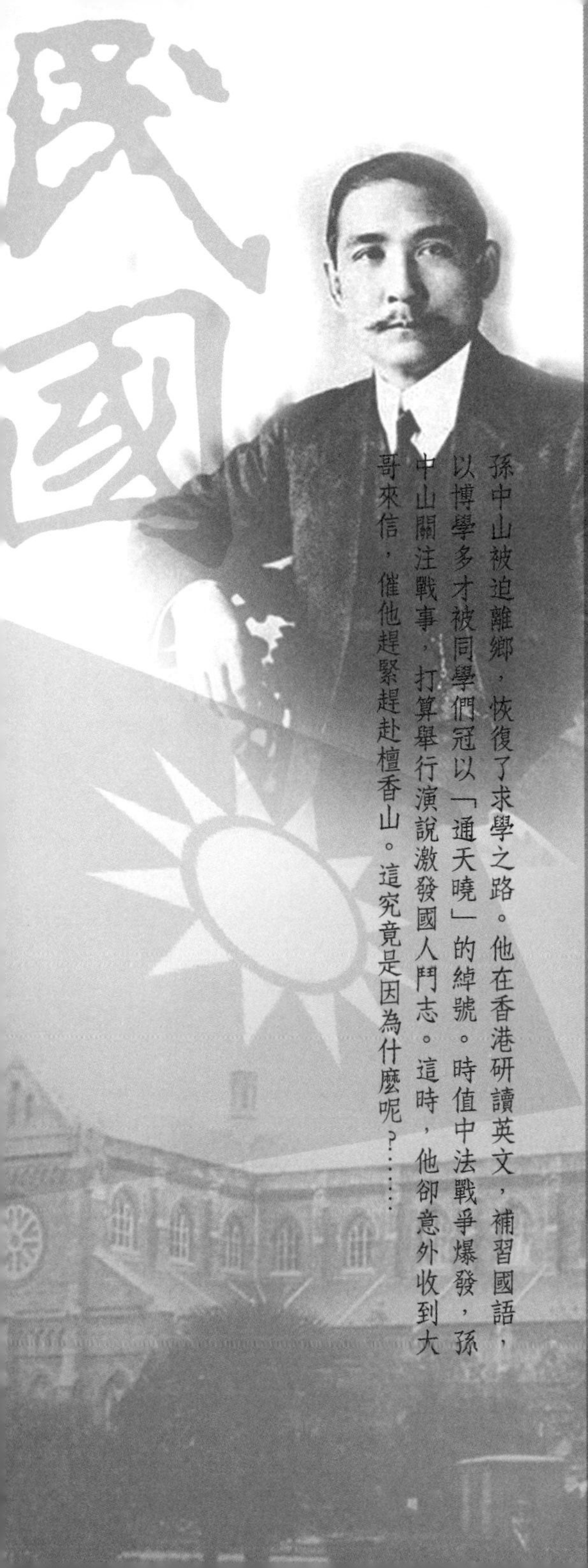

第八章

香港求學 關注時事通天曉

孫中山被迫離鄉，恢復了求學之路。他在香港研讀英文，補習國語，以博學多才被同學們冠以「通天曉」的綽號。時值中法戰爭爆發，孫中山關注戰事，打算舉行演說激發國人鬥志。這時，他卻意外收到大哥來信，催他趕緊趕赴檀香山。這究竟是因為什麼呢？……

第一節 「通天曉」

補習國文

1883年11月，剛滿17歲的孫中山被迫離開家鄉翠亨村，進入香港基督教聖公會的拔萃書院讀書，繼續研讀英文。從1841年起，清政府將香港割讓給了英國。幾十年來，英國派遣港督管理香港，在這裡經營發展，使得香港成為一方兼具中西文化的土地，發展很快。此時，香港的政治、經濟、文化事業已經具備資產階級特色，開辦西式學校，創辦報紙，形成獨特的文化氛圍，與中國大陸內地有著截然不同的差異。接受過西式教育的孫中山，立即喜歡上了香港，對它散發出的自由、進步氣息十分迷戀欣賞。

在拔萃書院，孫中山不僅學習英文，還廣泛接觸華人同學和學者，深切感受到國文的重要，因此每到課餘時間，他就大量閱讀學習國文，努力提高自己的國文水準。由於他聰明好學，成績優異，很快引起道濟會堂長區鳳墀注意。區鳳墀名逢時，字錫桐，號鳳墀，廣東南海人，對中國典籍甚有研究，曾經在德國柏林大學教授過漢語，1870年在香港協助英國人師多馬翻譯聖經，1883年兼任香港拔萃書院中文教師。他見孫中山才學出眾，富有理想，是難得的優秀學生，就主動提出為他補習國文，孫中山非常高興，立即答應下來，每每課餘，風雨無阻堅持到區鳳墀那裡學習國文。

在區鳳墀教導下，孫中山的國文水準提昇很快。他從13歲就到檀香山接受西式教育，脫離了國文學習環境，因此重新學習國文，顯得有些費力，但這難不倒勤奮好學的孫中山，他除了聆聽區鳳墀教誨外，還給自己制訂學習計畫，每天都要閱讀大量的國文書籍，堅持寫作，加深學習難度。當時，他每每寫出精彩的文章，都會大聲朗讀，希望老師和同學們給自己指導和批評。

有一次，他寫了篇關於破除封建迷信的文章，在同學們中引起很大反響，不少同學都說：「這篇文章文筆犀利，思想深刻，說不定能在報刊發表。」當時的香港言論比較自由，在拔萃書院讀書的學生受西化影響較重，也勇於說話、發表個人見解。孫中山一心渴望喚醒民眾，希望他們能夠早日擺脫愚昧落後的生活，想到文章在報刊發表會引起更多人注意，於是投稿到香港一家報社，果然被採用刊登。孫中山受到很大的鼓舞，決定繼續寫下去，做為表達自己觀點和想法，向封建迷信挑戰的一種方式。從這時起，孫中山開始認知到手中之筆的力量，並把它做為戰鬥的武器加以運用。

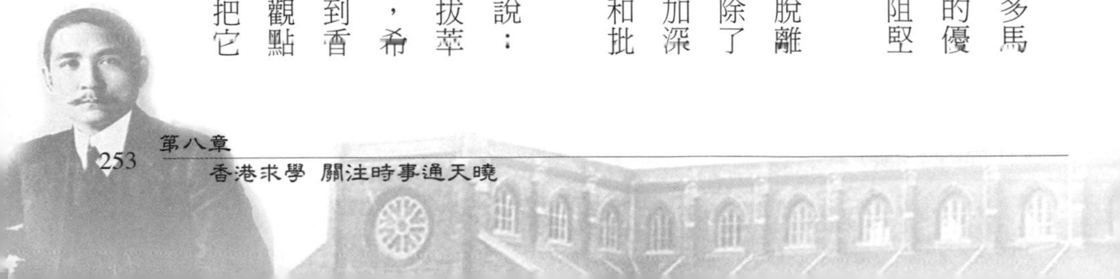

文章發表後，區鳳墀對孫中山大加讚賞，認為他的寫作水準已突飛猛進，而且他勇於向舊傳統、舊勢力挑戰的勇氣也非比常人，此後，區鳳墀開始加深對孫中山的教育程度，經常與他展開國文辯論，探討儒學經典，提高他各方面才能。在學習中，孫中山漸漸領悟國文精萃，對於儒學也開始進行深刻的思考，他尤其喜歡歷史，中華民族上下五千年的歷史成為他思索過去、探討未來的重要依據。在區鳳墀的辦公室裡，擺放著許多歷史書籍，其中《史記》、《資治通鑒》等都是孫中山酷愛閱讀的。有一次，區鳳墀準備外出旅行，孫中山聽說後立即跑來央求道：「先生，你這次外出要一、兩個禮拜，請您把鑰匙留下來，我可以繼續來讀《史記》好嗎？」

區鳳墀被孫中山癡迷的態度打動，笑著把鑰匙交給他說：「好吧！我外出期間，這裡你說了算。」

孫中山接過鑰匙，高興地謝過區鳳墀去上課了。

十幾天後，區鳳墀回到辦公室，發現室內書籍整齊潔淨，與自己臨行前擺放一致，似乎沒有動過，不由一愣：「難道孫帝象沒有來讀書？」

正當他疑惑時，孫中山興沖沖走進來，看見區鳳墀高興地說：「先生，您回來了，我已經讀完了《史記》，可以把鑰匙還給您了。」說著，舉起鑰匙交給區鳳墀。

區鳳墀沒有伸手接鑰匙，而是滿臉慍色地問：「怎麼？孫帝象，你說大話了，你沒來讀書？」

孫中山吃驚地說：「我已經讀完了，先生何出此言？」

區鳳墀指著擺放整齊的書籍說：「我走的時候，這些書就是這個樣子，你要是讀了，怎麼會沒有挪動的痕跡？再有，十幾天時間，你也不可能讀完一本厚厚的《史記》！」

孫中山恍然明白區鳳墀慍惱的原因，笑著說：「先生不相信我讀完了《史記》，那好，您可以考考我，看看我有沒有讀完。」說著，他仔細地拿起《史記》，交到區鳳墀手裡。

區鳳墀看他小心拿書的樣子，心裡已經略有明白，知道他取放書籍細心，愛護書籍，所以辦公室內如此整潔有序，怒氣先消了三分，接過書本翻了翻，隨意提出幾個問題，結果孫中山都對答如流，絲毫不錯。區鳳墀既驚且喜，滿意地說：「好，好，真是一目十行，過目不忘啊！」

這段時間的學習，為孫中山打下堅實的國文基礎，也讓他深切認識感觸到祖國博大精深的文化，是他日後進行革命，創建民國，進而創立三民主義必不可少的寶貴財富。

綽號「通天曉」

孫中山積極補習國文，取得了飛速的進步，同時，他在學校認真學習各類課程，英文水準

和其他知識均獲得不斷提高，由於他勤學好問，涉獵群書，關心時政，天文地理無所不通，被同學取了個「通天曉」的綽號。

看到這個綽號，可以想像到孫中山當年的學習和生活情況。當時，正值青春年少的孫中山對西方科學、社會以及政治制度都很感興趣，尤其是對英國國會的發展、王權與人民的鬥爭的經過，西方共和國的組織、法國大革命的故事以及19世紀歐洲的革命等抱著極大的熱情，他不斷的學習、認識和瞭解著這些知識，充滿激情的孫中山還喜歡演說，每每將這些新鮮知識和內容讀懂理解，就試圖講給身邊的人聽。有一次，他與同學們談起西方資產階級革命的情況，一口氣講了四、五個小時，同學們對他的激情和口才很感佩服，對他淵博的學識也覺得不可理解。一位同學不禁問道：「孫帝象，你和我們一起上課，一起吃住，你從哪裡瞭解那麼多知識？」

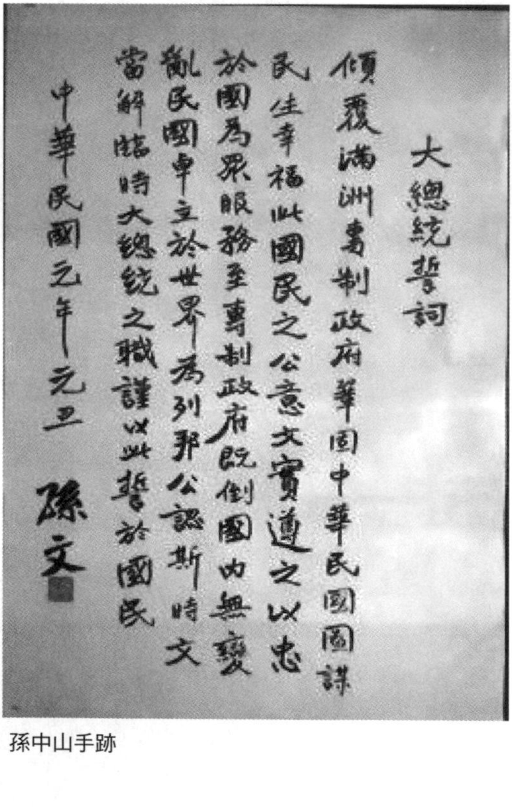
大總統誓詞

傾覆滿洲專制政府鞏固中華民國圖謀民生幸福此國民之公意文實遵之以忠於國為眾服務至專制政府既倒國內無變亂民國卓立於世界為列邦公認斯時文當解臨時大總統之職謹以此誓於國民

中華民國元年元旦

孫文

孫中山手跡

孫中山認真地想了想，指著床頭厚厚的書本說：「應該是從這裡獲得的。」在他的床鋪上，只有幾件簡單的被褥，除去床中間能夠躺下他的身體外，四周全部是各式書籍。可以說，名為睡覺之床鋪，實則是滿載知識的書海。

同學們依舊感到不解，隨手拿起他的幾本書問：「雖然你的床上滿是書本，可我們也沒怎麼見你讀。」

孫中山笑了：「你們課餘假日，不是外出逛街，就是呼朋引伴閒談散心，可我總是置身書海，不敢虛度時日。」

同學們似乎有所反思，對孫中山越發敬佩。

除了暢談古今中外天文地理外，孫中山最熱衷的依然是時政，最渴望的依然是如何改造中國，讓全體國人都過上安樂富足的好日子。這依舊是他最積極談論的話題之一。

孫中山到香港不久，就注意到這裡與家鄉翠亨完全不一樣的景象：高大的建築，新式的生活方式，光鮮氣派的各國洋人——真有種世界大都市之感，不由感慨：這裡距翠亨村不遠，為什麼兩地生活存在這麼大的差距？在他心裡，改造家鄉和中國的想法一直未曾磨滅消失。

這天，他去區鳳墀所在教堂做禮拜，恰好天降大雨，一位年輕人慌張從教堂前跑過。孫中山熱心地將他讓進教堂，挽留他在此避雨。年輕人來自鄉下，第一次踏進教堂，心生好奇，怯生生地坐下來聽孫中山和區鳳墀說話。

孫中山滿懷救苦救難之心，與區鳳墀激烈地討論著如何改造國人習俗、如何破除迷信、如

何讓老百姓過上好日子。其中，他談到信仰問題，談到基督教宣揚的「平等、博愛」精神，還談到翠亨村落後貧窮的原因，打算回鄉擴修道路、架設橋樑等問題，那位年輕人怔怔地聽著，被孫中山討論的內容深深吸引，不由插言問：「我聽說教堂是洋人的，你們怎麼還管中國老百姓的事？」

孫中山鄭重地回答：「我們是中國人，不管我們信仰什麼，都應該懷著改造中國，讓中國富強起來的心願。」

年輕人激動地說：「你說得太好了，可是中國這麼落後，如何才能強大起來？」

聽他言語，可知他也是位讀過書、有思想和抱負的年輕人。孫中山眼裡閃著光彩，熱情洋溢地說：「辦法有很多，只要全體國人能自覺改變，從愚昧中覺醒，強大就不遙遠！」

區鳳墀也說：「對啊！我做為傳教士，就是希望基督教的思想能夠影響國人，促進他們改變進步。」

年輕人更加激動，脫口而出：「沒想到我初出家門就遇到兩位知識淵博、思想深刻的智者，太好了，我希望和你們做朋友。」說著，他伸出自己的雙手。

孫中山見他豪爽耿直，很高興地與他握著手說：「好啊！我也很高興能認識你。」不久，這位年輕人在孫中山影響下開始信奉基督教，並最終成為基督教徒。他叫楊襄甫，父兄在海外經營商業，因不滿家中私塾教育，準備外出求學，今日出門就遇上大雨，竟得以認識孫中山。

日後，他傾其財產大力支持孫中山的革命事業，在孫中山遭受追捕的日子裡，還設法營救過他。

區鳳墀笑著對楊襄甫介紹孫中山，說：「要說智者，我可不敢擔當。倒是這位少年俊傑，人稱『通天曉』，古今中外無所不知，你有什麼困惑儘管問他。」

孫中山也笑了，謙虛地說：「我不過多讀幾本書，哪有那樣本事，以後我們是朋友了，我還要向你請教呢！」

就這樣，三個人說說笑笑，離開教堂回到拔萃書院。

教堂內，牧師喜嘉理望著他們離去的身影，自言自語道：「孫帝象才學出眾，口才極佳，真是不可多得的少年人才！」他發出這番感慨，心下有了番打算。

第二節 洗禮入教

道友陸皓東

說起牧師喜嘉理，他是美國人，是區鳳墀的同事和朋友，在香港必列者士街綱紀慎會堂工作。孫中山來香港不久，區鳳墀就把他介紹給了喜嘉理，使得他得以繼續保持與基督教的親密接觸。與喜嘉理相識以來，孫中山經常去教堂做禮拜，與他探討教理教義，每次都有不同尋常的見解和言論，深得喜嘉理賞識。1883年年底，與孫中山一起離開翠亨村，遠赴上海電報書院學習電報專業的陸皓東放假回鄉，路過香港，找到了好友孫中山，孫中山挽留他住下來，並且也帶著他去教堂，把他介紹給喜嘉理，讓他接受基督教薰陶。

陸皓東受孫中山影響，早就瞭解基督教，閱讀過聖經，對其宣揚的愛和自由思想深感嚮往，如今踏進教堂，見到牧師，真切感受基督教氣氛，真是令他大開眼界，心胸為之開闊，思想為之震動。在香港居留幾日後，他天天來到喜嘉理住處，聆聽他講授聖經，與他討論教理和教義，進步很快。喜嘉理高興地對區鳳墀說：「你介紹的這兩位中國少年，都是非常出眾的人才。將來他們洗禮入教，我一定親自為他們主持儀式。」

區鳳墀也很開心，笑著說：「好啊！我這就回去告訴他們。」

孫中山和陸皓東得知這個消息後，兩人都很興奮，決定立即去教堂見喜嘉理，與他商討洗禮入教的事。路上，孫中山腦海裡不斷浮現在檀香山因為入教與大哥孫眉吵架的場景，感慨地說：「我們入教並沒有錯，可是卻遭到很多阻力，現在好了，你我身在外地，他們再也管不了了。」

陸皓東清楚孫中山話中之意，說道：「對，我們就該趁此機會趕緊洗禮入教，到時候他們得知也晚了。」沒想到短短時日，他對基督教竟然產生如此強烈的迷戀，不亞於孫中山的熱情。

孫中山回應：「皓東，你真是我的道友，知我者，非你莫屬也。」

陸皓東笑著說：「你能稱我『道友』，可算是我的榮幸。你可是再世的拿破崙啊！」他經常聽孫中山議論天下大勢，特別是西方資產階級革命的種種故事，從他身上感觸到一股衝破舊勢力和舊傳統，勇於向一切挑戰的巨大力量，因此戲稱他「再世的拿破崙」。

孫中山認真地說：「我不做拿破崙，我要做華盛頓，建立一個真正民主自由的國度。」

兩人邊說邊走，心情激動，他們穿過一條小巷，很快來到必列者士街綱紀慎會堂，此時教

堂內空蕩蕩的，陽光透過教堂頂端的窗子射進來，帶著一股神祕氣息，揮灑在地面上、座椅上，以及裡面高大的柱子上，肅穆而安靜。喜嘉理牧師聽到有人走進來，很快來到教堂，看到孫中山和陸皓東，滿臉笑意地歡迎他們。

孫中山言明他和陸皓東準備入教的心願，喜嘉理點著頭表示贊同。隨後，他親自安排洗禮入教的各項事宜，為他們舉行入教儀式。看著喜嘉理牧師有條不紊的動作，孫中山心情異樣激動，他回想起自己接觸基督教以來的各種經歷，其中兩次入教兩次受阻，還因此與大哥反目，真是頗受挫折。如今，他在香港悄悄接受洗禮，加入夢寐以求的基督教，也算是如願以償，但他心裡卻另有想法，那就是自己不光要入教，還要把加入基督教做為實現理想的動力。在他來說，革新是必須進行的活動，也是自己目前的理想，那麼，這次入教會給自己帶來哪些新氣息和新改變呢？

他正在思索著，陸皓東伸手扯了他一把，低聲問：「孫文，你想什麼呢？喜嘉理牧師讓我們填寫受洗登記冊呢！」

洗禮完畢，備有登記冊供新入教成員填寫，做為檔案依據。陸皓東已經接過喜嘉理牧師遞給他們的兩份登記冊，正要與孫中山一同填寫。孫中山和陸皓東莊重地捧著登記冊，坐在一張桌子前，他們拿起筆將要填寫時，孫中山突然想起一件事，說道：「慢點，皓東，我有一事，說完了再填也不遲。」陸皓東奇怪地看著他，問道：「什麼事？」一邊的喜嘉理看他們停下填寫，不由擔心地想：他們要幹什麼？難道反悔不入教了？

改名日新

在填寫受洗登記冊時，孫中山突然停下筆，向陸皓東說了一件事。他說：「我現在在學校的名字叫孫帝象，可我覺得這個名字過於陳舊，我想我們追求新生，洗禮入教就預示著進入一個嶄新的思想世界，我們應該從思想到形式上去追求改變，這樣才能革新自我，進而改良周圍的人群，乃至整個民族。」他越說越激動，陸皓東向來對他敬佩理解，聽他這番話，已明白他的意思，問道：「你說得很有道理，你打算改個什麼名字？」

孫中山略想片刻，有了主意，滿懷激情地抓起筆，在登記冊上一絲不苟寫下三個字：孫日新。陸皓東目不轉睛地盯著他寫完這幾個字，隨聲唸著：「孫日新，這是你的新名字？」

孫中山鄭重地說：「對，日新，《大學》上有句話『苟日新，日日新，又日新』，意思是：如果能每天除舊更新，就要天天除舊更新，不間斷地更新又更新。當年，商湯刻在洗澡盆上用於自勉，說『如果能夠一天新，就應保持天天新，新了還要更新』，以此激發不斷努力進取、探索進步的勇氣和力量。如今我們加入基督教，正是新生的開始，我們做到了除舊更新，還要保持求新的志向，日日求新求變求發展，不斷取得更新的進步！」

聽完孫中山的講說，陸皓東大受鼓舞，心情激越地說：「日新，這個名字太好了。孫文，沒想到我們分手才幾天，你的國文水準提昇這麼快！」

這時，喜嘉理牧師看他們填寫登記冊，放心地走過來，一眼瞄著孫中山填寫的名字，奇怪地唸道：「孫－日－新，這好像不是你的名字。」

陸皓東笑著說：「這是他的新名字，他要追求新生，希望自己每天都有新的進步和改變。」

喜嘉理搖搖頭，似乎不明白陸皓東的意思。

孫中山見狀，剛要仔細解釋「日新」之意，就聽外面走進一人，笑言道：「日新，不錯，有新意。」

孫中山幾人回頭望去，見進來的人正是區鳳墀。原來區鳳墀聽說孫中山和陸皓東前來接受洗禮入教，隨後趕了過來。他大踏步走過來，望著他們各自眼前的受洗登記冊，仔細端詳了「孫日新」三個字一段時間，點著頭說：「嗯，追求新生，追求天天有變化，不拘泥於陳舊老套，看來孫帝象真想成為一隻涅槃的鳳凰啊！」

孫中山說：「我不想做鳳凰，我只是想能夠天天都有新進展，不要沉溺於幾千年的舊習俗舊傳統中，能夠有所突破，透過自我改變和影響周圍的人，希望他們也接受新知，擺脫陳舊的觀念和生活習慣，過上新式的美好的生活。」

區鳳墀瞭解孫中山，知道他非常渴望改造國人愚昧落後的習俗，希望他們接受西式文明，因此說：「孫帝象時刻不忘國人之憂，令人感佩！」

陸皓東說：「豈止不忘，他時刻都在努力呢！」

喜嘉理牧師聽著他們談笑風生，忍不住插嘴說：「我還是不明白日新的寓意，它到底代表什麼意思？」

區鳳墀聽了，很有感悟，反覆念著「日新」兩字，突然有了新想法，他說：「『日新』兩字的粵語讀音像『逸仙』，依我看，你乾脆取號『逸仙』，寓意『自由神』，怎麼樣？」說著，他拿起筆在紙上寫下「逸仙」兩字。

孫中山和陸皓東齊聲說：「好，逸仙，自由神，這正是我們的追求！」他們信仰基督教，目的在於追求其宣揚的「自由、平等、博愛」精神，「逸仙」用漢語解釋正有自由自在之神的意思，而且與「日新」兩字讀音相近，結合可謂完美。

這下，喜嘉理明白了，喜悅地說：「噢，自由神，這是我們美國的象徵。」誰能想到，十幾年後的1896年，孫中山在倫敦蒙難，孫逸仙這個名字響遍了全世界，成為世人共知、中國共和革命的象徵人物。

就這樣，孫中山幾經爭取，終於接受了洗禮，成為虔誠的基督教徒，在他的思想和意識裡，追求自由和平等變得更加明確，更加有動力。陸皓東與他同時洗禮入教，兩人由兒時玩伴

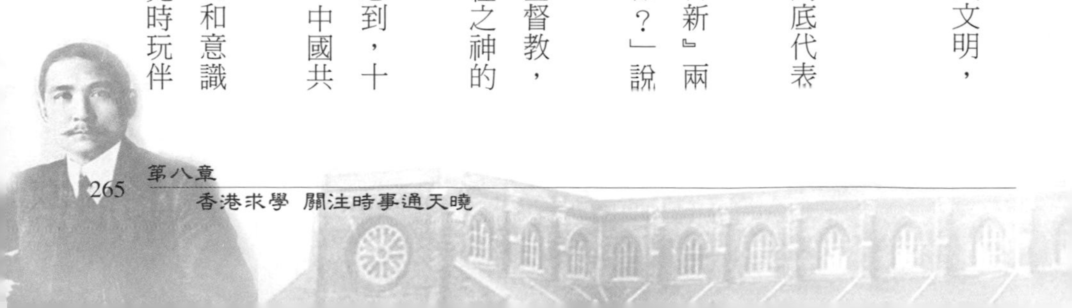

青天白日旗

成為志同道合的朋友，關係更加深厚。日後，他們雖然身處異地，但是奮鬥之心等同，陸皓東一直追隨孫中山從事革命活動，1895年組建香港興中會，同年10月，籌畫在廣州發動武裝起義建立革命根據地，他親手繪製「青天白日旗」做為活動旗幟，這面旗幟也成為中國國民黨的黨旗雛形。因消息洩露，起義事敗，他在逃脫後發現會員的名冊落下了，於是奮不顧身回去尋找，等他燒毀名冊，清兵已趕到將其抓獲，他在獄中備受折磨，但是毫不屈服，不久被害，年僅29歲。孫中山曾經高度評價他是「中國幾千年來為共和革命犧牲的第一人」。

而孫中山的國文老師區鳳墀，一直關注和支持孫中山的事業，在1895年協助他們成立興中會總部，讓女婿尹文楷接管孫中山的中西藥局工作，為孫中山提供策劃廣州起義的活動地點。孫中山對區鳳墀十分敬重，倫敦蒙難後，他親自寫信給區鳳墀，詳述事情的經過：「弟被誘擒於倫敦，牢於清使館，十有餘日，擬將弟捆綁乘夜下船，私運出境……初六、七日內，無人知覺，弟身在牢中，自分必死——此時唯有痛心懺悔，懇切祈禱而已。一連六、七日，日夜不絕祈禱，愈祈愈切，至第七日，心中忽然安慰，全無憂色，不期然而然，自云此祈禱有應，蒙神施恩矣。……但日夜三、四人看守，窗戶俱閉，嚴密異常，唯有洋役兩人——前已托之傳書，已為所賣，將書交與衙內之人，密事俱俾知之，防範更為加密！而可為傳消息者，終必賴其人，今蒙上帝施恩，接我祈禱，使我安慰，當必能感動其人，使肯為我傳書，簡地利（按：即康得黎）萬臣兩師，他等一聞此事，著力異常，即報捕房，即稟外部，初時尚無人信，捕房以此兩人為癲狂者，使館全推並無其事，初報館亦不甚信，迨後彼兩人力證其事之不誣，報館始為傳揚，而全國震動，歐洲震動，天下各國亦然。……沙侯（首相）行文著即釋放，不然即將使臣人等逐出英境。此十餘日間，使館與北京電報來往不絕，我數十斤肉，任彼千方百計而謀耳。幸天心有意，人謀不臧，雖清勇陰謀，終無我何。……弟遭此大故，如浪子還家，亡羊復獲（參閱聖經路加福音十五章），此皆天父大恩。敬望先生進之以道，常賜教言，俾從神道而入治道，則弟幸甚，蒼生幸甚！」

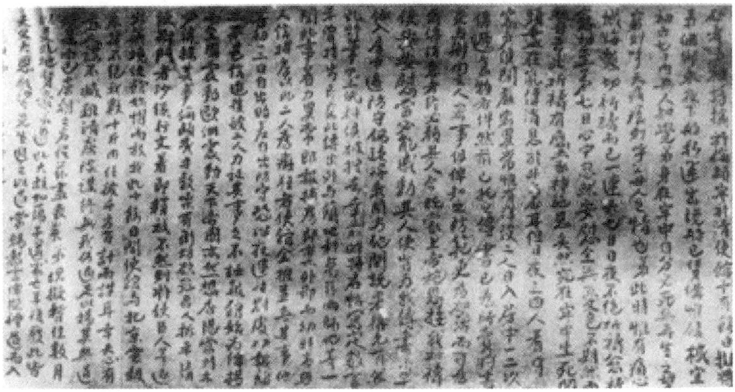

孫中山寫給區鳳墀的信

第三節 關注時政

中法戰爭

孫中山洗禮入教時，正值中國南部邊境發生一件大事，這就是1883年12月爆發的中法戰爭。這次戰爭由法國侵略越南開始，逐漸波及中國南部，長達兩年之久，雙方互有勝負，但由於清朝統治者的腐朽昏庸，最後法國強迫清政府簽訂了喪權辱國的不平等條約。

孫中山熱衷國事，從戰爭一開始就十分投入地關注著，透過各種手段探聽戰爭進展及雙方勝負情況，他熱切地盼望中方能夠抵擋住法軍入侵，取得勝利。一開始，戰爭在越南北部展開，關於戰事情況眾說紛紜，各大報紙也不停報導有關消息，孫中山不斷從報紙上瞭解到有關情況，做出積極分析和推測，在同學和老師中廣泛宣傳，鼓舞大家抗爭的熱忱。

這時，陸皓東也在香港，中法戰爭成為他們最關心和討論最多的話題。每天一大早，他們必定早早出門購買當天報紙，關注上面關於戰事的情況。這天，陸皓東還沒起床，就見孫中山慌忙衝進屋子，滿是怒氣地說：「真是可氣，堂堂四十營駐軍，竟然抵擋不住法軍進攻。」陸皓東忙問：「怎麼，北寧失守了？」

孫中山義憤填膺地說：「將帥們昏庸怯懦，互不協調，軍紀廢馳，兵無鬥志，北寧不失守才怪呢！」說著，他遞給陸皓東一份早報，上面介紹的正是法軍在北寧一帶的作戰情況。從報導上看，法軍裝備精良，武器先進，清軍大有不戰自敗之勢。

陸皓東拿過報紙細細閱讀，也是滿腔怒火，憤憤地說：「越南與我國接壤，雙方關係密切，這是不爭的事實，法國憑藉武力爭奪越南做為殖民地，還要威脅我國邊境，看來用心惡毒！」

孫中山早就瞭解這次戰事的起因，是因為爭奪對於越南的控制權，如今戰事既起，清政府怯懦懼外，軍事裝備落後，不肯積極抗戰，情況確實不妙。要是法軍攻下越南南部，長驅直入中國南部邊境，沿海地區又要遭受新一輪塗炭之苦。想到這裡，他用拳頭搥打桌子，斷然說道：「中國太落後了，何日才能強盛，何日才能擺脫列強侵略！」

不久，春節來到了，孫中山與陸皓東結伴回鄉，路上，他們在碼頭茶肆聽人議論戰爭事宜，不少人搖著頭說：「唉，法軍洋槍洋炮，厲害得很，我們那點士兵器，怎麼對付得了！」許多年來，國人已經習慣被洋兵侵略打敗，習慣聽到戰敗賠款的消息，他們似乎麻木了，也認為戰敗是天經地義的事。陸皓東憤然而起，指責那些人說：「國難當頭，匹夫有責，你們即便不能上戰場殺敵，也不該自甘失敗，自己認輸！」

那些人打量著孫中山和陸皓東，看他們是年少的學生，不屑地說：「那又怎麼樣，不認輸還能贏嗎？瞧你們年紀輕輕，懂得什麼，有本事也上前線去真刀實槍練一練，恐怕不到戰場就要嚇得尿褲子。」一席話逗得周圍人群哄然大笑。

陸皓東漲紅著臉斥罵他們：「你們愚昧無知，麻木不仁，中國有你們這些人，永遠也強盛不起來！」

那些人顯然惱怒了，揮胳膊掄拳頭靠近陸皓東，眼看要有一場惡鬥。孫中山挺身而出，擋在陸皓東面前，大義凜然地說：「大家聽我說，我想大家都希望我軍能打敗法軍，擊退他們的侵略，這是我們每個有良知、有自尊心的中國人的心願。可是，國家落後，民族不昌，滿清統治者腐朽無能，欺內媚外，屢屢被洋人打敗，這是我們國家的恥辱，更是我們民族的恥辱。恥辱面前，我們不該互相埋怨、打擊，而應該團結起來，一致對外，這樣才能擊退敵人，強我民族！」

他即興演講，希望鼓動人們的愛國情緒，也激發他們反抗滿清統治，爭取民族自立的勇氣。當然，這時他的演講只是自己單純的想法，並沒有形成完整的理論，不過也可以看出他思想的基本輪廓，那就是反對來自滿清和帝國主義的雙重壓迫，實現民族自治，這正是他日後提出的三民主義的核心內容之一。

果然，眾人聽了孫中山的演說，不再劍拔弩張地敵視陸皓東，而是悄悄退到一邊，三五成群，有的低聲抱怨政府無能，有的憤然訴說滿清暴虐統治，還有的仔細探討法軍的武器裝備到底如何。看著這個場面，陸皓東佩服地說：「孫文，你總有辦法說服眾人，看來你適合演講辯論。」

孫中山說：「這哪是我有辦法，我不過說明了實際情況，大家有所認識而已。所謂眾不可欺，就是這個道理。我看人們還是有覺悟，想改進的，關鍵在於我們如何去做，如何發動他們。」

陸皓東笑了：「你可真是三句話不離本行，說著說著又討論起如何改造中國的事來了。」

孫中山也樂了：「我想只要國家強盛了，外敵就不會輕易入侵，那麼現在這場戰爭就不會發生。」看來，他一顆救國救民之心依然旺盛而激越，絲毫沒有改變和減弱。

回到家鄉翠亨村後，他們兩人依舊終日相聚，關注著戰事發展。春節期間，他們多次去金星港，希望從上下輪船的旅客口中瞭解戰爭情況。有一次，孫中山看到有位旅客手拿報紙，毫不遲疑用僅帶的一元錢買下，帶回去與陸皓東仔細翻讀了好幾遍。兩人從報紙上的字裡行間尋找著，希望發現戰事的真實情況。

春節過後不久，為了方便瞭解戰事，他們早早踏上歸程，回到香港住處。從此，孫中山又恢復年前日日早起買報的習慣，還經常走上街頭巷尾，與三教九流各色人士談論，希望得到戰

事的最快消息。

3月12日，傳來北寧失守的消息；19日太原失陷；4月12日，法軍進駐興化。清政府得悉前線軍事挫敗的消息後，撤換大批封疆大吏，全面改組軍機處，派遣李鴻章與法國代表舉行和談。李鴻章與法國代表福祿諾在天津談判，達成《中法會議簡明條約》，內容對中方極其不利。李鴻章在國家權益面前，採取模棱兩可態度，使得法軍單方面向越南北部派軍，接管原中國軍隊駐軍防務。但是，在接防過程中，雙方軍隊再次燃起戰火，促使戰爭升級。

國難面前，孫中山除了積極關注外，還時常在老師同學中間演講，他的言行引起校方注意，被多次勸阻和制止，孫中山不肯放棄個人的主張，決定離開拔萃書院，到更為廣闊自由的天地之中去遨遊、去發展。

為戰事演說

1884年4月，中法之戰進行的如火如荼之際，孫中山個人也經歷了一次大變動，他由拔萃書院轉學到了香港中央書院。中央書院建於1862年，是香港第一所由英國當局所辦的官立中學，也是一所新式英語學校，校長、教員均來自英國著名大學，思想開放，以溝通中西文化為宗旨，設備完善，教學嚴格。這也正是孫中山轉學到此的重要原因，他希望在這裡得到充分宣揚抗戰理論和反抗滿清統治的新天地。

果如他所料，中央書院規模、師資力量均超過拔萃書院，校內的學習氛圍濃厚、言論自由，非常適合他。在這裡，他可以更密切地關注戰事，與許多老師同學自由談論戰爭事項，而無人管制。孫中山在學校裡很快結識許多新同學，他們日夜聚在一起，猜測探討著戰事進展。

1884年6月23日，法軍突然到諒山附近的北黎（中國當時稱為觀音橋）地區「接防」，無理要求清軍立即退回中國境內。中國駐軍沒有接到撤軍命令，要求法軍稍事等待，法軍恃強前進，開槍打死清軍代表，炮擊清軍陣地。清軍被迫還擊，兩日交鋒，法軍死傷近百人，清軍傷亡尤重。這次事件史稱「北黎衝突」或「觀音橋事變」。法國以此為擴大戰爭的藉口，照會清政府要求通飭駐越軍隊火速撤退，並賠償軍費兩億五千萬法郎（約合白銀三千八百萬兩），並威脅說，法國將佔領中國一、兩個海口當作賠款的抵押。清政府雖然認為這是無理勒索，但仍派兩江總督曾國荃於7月下旬在上海與巴德諾談判，以求解決爭端，談判未有結果，法國重新訴諸武力。

孫中山默默地關注著這一切，他看到清廷的軟弱，也認識到列強侵略的無止境性，內心充滿憤慨之情。中央書院學生多，老師優秀，是當時香港比較先進文明的學校之一，孫中山身在其中，接受最新式教育，心卻在前線，恨不能有雙翅膀飛過去，實地參戰殺敵，保國衛民。

這天，孫中山準備到學校外面的報攤買份當天的報紙，路過校門口時，突然聽到有人喊自

己的名字，他站定細看，校門口站著一個十六、七歲少年，身材碩長，容貌俊朗，青春勃發。他喜出望外地迎過去，高聲說：「鶴齡，你怎麼在這裡？」那位少年笑著說：「我怎麼不能在這裡？我父親的店鋪就在不遠處。」

原來這位少年名叫楊鶴齡，也是翠亨村人，當時的翠亨村，有楊、陸、馮、麥、孫、蘇、陳、錢八個姓氏，其中姓楊的家族較大，人口也多，像從小與孫中山一塊玩耍的楊帝賀，也是楊氏一族的。他們族人之中不少人外出經營，不乏富裕有錢者。楊鶴齡的父親在澳門和香港經商，家庭條件比較優厚，其中香港的楊耀記（香港中環歌賦街8號）就是他家的一個店鋪。楊鶴齡比孫中山小兩歲，兩人小時候也經常在一起玩耍，孫中山去檀香山時，他跟隨父親到港澳求學，所以孫中山這次從海外回鄉後一直沒有見到他，如今兩人在香港重逢，自然格外喜悅。孫中山拉著楊鶴齡的手說：「哎呀，咱們好幾年沒見了，你都在幹些什麼？」

楊鶴齡像

楊鶴齡回答：「我先前就在香港讀書，去年考入廣州算書書院，聽說你也來香港了，特地來找你玩。」

孫中山很高興地拉著他趕往報攤，一路上兩人敘舊論今，不免談到在翠亨村促進破除迷信的舉動，被迫離鄉的經過，以及在香港求學的種種情況。楊鶴齡說：「帝象，你可真大膽，竟敢掰斷北帝君的手指！」

孫中山反問一句：「鶴齡，你覺得我做得過分嗎？難道你也認為泥塑木刻的神像有靈性？我轉到中央書院幾個月來，讀了不少科學書籍，更堅定當時所為沒有錯。」

楊鶴齡笑著說：「我當然不迷信，我只是佩服你的勇氣。別忘了，北極殿可是咱們村的權威。對了，聽說陸皓東去了上海，他在那裡的情況怎麼樣？」

孫中山就把陸皓東年前路過香港，兩人洗禮入教的事告訴楊鶴齡，並且說了他們共同關注的問題——戰爭。楊鶴齡也是位熱血少年，他聽說戰爭二字，激動地說：「政府無能，將帥昏庸，哪有不敗的道理！」

這句話說到孫中山心裡，他說：「我天天關注戰事，看到很多國人麻木不覺，總想著呼籲他們站出來，共同關心國事，促進政府改變策略，積極對抗法軍入侵。」

楊鶴齡生性活躍，從小跟著孫中山聽太平天國的故事，玩太平天國的遊戲，早有著抵觸滿清之思想，加上他很早就離開家鄉，到開放、先進的港澳、廣州各地求學，思想和意識開明激進，容易接受新鮮的觀念和言行，聽了孫中山的話，當即呼應道：「我聽說國外就有組織民眾向政府呼籲請願的事，咱們也效法此舉，如何？」

孫中山高興地說：「好啊！我這就回去發動同學，將他們組織起來，咱們一起走上街頭去宣傳抗戰，用我們的力量支持我國的軍隊。」

兩人一拍即合，楊鶴齡回到楊耀記店鋪，製作標語，籌備各種用具。孫中山回校後則連夜書寫文章，發動同學，準備第二天在校園外面的小廣場舉行一次演講，鼓動大家關注戰事，支持我軍。

第二天，孫中山等人在廣場張貼標語，佈置場地，聯絡同學，正當他們忙得火熱，所有事項快要準備就緒之時，卻見中央書院內走出一位中年人，他看到孫中山等人的舉動，大吃一驚，疾步走了過來。

第四節 國難與家事

校園內走出來的不是別人，正是楊鶴齡的父親。他注意到楊鶴齡昨日異樣舉動，擔心他做出什麼不軌之事，今天一早就跟隨他來到中央書院，結果看到兒子和孫中山積極策劃演講，還張貼標語，心裡害怕，連忙上前制止他們的行為。

楊鶴齡向父親解釋演講的目的，意在發動大家抵抗法軍，支持我軍。楊父氣憤地說：「你們是學生，任務是讀書，國家大事何用你們操心！」

楊鶴齡反駁說：「莘莘學子，赤子之心，誰說學生不能關心國事？如果只為讀書而讀書，那又有什麼意義！」

楊父很生氣，打斷他的話說：「難道你要做孫帝象第二，也成為翠亨村的叛逆之子！」

孫中山聽到這句話，走過來說：「我和鶴齡只是想為戰事盡點力，並無其他企圖。現在國家遭受侵略，戰事於我方不利，我們既然不能親上前線殺敵，做些鼓動工作也不至於犯錯。試想一下，如果全體國人對戰事無動於衷，不去關心關注，更不去積極支持，那麼一旦兵敗，國

家割地賠款，損失巨大，這些損失來自哪裡？還不是出在老百姓身上！不管你經商還是務農，誰也逃脫不了繳納重稅之厄。弄不好，許多商鋪還要關閉，許多農民也走上絕路，想來都非常可怕。」

楊父聽罷，想到自己的生意可能受到戰事牽連，嘆著氣說：「我知道你們一片好心，可是你們年紀輕輕，又是學生，除了讀書能做什麼？現在局勢不明，你們這麼鬧哄哄的，要是被人告到英國人那裡，可不得了！這樣吧！既然你們喜歡談論這些事，依我看不要站在大街上，太危險了。你們還是到楊耀記後面的閣樓裡，在那裡盡情談論，無人打擾。」

他為了勸阻兒子，還是做出妥協。楊鶴齡望著孫中山，希望聽聽他的意見，孫中山想了想，最後決定說：「這樣也好，免得伯父擔心。」

這次演講計畫被迫中止，但從此以後，楊耀記成為孫中山等人經常聚會之地，這群年輕人在此暢談理想，發表對於朝廷和時局的各種見解，完成著革命志向由形成、發展到壯大的過程。

8月，前方戰事傳來不幸的消息，法國艦隊突襲福建馬尾軍港，大敗中國福建海軍，震驚朝野。得此消息的孫中山立即與同學們展開討論，一時間，整個香港氣氛緊張，人人擔心戰事發展。楊鶴齡的父親想起孫中山幾人演講的事，擔心地說：「戰事一再失敗，要是禍及生意可怎麼辦？」他安排兒子回鄉，打理福建的部分生意。楊鶴齡邀上孫中山，兩人打算從香港到澳門，返回翠亨村。

孫中山尚未動身，突然接到大哥孫眉的來信，言稱在檀香山的生意出現危機，讓他火速趕去幫忙。不明就裡的孫中山即刻與楊鶴齡一起回到翠亨村，向父母言明此事，孫達成夫婦當即表示，要孫中山趕緊乘船去檀香山，幫忙孫眉。其實，他們清楚孫眉的真實意圖，原來他們寫信給孫眉，告訴了他孫中山回鄉後大鬧北極殿，褻瀆神靈，得罪鄉里，以及在香港洗禮入教的事，孫眉聽後勃然大怒，為了教育弟弟，這才假稱生意虧損，迫使孫中山回檀香山。

面對國難和家事，孫中山左右為難，他有心留下來繼續關注戰事，可是父母一再催逼，對他說：「國家打仗，跟你有什麼關係？你大哥生意虧損，你要是不去幫忙，誰能幫他？」

孫中山對做生意毫不感興趣，但是想到這些年來大哥冒著生命危險遠渡重洋，苦苦經營，好不容易開闢了今天的業績，供自己讀了好幾年書，一旦生意虧損，不但家庭受影響，恐怕大哥也很難承受這次打擊。想來想去，孫中山悶悶不樂回到香港，打算在學校裡好好想一想。

恰好，他回來不久朋友楊襄甫就要去檀香山，臨行前與孫中山一起去和區鳳墀告別，區鳳墀聽了孫中山的苦惱，勸他說：「雖然國家正在打戰，可是我們除了關注，還能做什麼？依我看，你大哥那邊事情緊急，你不如趕緊去看一看，一是幫助他，二來你可以透過報紙瞭解戰事情況，恐怕比在香港還要即時方便。」

一句話提醒了孫中山，這半年來，他屢屢聽到國家戰敗的消息，看到政府懦弱腐敗，將帥

們貪生怕死，而廣大國人為了私人利益，幾乎不去顧忌國事，他有心努力，卻無處去使用，年少的他覺得非常茫然，也十分鬱悶，現在聽了區鳳墀所言，倒是給了他一個新希望，那就是去檀香山，在華僑之中宣揚抗戰理論，激發他們的愛國熱忱。想到這裡，他高興地說：「對啊！檀香山發行好幾個國家的報紙呢！我去了照樣可以瞭解戰事。」說完，他眼神又轉為黯淡，幽悶地說：「只是遠在海外，不能隨時隨地發動周圍人群，激發他們抗戰的信心。」

區鳳墀說：「這也沒什麼，檀香山不也有很多華人，你照樣可以發揮你的才能，而且，他們身在先進文明的國度裡，應該更容易接受新思潮、新觀念。」

孫中山想起撕毀關帝像一事，搖著頭說：「事情也非如此，他們一樣頑固落後。不過，我不會放過任何機會，宣揚改造祖國的理想。」

楊襄甫插嘴說：「好啊！我和你一起宣揚，改造那些愚昧無知的人們。」

既已決定遠赴檀香山，孫中山立刻回校辦理停課手續。不少同學聽他要去海外，羨慕地說：「聽說檀香山遍地是黃金，特別富有，你去了還會回來嗎？」

孫中山認真地說：「檀香山並非人們傳說得那麼富有，但是那裡社會秩序井然，人們生活安樂，是個非常美好的國度。至於我，當然還要回來，因為我要宣揚那裡的先進文明，讓全體國人都瞭解，都改造。」

說到這裡，他忽然又對自己的檀香山之旅充滿了新的期待。

第九章

二赴異邦 堅定救國救民志

1884年，孫中山再赴檀香山，他積極宣揚西學，鼓動工人的反滿反封建情緒，與大哥二度反目，憤然之下，他借錢回國。這一來一去間，中法戰爭已經結束，清政府簽訂賣國求榮的不平等條約，在香港碼頭，孫中山眼見工人們拒為法國戰艦工作的義舉，「始決傾覆清廷、創建民國之志。」

第一節　再拒財產

見面之爭

孫中山接到大哥書信，幾經思考終於登上巨輪，從香港出發，開始了自己的第二次遠赴海外之旅。這次航程對他來說已是輕車熟路，沒有了好奇，也沒有了新鮮感，極目所至，浩瀚大洋，水天一色，天地之闊依然令他心懷激盪，思緒隨之動盪不寧。

又是二十多天的旅程，1884年11月，巨輪停靠在檀香山港口，孫中山走下輪船，踏上曾經生活了五年的檀香山土地，看到那些熟悉的高大美觀的西式建築，穿著鮮亮、神采飛揚的各國人流，以及整潔有序的道路，與家鄉破舊、落後的景象真是有著天壤之別。一年沒來，讓他更加感覺出祖國的落後現狀，這種強烈的對比，兩地生活的落差，在他回到檀香山的剎那間變得那麼明顯，那麼突出，讓他有種深切悲哀之感。

孫中山擔心大哥的生意，不知道究竟出了何種狀況，因此不敢停留，從檀香山改乘小船，急匆匆趕往茂伊島。等他來到島上，被人帶到姑哈祿埠牧場，看到工人依舊勞作，牧場生意未變，不由心生猜疑。他在牧場停留片刻，就見大哥面色陰沉地走了過來。孫中山急忙上前見過大哥，試圖問明事情的具體情況。哪想得到孫眉並不理會他的問話，而是開門見山地責問一句：「你大鬧北極殿，褻瀆神靈，惹怒鄉親，真是任性妄為，讓家裡跟著遭受羞辱！」

聽此言語，孫中山略顯驚訝，隨後明白這是父親寫信告訴了大哥自己的所作所為，於是說：「我破除迷信，有什麼不好。你們為什麼總愛崇拜那些木偶泥像，它們到底能給你帶來什麼好運氣！」

孫眉見弟弟態度如此強硬，不知悔改，深感痛心疾首，繼續批評他：「你在這裡住了五年，沒有學會生意經營也就算了，怎麼淨學些洋人的玩意，還不聽勸告，回去就洗禮入教，這等大逆不道的事你都做得出來，以後要怎麼回村了見鄉人？你趕緊退出洋教！」像大多數中國傳統家庭一樣，孫眉以及父母都希望孫中山這位孫家的二兒子，走一條循規蹈矩，安分守己的道路，不要做出離經叛道的事情。孫眉比弟弟大12歲，又很早就出洋闖蕩，開創事業，在家庭中地位很高，因此他感覺自己在「管教」弟弟的問題上，應該有更多的責任。

聽了大哥的訓斥，孫中山頂撞道：「入教是我的自由，我不退教！」

孫眉怒火上升，指著弟弟斥罵：「自由？你要自由不要父母兄長了嗎？越來越放肆了！你加入洋教，是背叛祖宗的事，要是你不肯退出，那好，我就給你自由，你自己一個人去自由自

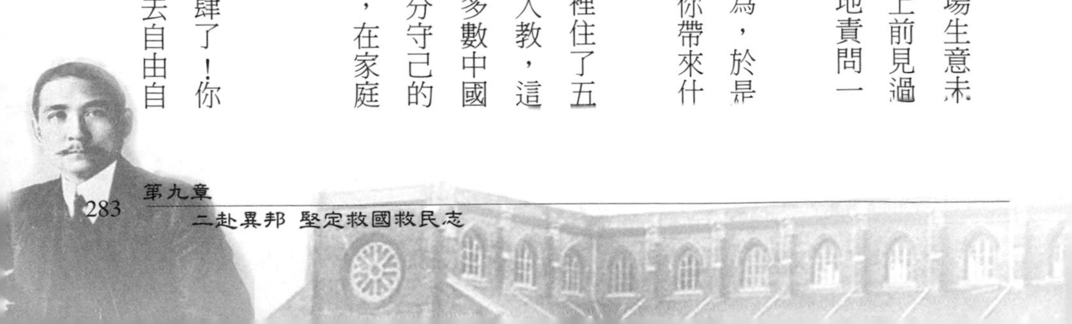

在地生活吧！我再也不供給你金錢，看你怎麼讀書吃飯！」

孫中山面對大哥的要脅，毫不示弱，大聲說：「我不要你的錢，我也不會退出基督教！」

他們兄弟兩人見面就吵，引起牧場中許多工人注意，不少人圍過來勸說孫眉：「帝象剛來，你先消消氣，慢慢勸他。」

孫眉向來心疼年少自己許多的弟弟，只不過由愛生恨，屢屢對他發脾氣，希望他按照自己的意圖去成長，所以見面就忍不住這樣訓罵他。聽了大夥勸告，看看風塵僕僕，漂洋過海剛剛來到牧場的弟弟，心中憐惜，緩和語氣說：「你先去休息，明天再說退教的事。」他性格強悍，比較固執，不會輕易放過孫中山入教一事。

孫中山在他人帶領下回到住處，略事休息，想起牧場中佛堂的事，不由問跟隨來的人：「現在大家還去佛堂燒香跪拜嗎？」

那人回答：「當然去。」

孫中山憤憤地說：「愚昧。」

那人瞄了孫中山一眼，揣測著說：「我們都信關帝爺，難道少爺您不信？」他是新來茂伊島的華工，不知道去年孫中山撕毀關帝像，與孫眉反目之事。

孫中山心情再度沉重，猛拍桌案站起來，十分氣憤地說：「看來還要繼續宣揚，才能拯救麻木的國人。」

那人看著孫中山突然發火，心裡膽怯，悄悄退出房去。

屋子裡，孫中山不再休息，坐在桌子前奮筆疾書，寫下一篇宣揚破除迷信、拋除陋習的文章，準備到佛堂發表演說，鼓動大家起來與封建愚昧對抗。

退還財產

第二天，孫中山早早起床，準備到佛堂去，他剛剛走出屋子，就被一人喊住了。孫中山一看，此人正是昨天為自己帶路的人，他上前給孫中山施禮，說：「少爺，老爺請你到前面去一起用餐。」

聽到他說「老爺」二字，孫中山奇怪地問：「誰是老爺？」

那人回答：「就是牧場的主人，孫眉先生。」

孫中山笑了：「我們都是平等的，不存在誰高貴誰低賤的問題，你以後大可不必稱呼我『少爺』，稱呼我大哥『老爺』，你只管喊我們的名字就行。」

那人忙搖頭說：「我是老爺派來照顧少爺的，可不敢放肆，忘了自己的身分。」

孫中山語重心長地對他說：「你記住了，你我都是平等的，我們應該平等相處，而不是像主子僕人那樣。你來檀香山不久，以後我帶你多出去見識一下洋人的生活，看看他們都是怎麼

與人平等相處的。」

那人聽到這些言語，慌張地說：「我聽楊主管說了，不能與洋人接觸，他們宣揚西化理論，會害人的。」

孫中山眉頭一皺，問道：「哪個楊主管？可是管理帳務的老楊頭嗎？」

那人點頭稱是。

孫中山知道這是老楊頭對牧場工人管理的手段，限制他們與外界交往，唯恐他們受到西化影響，於是說：「先進文明的科技不會害人，害人的是愚昧迷信的舊習俗！正是他們如此拒絕先進，不肯接受文明，才麻木不仁，不知進步，致使國家衰弱，民族不昌，人們受苦。」

孫中山極富演講才能，遇到問題總能滔滔不絕，發表個人的主張和看法。那人自幼生活在僻靜的鄉下，初來檀香山，沒見過這種陣勢，真有點目瞪口呆，不知所措了。兩個人邊走邊說，孫中山得知他叫李清明，是李同的侄子，十九歲，於是親切地喊他李哥。李清明受寵若驚，亦步亦趨地跟著孫中山，專心致志地聽他講說那些激進言論。

當他們走到孫眉住處時，遠遠看見孫眉站在門外，正著急地向這邊張望。李清明剛要上前給孫眉施禮，被孫中山一把拉住，堅定地說：「你忘了我剛才說過的話了？我們都是平等的人，你不要卑躬屈膝。」

李家明戰戰兢兢地看看孫眉，不知道該如何是好了。孫眉見弟弟鼓動工人對自己失禮，怒火已自升起，沉著臉說：「大膽妄為的傢伙，誰和誰平等？你不聽我管教，還來蠱惑我的工人，哼，你太放肆了！你說，你退不退教？」

孫中山料到大哥不會放過這件事，早就堅定了信念，不動聲色地說：「我早就說過了，信教是我的自由，什麼人也管不著！如今，世界在變化、在進步，我們落後的祖國也需要改變，也需要進步，我們身在海外，親身體驗到先進文明的種種好處，就應該帶頭學習接受這些長處，改造自我，進而改造身邊的人，改造整個國人，這樣才能促使民族興旺，國家強盛。我覺得我加入基督教，正是用實際行動學習他人之長，不是過錯！你們不但不該反對，還應該……」

「住口！」沒等他說完，孫眉一聲怒吼，咆哮道：「你目無君父，狂言亂語，玷污我家名譽，真是不知好歹！我告訴你，你今天必須退出洋教，不然我就收回我先前贈予你的財產，讓你成為一個窮光蛋！」

十幾年奮鬥，孫眉已經達到創業的頂峰，不僅擁有茂伊島的牧場，還開設了工廠、商店，擁有千頭牛馬、上萬隻雞鴨，全部雇傭工人照料，資產相當雄厚。他為了擴充家族勢力，提高威望，在孫中山去年回鄉後，將自己的資產劃分出一部分，過戶到了弟弟名下。當時孫中山雖不在檀香山，但是所有手續都已經辦理妥當，就是說他已經成為擁有很大資產的資本家，只要他安分守己地生活，終生吃穿無憂，用度不愁。

可是，孫中山來到檀香山，依然固執地堅持自己的理念和信仰，不肯聽從大哥安排，與他發生強烈爭執。為了管教弟弟，孫眉一氣之下，說出收回財產的話來威脅他。哪想到孫中山聽了大哥的話，不但不吃驚害怕，反而坦然地說：「我不要財產，我也不會放棄我的追求，你儘管收回吧！」

孫眉更加惱怒，鐵青著臉說：「好，你不要就退還給我！」說著，大步走進辦公室，拿出一份財產贈與合同書，遞到孫中山面前說：「走，跟我辦理退還手續！」說完，轉身朝外走去。

看到他們越吵越僵，李清明壯著膽子勸說孫中山：「您趕緊認個錯吧！那麼多財產呢，要是真收回了，您可怎麼辦？」

孫中山平靜地說：「財產不足以動我心。我不能因為錢財就放棄自己的理想和信念，改變自己的人生目標，去做金錢的奴隸。我要改造祖國，做更有意義的事業。」說著，他緊隨大哥孫眉，兄弟倆一前一後朝律師事務處走去。

望著他們遠去的身影，李清明好一陣唏噓感慨，自言自語：「不愛財產，那愛什麼呢？還有什麼更有意義的事業？這兄弟倆真是讓人不明白。」

最終，孫眉兄弟在律師事務處辦理了退還財產的手續，孫中山分文未留。這件事很快傳遍茂伊島，所有人對孫中山的舉動都大感意外，就連對他懷有敵意的老楊頭也不解地詢問孫眉：

「帝象到底想做什麼？怎麼把你給他的財產全退回來了？」

孫眉無可奈何地說：「他太固執了，寧肯退還財產也不肯退出洋教，你說我該拿他怎麼辦？」

老楊頭眼轉一轉，計上心頭，對孫眉耳語幾句，為他獻上管教孫中山的新計策。

第二節 兄弟再反目

罰鋸木頭

孫眉一怒之下收回財產，卻沒有想好如何繼續管教弟弟。這時，老楊頭為他獻計說：「帝象還是太幼稚，不知道生意艱難，他不是把財產退回來了嗎，這好辦，從今以後你不供他吃喝，看他靠什麼生存。」

孫眉說：「我想過這麼做，可你知道他在檀香山好幾年，認識不少老師同學，尤其那些洋人老師，巴不得他天天住在他們那裡，怎麼會不管他吃喝。這個辦法不好。」

老楊頭想了想，覺得有理，再獻一計：「為今之計，說教已經不管用了，你必須狠下心來，強行他參加勞動，叫他在牧場出苦力，幹重活，相信過不了多久他就沒那麼囂張了。」

孫眉考慮了一番之後，覺得這個辦法一來可以懲罰弟弟，二來也可以斷絕他與外界的聯繫，收攏他的奇思邪想，不愧是個好主意，立即點頭說：「好，就叫他去鋸木頭。」

主意已決，孫眉急忙派人去喊孫中山。此時的孫中山退還了大哥的財產，並沒有把這件事放在心上，而是終日考慮著如何勸說牧場中的工人不要繼續迷信關帝，不要去佛堂燒香磕頭。他來到牧場的當晚就寫了宣講的文章，然後帶著李清明到牧場各處去，見到華人就對他們演說，鼓動他們反抗的激情。這天，他正在伐木場演說舊習俗的壞處，突然有人跑來喊道：「二少爺，老爺讓你去他的辦公室。」孫中山聽到這種不倫不類的稱呼，立即糾正說：「你們不要稱呼我少爺，也不要稱呼我大哥老爺，我們都是平等的人，應該互稱姓名。」他話音剛落，李清明就高興地大聲對工人們說：「對，我們以後就稱呼孫帝象先生。」工人中間發出一陣小聲議論。

孫中山又說了幾句，與李清明打算去孫眉的辦公室，他們剛剛走出伐木場，就見孫眉匆忙趕過來，看到孫中山怒聲喝道：「你不要走了，以後就在這裡鋸木頭，哪裡也不許去！」原來，他派人去喊孫中山，卻聽說他依舊在工人間大肆宣揚反動理論，鼓吹西化思想，詆毀關帝，二話沒說就親自趕來，決定當場訓斥他。結果，兄弟倆在伐木場外相遇，他毫不客氣地下達了對弟弟的懲罰令。

聽說讓他鋸木頭，孫中山明白這是大哥懲罰自己，沒好氣地回了一句：「鋸木頭就鋸木頭，但是你不能限制我的自由！」說著，掉頭就回了伐木場。

李清明有些慌了，拉住孫中山低聲說：「鋸木頭很辛苦，你做不來的，不如向孫眉先生求情，求他給你安排個新工作。」

孫中山面不改色地說：「沒關係，再苦再累的工作都有人做，我為什麼不能鋸木頭？我在這裡鋸木頭也比他跑去佛堂燒香磕頭強！」

孫眉本意無非是恐嚇弟弟，希望他能夠瞭解錯誤，聽從自己的勸告，可見他依舊執迷不悟，還口口聲聲強調個人自由，大有無法無天之架勢，再也無法控制自己的情緒，他疾步上前，抓住弟弟的肩膀，用力一扳，將他扭翻在地，劈頭蓋臉就是幾下子，嘴裡還說：「叫你改你不改，叫你改你不改！」孫中山沒有反抗，任憑大哥打了幾下，等他停下手，才站起來拍拍身上的塵土說：「我知道你生氣，但是暴行不能阻止我的行動，我會繼續走我自己的道路。」說著，頭也不回進了伐木場。

孫眉既氣又恨，衝著孫中山的背影說：「你給我聽著，你在這裡鋸一輩子木頭吧！我不會讓你出去，不會讓你走你自己的路！」

李清明一步不離地跟著孫中山，兩人很快回到剛剛演說的地方。工人們早就聽到他們兄弟吵架的聲音，知道孫中山被孫眉貶到此幹苦力，一個個低頭側目，不肯主動與孫中山招呼說話。李清明見此，冷笑著說：「呵，我看你們架子都不小，孫帝象先生來這裡工作，你們好像不歡迎啊！」

孫中山示意李清明不要與工人為難，親自來到工頭處，請示說：「我以後就在此工作了，請你安排我工作任務。」

工頭手足慌亂地站起身，頗顯為難地說：「這是哪的話，你看著幹吧！隨便幹，隨便幹。」

孫中山知道他有所擔憂，笑著說：「你不要怕，儘管根據情況安排工作，要不，我做不好孫眉先生會更生氣。」

工頭勉強笑笑，指著遠處一堆剛剛砍伐的樹木說：「這樣吧！你就負責那一片。」說完，找出一張圖紙，讓孫中山根據圖紙上表明的木料大小、長短，砍鋸木頭。

孫中山拿著圖紙，很快投入到工作當中，幾年來，他讀書學習，很少參加體力勞動，能承受得住這次懲罰嗎？

再撕關帝像

孫中山被罰鋸木，成為伐木場一名普通工人，他與工人們同吃同住同勞動，結成深厚友情。這樣，孫中山在實踐當中反而方便了自己講說的行動，不管何時何地，只要有人在身邊，他就會講起祖國落後的事實，議論政治問題，探討國家和民族的命運前途，工人們喜歡聽他聊新聞、談歷史，也喜歡聽他講述西方先進的科技文明。特別是最近發生的中法戰爭，成為他們

最關注的話題。每每聽到孫中山講述中法戰爭的事，他們都會圍攏上來，細聽、議論或發出感慨。當他們聽說8月福建海軍大敗時，無不流露出憤慨之情，紛紛指責將帥無能。孫中山趁機說：「何止是將帥無能，我們整個政府也是無能的、落後的。你們來到檀香山，見識了這裡進步的社會境況，難道沒有和我們祖國的情況比對一下嗎？你們說，如果我們的祖國不改變，我們的同胞不改變，能夠跟上世界前進的腳步嗎？能夠擺脫列強的欺壓嗎？」

「不能。」工人們異口同聲回答。

「對，」孫中山充滿激情地繼續說，「不能改變，所以我們要從自身做起，勇於認識到自身的落後和愚昧，積極去改變，去接受和學習先進的東西，這樣才能跟上時代的步伐。」

工人們聚精會神地傾聽著，目光中滿是希冀神色，似乎看到了未來美好的前景。在孫中山影響下，他們逐漸開始反思迷信帶來的危害，經常議論帝制的種種弊端，痛斥官府的黑暗腐敗，並且大膽去接觸西方先進的技術、思想以及人文科學，有些人不再去佛堂燒香了，他們甚至請孫中山帶他們去西醫院看病，還要求瞭解基督教，去教堂做禮拜。

這天，孫中山讓李清明去檀香山的西醫院買藥，打算給生病的工友服用，結果，李清明還沒有走出茂伊島，就被老楊頭抓住了，扭著去見孫眉，說他協助孫中山宣揚西化，無視祖宗傳統，應該受到懲罰。原來，這些天老楊頭時刻關注著伐木場的動靜，聽說孫中山依然在工人們中大肆宣講自己的主張，鼓動他們不要信奉關帝，還有人想加入基督教，真是又驚又氣，連忙彙報給了孫眉。孫眉聽說後，火冒三丈，當即就要去訓斥弟弟，老楊頭卻攔住他說：「你不要著急，我派人暗中盯著呢！一旦有了把柄，我們就好行動了。」

為了懲罰弟弟，孫眉把他趕去鋸木頭，希望他在那裡好好反思自己的過錯，改變心意，能夠腳踏實地地幫助自己做生意，沒想到事情卻朝著相反的方向發展，弟弟竟然把伐木場當作自己宣講的實驗地，鼓動工人們的政治熱情，看來事情已經越來越嚴重了。他聽了老楊頭的勸告，決定好好與弟弟鬥一鬥。今天，老楊頭把李清明帶來，孫眉立即把他嚴厲訓斥一通，逼迫他交出買藥的錢，罰他去另一個農牧場養雞，不得與孫中山繼續來往。

懲罰完李清明，孫眉還親自去孫中山所在牧場，扣留所有工人的工錢，還威脅他們如果繼續聽孫中山的主張，就把他們攆回國，以示懲戒。老楊頭趁機向工人說：「誰要想違背祖宗傳統，都是不可饒恕的罪過，我們雖然身在海外，但不能忘本，想一想，我們的家人還在家鄉，我們不能貪圖一時痛快，就不為他們著想。你在這裡接受西化，宣揚對抗朝廷的言論，要是傳到國內，家人不就遭殃了！君君臣臣，父父子子，這是我們不變的傳統，誰也不可能改變！」

工人們受到懲罰，又聽了這番言論，先前有所活動的心思全被鎮住了，誰也不敢言語，有人還抱怨說：「我就說嘛，孫帝象年輕幼稚，懂什麼，他說的那些理論不可靠，天子是上天派來統治我們的，我們的祖先都是在皇帝統治下生活，哪容我們去議論、去詆毀？」也有些人說：「對啊！我們從來都信奉關帝，他卻不讓我們信，我看這也不對。」說來說去，孫中山所

有的努力都付之東流，大家又回頭走老路，還對他產生深深芥蒂之心。

孫中山得知事情的經過後，憤然跑去辦公室與大哥理論，指責他無故扣留工人工錢，孫眉冷冷地說：「這都是你的錯，不是我的錯，也不是工人們的錯！你要再不悔改，我會懲罰得更嚴重！」

孫中山強壓心中怒火，打算與大哥好好談談，可是兄弟倆爭來吵去，依舊談不攏。孫眉不再理睬弟弟，轉身進屋去關帝像前燒香，他的辦公室裡掛著關帝像，而且每到初一十五他都要燒香跪拜，極其虔誠。孫中山跟著他走進裡屋，看到大哥在懸掛的關帝像前磕頭，再也無法壓抑自己的怒氣，上前一步扯下關帝像，三兩下就把它撕爛了，扔到一邊的廢紙堆上。

跪在地上的孫眉呆住了，他無法相信眼前的一切，一時間沒有反應過來，等到弟弟扔完關帝像，他才一躍而起，跑過去撿拾畫像碎片，嘴裡不停地說著：「你想氣死我，好啊！我今天就要好好教訓教訓你！」

孫中山一動不動地站著，等著大哥暴風雨般的責打。就在兄弟倆鬧得不可開交，就要拳腳相向時，突然門外傳來爽朗的說話聲：「孫眉，你在嗎？老朋友來看你了。」

第三節 與洋人交往

獲贈《華盛頓傳》和《林肯演講集》

來人的出現緩解了這一觸即發的境況，孫眉顧不得管教弟弟，趕快走出迎接，一看來人，卻是劉毓敏。劉毓敏來檀香山已有多年，經商營業，頗有資產，與孫眉關係密切。孫眉笑臉相迎，喊人備茶，與劉毓敏落座敘談。他和弟弟之間的爭吵告以暫停。

不一會兒，孫中山從裡屋出來，劉毓敏看見他後，驚喜地說：「這不是帝象嗎？長這麼大了。聽說你回去讀書了，怎麼又回來了？」

不等孫中山答話，孫眉搶先說：「我要他回來幫我做事，可他太幼稚了，竟給我惹麻煩。」

劉毓敏笑著說：「帝象聰穎好學，人又刻苦，是我們華人的驕傲，怎麼會給你惹麻煩？依我看，是你要求他太嚴了。」

孫眉說：「那都是以前的事了，今非昔比，他長大了，我也管不了啦！」說完，打發孫中山出去喊老楊頭，讓他前來陪客人。

孫中山前腳出去，後面孫眉就把他加入基督教，撕爛關帝像，鼓動工人們反抗朝廷情緒的事一一說了，嘆著氣說：「你說我該怎麼處置他？」

劉毓敏與孫眉不同，他對先進的西學抱有認可態度，於是勸說道：「你也別太在意，帝象年輕，過幾年就好了。我看，既然不能讓他回國，就不如留下他，讓他學做生意。你罰他去鋸木頭，這有點太過分了，而且效果也不好。這樣吧！你還是把他留在業務最多的店鋪裡，那裡缺人手，事又瑣碎，他忙著做事，不就沒有機會宣講自己的理論了。」

孫眉無奈地說：「現在只能這麼做了。」

孫中山和老楊頭趕回辦公室時，孫眉把自己的最新決定告訴孫中山，讓他立即去店鋪幫忙，不要回牧場了。孫中山知道大哥還在懲罰自己，什麼話也沒說就走了。

劉毓敏看著孫中山的背影，意味深長地說：「要說我們生意人不該關心政事，可如今祖國落後，政府腐朽無能，人們生活一日不如一日，長此下去，國將不國啊！帝象年少有為，素有大志，才智超過你我，要真能擔當救國救民的重任，也不是不可能的事。」他一番言語，孫眉和老楊頭好大一會兒沒有接話。最後，還是老楊頭機靈地招呼客人，他們才又開始談論生意之事。

劉毓敏沒有看錯，十年後，孫中山回到檀香山組織興中會，開始策劃反抗滿清的具體行動。那時，劉毓敏給予了大力支持，為興中會提供資費，為革命事業貢獻了自己的力量。

再說眼下，孫中山回到店鋪做雜活，由於大哥孫眉對他責打懲罰，店鋪裡的人不再像從前那樣熱情，很多人都看不起他，對他指手劃腳。孫中山無心於做生意，更無法忍受這一切，他時常想起自己在香港尚未完成的學業，渴望有朝一日能夠回去繼續讀書。轉過年的春天，他正式向大哥提出這個要求，希望返回香港繼續學業。

孫眉當然不會同意弟弟的要求，認為他回去後缺少管教，會更加無法無天，做出羞辱家族的事，因此不給他回國的旅費。孫中山多次與大哥爭吵，都沒有達成一致意見。苦悶之中，孫中山幾次返回檀香山，找到昔日老師跟同學，與他們暢談心曲。

回到檀香山，孫中山最常見的就是美籍老師芙蘭蒂文和韋禮士主教，在他們那裡，孫中山可以自由地議論政事，暢談教理，抒發個人的心志，還可以得到他們的教導，過得非常有意義。有一次，孫中山約上依然在阿厚書院讀書的李家良去芙蘭蒂文老師那裡，李家良在路上勸孫中山說：「你還是回來讀書吧！做生意不是你的志向。」

孫中山說：「要讀書就回香港，香港文化氛圍濃厚，課程先進，我已經認識不少優秀老師，我希望在那裡接受更高深的教育。」

李家良不解地問：「香港難道比檀香山還要先進？」

孫中山說：「香港有祖國深厚的文化根基，還受世界先進國家的影響，發展相當迅速。而

且，我的理想是改良祖國，宣揚先進的西學，我覺得那裡才是我的用武之地。」

李家良想了想，贊同地說：「對，香港是祖國的一部分，只有回到祖國才能改良之。」

兩人說著，很快走進芙蘭蒂文的辦公室。屋裡堆放著各種書籍，芙蘭蒂文正埋在書堆裡讀書，聽到腳步聲抬頭看了看，隨即喜悅地招呼：「孫帝象，李家良，你們好。」

孫中山和李家良打著招呼走過來，問道：「芙蘭蒂文老師，您又在研讀什麼？」

芙蘭蒂文笑著說：「你們看，是幾本舊書。」

孫中山一看，是《華盛頓傳》和《林肯演說集》，這是他在檀香山讀書時最喜歡的兩本書，脫口說道：「啊！太好了，芙蘭蒂文老師，我回國後再也沒有讀過這兩本書，今天能否借閱一下？」

芙蘭蒂文推推眼鏡，將書本遞給孫中山說：「你是我最得意的學生，我把這兩本書送給你。」

「真的？」孫中山喜出望外，連忙伸手接過書本，「太謝謝您了。」

芙蘭蒂文說：「孫帝象，我知道你喜歡政治，關心大事，與這兩本書中的主人公相似，所以才送給你，你不用感謝我。」

原來，孫中山每次與芙蘭蒂文老師交流，總要不停地討論世界大事，表現出強烈的憂國憂民之心。他喜歡探討西方資產階級革命的事，崇拜華盛頓和林肯這兩位巨人，時常將他們的偉大業績掛在嘴邊，大有將其做為偶像的意思。這次回來後，孫中山顯得更加成熟，對於國家和民族的存亡盛衰也投入更多關注，特別是每每談及中法之戰，他都流露出至為關切的情懷，還發表自己的見解和主張，其情其志分外感人。芙蘭蒂文給孫中山做了三年老師，深深瞭解自己的學生，知道他才智超人，志向遠大，是個有作為的少年，因此贈書勵志。他也許沒有想到，若干年後，這位倔強的學生在中國歷史上，也成了與華盛頓、林肯一樣偉大而影響深遠的政治人物。

獲助回國

獲贈《華盛頓傳》和《林肯演說集》，對孫中山來說，真是一種莫大的鼓舞。在他年少的情懷裡，這兩位巨人的事業如光照大地，輝煌而永久，照亮他前進的道路。現在，他擁有的不僅是兩本書，更是他們的精神和感召力。可以說，在孫中山以後的革命生涯中，正是以他們為榜樣和動力，效仿他們開創了中國大地上第一個共和國家。

帶著兩本書，孫中山辭別芙蘭蒂文，卻沒有回到茂伊島，而是直接去見韋禮士主教。這些天，他多次拜訪主教，向他述說自己洗禮入教的事，以及基督教在香港的發展情況。韋禮士主教很高興，一邊與他討論聖經，一邊將自己在香港的幾個好友介紹給孫中山，告訴他回去後可

以與他們聯繫，以方便繼續學習和理解聖經、教理、教義。這些人中就有主持孫中山洗禮入教的喜嘉理，還有位嘉約翰，在孫中山回國後，勸說他學習西醫，對他的成長產生了一定影響。

眼下，孫中山見到韋禮士主教，打算與他一起去教堂做禮拜。韋禮士主教的夫人聞訊趕出來，看著越發英俊瀟灑的孫中山，滿臉狐疑地問：「孫帝象，你好。聽說你又要回國，這是真的嗎？」

這幾次前來檀香山，孫中山對芙蘭蒂文和韋禮士言說了自己打算回國繼續學業的心事，他們認為孫中山志在改良祖國，回去是必經之路，因此對他大加鼓勵。如今韋禮士夫人表示了自己的疑問，孫中山禮貌地回答：「是，夫人。我想回去，回去改造我的祖國，使之強盛而富裕。」

韋禮士夫人聳聳肩膀，伸開雙臂說：「你真是太偉大了，有這麼崇高的理想。可是我看到很多華人來到海外後，都不想回去，他們說回去後政府欺壓百姓，生活差，財產沒有保障，不如檀香山生活安樂穩定。」

孫中山面色沉靜地說：「正是如此，我才決定回去，希望以自己的微薄之力，喚醒愚昧的同胞，實現改良革命之志。」

韋禮士夫人似乎還是不理解孫中山的志向，搖搖頭，笑著說：「這是國家的事，你區區少年，有什麼能力？我看不如留在檀香山學習，以你的聰明才智，日後肯定能去美國深造，不是更好嗎？」

孫中山堅定地回答：「一年前，我還想著去美國深造，可這一年來，往返之間，我看清了很多問題，也明白了自己的志向所在，所以我不會去美國，我要回香港。」

韋禮士夫人還想挽留孫中山，就聽韋禮士主教走過來說：「這是孫帝象自己的事，我們最好不要過問了。」說完，他帶著夫人和孫中山前去教堂。

沒想到這次做禮拜的事，又傳到孫眉耳中，他逮住弟弟一頓狂訓，並且命人將他看管起來，不許他離開茂伊島。事已至此，孫中山覺得再也無法在此待下去，一天夜裡，他找到李清明，在他幫助下逃離茂伊島，找到韋禮士主教，說明自己的遭遇，希望他能幫助自己回國。

韋禮士主教對孫眉控制弟弟的做法大感吃驚，他二話沒說，拿出300美元做為旅資，資助孫中山回國。

1885年4月，在韋禮士主教幫助下，孫中山購買了去日本的船票，打算從日本轉道回香港。他帶著簡單的行李踏上歸國的航程。從上一年11月到達檀香山，至此不過五個月時間，這次短短的第二次海外生活，對於孫中山來說，影響巨大，也成為他一生革命事業的關鍵。如果放在中國近代史之中，這完全具有里程碑式的意義，因為經過一系列曲曲折折的事故，孫中山終於清楚地看到，自己要想實現對民族改良的願望，最佳途徑就是回到中國，改造中國，從事革命。

第四節 創建民國之志

碼頭所見

孫中山義無反顧踏上歸國航程，輪船尚未起航，聞訊趕來火奴魯魯的孫眉追到碼頭，他極力挽留弟弟，不讓他回去。但是孫中山去意已決，哪肯聽從大哥的勸告。孫眉無奈之下，深感後悔，覺得自己對弟弟太苛責了，把他逼回了祖國，孫中山反而勸慰大哥，說這是他自己的決定，與大哥無關，希望大哥好好做生意，不要再為自己操心。聽了這番言語，孫眉心裡亂糟糟的，更覺難過，為求補償，後來他又給父親寄回鉅款，資助弟弟繼續讀書，但這已是後話。此時，在眾人目送下，輪船徐徐起航，孫中山又開始了新一輪太平洋之旅。

孫中山在檀香山期間，一直密切關注著中法戰爭的新進展。1885年2月，法軍進攻諒山，廣西巡撫潘鼎新不戰而退。十天以後，法軍侵佔鎮南關（今友誼關），因兵力不足、補給困難，焚關而去，退至文淵（今越南同登）、諒山，伺機再犯。當時，清廷70歲的老將馮子材受命幫辦廣西關外軍務，馳赴鎮南關整頓部隊，部署戰守。他聽說法軍將侵犯鎮南關，於是率軍在隘口搶築了一條橫跨東西兩嶺的長牆，牆高七尺、長三里、底寬一丈，牆外深掘塹壕，構築成為比較完整的防禦陣地。果然，3月23日，盤踞諒山的法軍傾巢出動，撲向鎮南關，24日越牆進犯，馮子材身先士卒，率將士們衝出牆外，在陣前激勵他們猛烈搏鬥反擊，最終將法軍擊退，遏阻了法軍對中國邊境的窺伺。接著，清軍乘勝追擊，連破文淵、諒山，將法軍逐至郎甲以南，給東部法軍統帥尼格里以沉重打擊。遭此一戰之後，法軍陷入困境，清軍在中法戰爭中轉敗為勝，取得主動權。法軍戰敗的消息傳至巴黎後，導致茹費埋內閣倒臺，世界輿論大譁。這就是著名的鎮南關大捷。

孫中山在太平洋上顛簸時，正是鎮南關大捷之後，所以他心裡始終考慮著戰事給中國帶來的新轉機。因為從法國發動侵華戰爭後，各方面圍繞和戰問題的外交活動和祕密談判幾乎沒有停止過。鎮南關大捷使中國在軍事上、外交上都處於有利地位，那麼清廷會不會趁此機會一舉擊退法軍，將其趕出國門，取回自己應有的權益呢？在他看來，勝利來之不易，這是良機，也是必須抓住的機會。

然而，出乎孫中山的意料，經過二十多天航程，他在日本下船登岸時，卻聽到了令人震驚的消息。這就是清政府在整個中法戰爭期間，即使在被迫宣戰以後，也擔心「兵連禍結」會激起「民變」、「兵變」，因此始終或明或暗、直接間接地向法國侵略者進行求和活動。李鴻章

等人主張「乘勝即收」，把鎮南關大捷當作尋求妥協的絕好機會，建議清政府立即與法國締結合約。1885年5月13日，清政府任命李鴻章為談判代表，與法國政府代表、駐華公使巴德諾在天津開始談判中法正式條約。6月9日，在天津簽訂《中法會訂越南條約》，即《越南條款》或《中法新約》又稱《李巴條約》，共十款，主要內容是：①清政府承認法國對越南的保護權，承認法國與越南訂立的條約；②中越陸路交界開放貿易，中國邊界內開關兩個通商口岸，「所運貨物，進出雲南、廣西邊界應納各稅，照現在通商稅則較減」；③日後中國修築鐵路，「應向法國業者之人商辦」；④此約簽字後六個月內，中法兩國派員到中越邊界「會同勘定界限」；⑤法軍退出臺灣、澎湖。

李鴻章像

此消息一經傳開，舉國譁然，世界為之震驚，各國報紙紛紛報導此事，以「法國不勝而勝，中國不敗而敗」來評論中法之戰。孫中山在旅途中每每閱讀西報都會讀到這些消息，心情變得非常沉重。等他抵達香港時，清廷已與法國簽訂天津條約，根據條約規定，將越南讓予了法國。孫中山再次看到了滿清愚昧腐敗，喪權辱國的事實，萬分憤慨。

在香港碼頭，處於極度激憤之中的孫中山，看到了國人憤怒反抗、不肯屈服的場景，心情為之一振。原來，中法戰爭期間，香港英國當局揚言英法締結盟約，容許法國的艦隊在香港做一切戰時物資的補給。在香港開設的英國洋行明目張膽與法國艦隊交易，補給煤炭，支援糧食。當時在香港從事煤炭運輸的工人怒不可遏，一致認為英國商人以煤炭物資接濟法軍，搞亂清軍的作戰計畫，不可容忍！於是他們聯合起來，到洋行酒樓鬧事抗議。結果警署立即派出大批軍警到碼頭鎮壓，員警揮動警棍，手扳機槍，兇神惡煞。工人慨然陳詞：我們是受雇洋行的煤礦工人，洋行現在生意興隆，犒功設宴，我們自然應該參加，我們並未違反警律，你們憑什麼對我們施以暴力？經過鬥爭，洋行大班無計可施，工人們在酒樓的反抗之舉取得成功。接著，工人們停止工作，拒絕為法國戰艦輸送煤炭，英國被迫中止為法軍運輸煤炭的計畫。

香港碼頭工人罷工的消息迅速傳遍香港，很多人湧上碼頭，以示助威。頓時，香港碼頭成為新聞聚焦點，各國記者紛紛前來拍照、採訪，關注中國工人的愛國義舉。

孫中山被工人們的舉動感染，深受啟迪，他站在碼頭上，激動地想：看來我回香港回對了，清政府腐朽不堪，已不可救藥，現在正是聯合大眾，傾覆清廷，創建共和新國的時機。多年以後，孫中山在談到自己革命大志時，曾經說起此事，說他從這次工人義舉之中，「始決傾

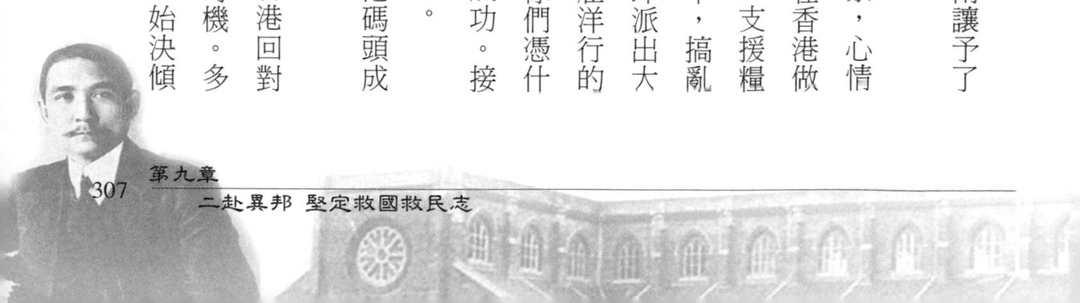

覆清廷、創建民國之志。」

我們不難看出，如果說以前的孫中山所具有的反清意識還比較朦朧，缺乏革命性，但在歷經了斷斷續續持續了兩年的中法戰爭後，他的目標變得清晰起來，他的鬥志更加旺盛，他形成了明確的奮鬥方向，革命理想的種子終於悄悄萌芽了。

下一步打算

為了實現自己的志向，孫中山曾經慎重考慮過自己的職業選擇問題。他一開始打算到陸軍或海軍學校深造，將來可以親臨戰場，建立新政，後來，他又想學習政治法律，因為這兩項對中國來說，尤顯緊迫，是改造中國的重要內容之一。他一邊為未來考慮打算，一邊積極恢復自己在香港中央書院的學習。1885年8月，回鄉不久的孫中山回到了中央書院，繼續自己的學業。

在他復學之前，正是學校放假期間，好友陸皓東、楊鶴齡等人都返回翠亨村，與孫中山相聚敘談。這次相聚，孫中山再次成為朋友們的主心骨，他們日夜相聚，暢談心志，小小的翠亨村裡孕育著中國的新希望，湧現出了推動中國前進的風雲人物。日後，楊鶴齡介紹堂弟楊心如加入他們的團體，楊心如經過鍛鍊，也成為革命的骨幹力量。後人把孫中山、陸皓東、楊鶴齡、楊心如四人並稱作「翠亨四傑」。

在翠亨村短聚的日子裡，孫中山思考最多的就是未來的職業選擇問題。他停學已有半年，下一步該何去何從呢？陸皓東在上海學習電報業，他勸孫中山回到中央書院，畢業後考取大學。楊鶴齡在廣州學習算術，他則認為孫中山聰穎超人，可以直接上所職業學校，學算術、英文等。

孫中山有自己的想法。他的志向在於救國救民，他講述了香港碼頭工人罷工的事，激情滿懷地說：「國家腐朽無能，軍隊太落後，我想學習軍事，現在有陸軍和海軍學校，要是能去那裡深造，學習先進的軍事理論和思想，畢業後不是可以直接參加部隊，透過個人能力提高軍隊作戰水準嗎？」

陸皓東贊同地說：「這倒符合你的心志。有了軍事能力，才有可能領導軍隊，抗擊滿清，建立新型的國家和政府。」看來，他非常瞭解孫中山，難怪孫中山以「道友」稱呼他。

楊鶴齡就有些不贊同：「可是國家的問題不完全在軍隊方面，現在中方勝了，不照樣簽訂屈辱的條約嗎？這是什麼問題？」

這句話提醒了孫中山，他開始重新考慮自己的職業選擇。過了幾天，他想到另一項職業，那就是學習法律或政治。陸皓東和楊鶴齡都覺得不錯，特別是當孫中山提起小時候翠亨村老華僑遇害的事，他們深有感觸地說：「我們國家的法律都是皇帝制訂的，是用來保護滿清貴族

的，我們應該有公正的法律，保護所有人的法律。」他們一致支持孫中山的這個決定。

過了幾天，孫中山帶著這個想法回到香港，先去拜望自己的老師和朋友。在那裡，他看望了區鳳墀、喜嘉理等人，當他談起自己想學法律的事時，喜嘉理表示反對，他認為中國目前缺乏的是科學的生活方式，應該首先引導他們改掉舊習俗，接受先進文明的科技。他舉例說，中國人生病了喜歡到神佛前磕頭，而不去積極求醫問藥。

這倒是孫中山比較敏感的話題，他第一次被大哥趕回國時，就是因為有人病了不去看西醫，而是去佛堂磕頭，他一氣之下將關帝像撕了。現在，喜嘉理的話讓他憶起舊事，感觸很深。就在孫中山猶豫不決時，中央書院的老師和同學聽說他回到了香港，立即透過各種管道聯繫到他，希望他回校復學。原來，孫中山在中央書院雖然時間不長，但他「通天曉」的名聲卻非常響亮，大家對他淵博的知識和聰明的才智印象深刻。去年他輟學去檀香山時，書院的校長都表示了惋惜，對他說只要他想復學，什麼時候都可以回來。

面對熱情的老師和同學，想到前途未定，孫中山決定再回中央書院，回到這個香港最先進的英文學校讀書。這樣，8月，他正式復學，開始了在中央書院第二次的學習生活。

那麼，他對於未來究竟有何種打算呢？

第十章

學習西醫 以醫為媒再救國

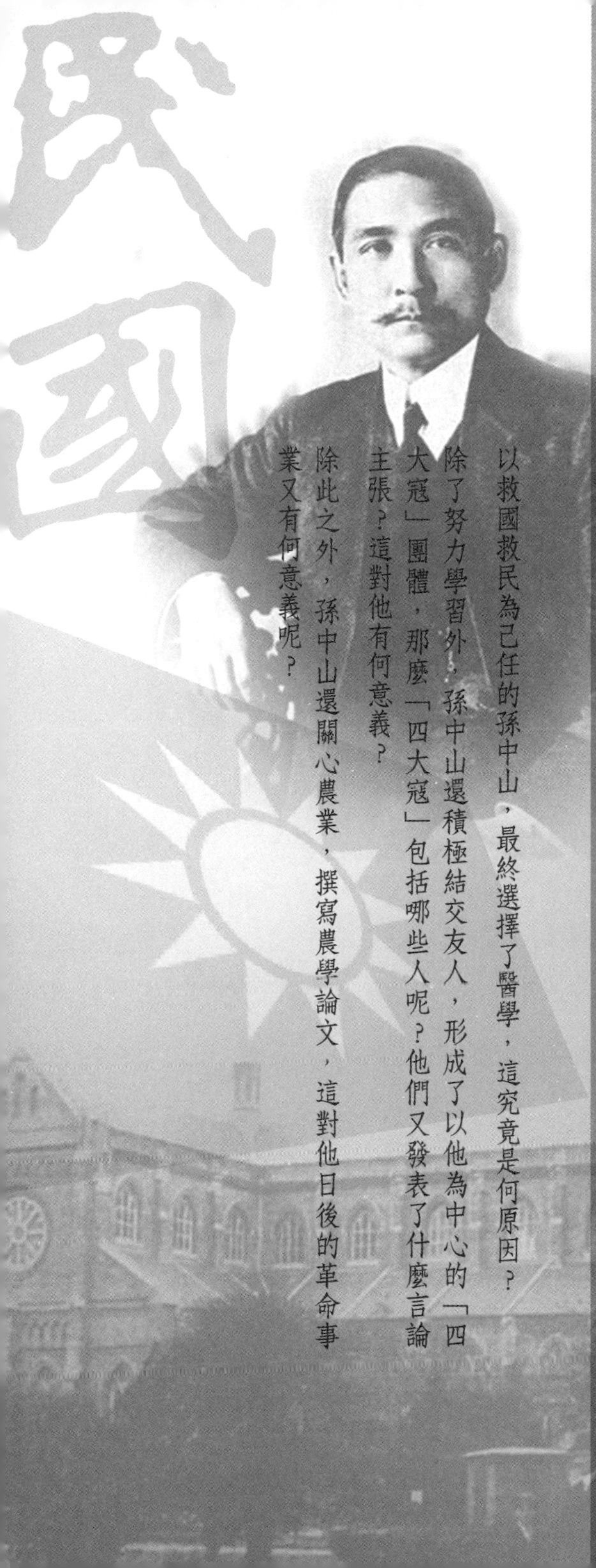

以救國救民為己任的孫中山，最終選擇了醫學，這究竟是何原因？

除了努力學習外，孫中山還積極結交友人，形成了以他為中心的「四大寇」團體，那麼「四大寇」包括哪些人呢？他們又發表了什麼言論主張？這對他有何意義？

除此之外，孫中山還關心農業，撰寫農學論文，這對他日後的革命事業又有何意義呢？

第一節 學醫之路

一次「測試」

1885年8月，不滿19歲的孫中山復學後，開始了在中央書院第二階段的學習生活。這期間內，他除了一如既往地研讀各門課程、關心時政外，腦子裡始終沒有停下對未來職業選擇的思慮上。有一段時間，他總是想起在檀香山時，教會司鐸杜南山曾經以范仲淹的「不為良相，當為良醫」的話鼓勵自己，加上喜嘉理牧師經常對他說起西醫發展的情況，最終決定習醫。

喜嘉理牧師有位朋友叫嘉約翰，是廣州博濟醫院附設醫科學校的校長，他將孫中山推薦給嘉約翰，希望他報考此學校。博濟醫院創辦於1835年，是亞洲最早的西醫院，1855年才開始招生習醫，它所附設的醫科學校又名南華醫學堂。得到喜嘉理推薦後，孫中山幾次北上廣州，到南華醫學堂瞭解情況。這一來一去之間，他和在廣州讀書的楊鶴齡時常相見，當時，楊鶴齡曾經問孫中山為何選擇學醫，學醫與他的遠大志向有什麼關係？孫中山回答：「以學堂為鼓吹之地，借醫術為入世之媒。」可見他始終不忘救國救民的事業，而且心意也更加堅韌。

隔年，孫中山報考南華醫學堂，以優異成績被錄取，開始了自己的學醫之路。在新學校裡，孫中山很快嶄露頭角，以博學強記、才能突出而聞名。在學習醫學知識的同時，為了開闊自己的視野，加深對政治歷史的瞭解，實現自己的志向，開學不久，孫中山就買了一套《二十四史》全集，擱在床頭。有位同學見他床上堆放著不少書，但很少見他閱讀，有一次忍不住嘲笑他說：「呵，你倒很會給自己裝門面，買了這麼多書，夠嚇人的。下次學校比賽誰的書最多，恐怕你要奪冠了。只不過用這些史書擺設，還不如買醫學書呢！擺在這裡的話，會引起大家更多誇讚。」

南華醫學堂

孫中山輕輕一笑，指著書說：「我買書是為了讀，不是為了擺設，更不是為了讓大家誇獎。」

那位同學更樂了：「讀？《二十四史》全集嗎？我不信。」

孫中山沒有申辯什麼，默默走出去上課。同學們見孫中山沒有反駁，都認為那位同學說得對，認為孫中山虛浮好名聲，因此對他多次嘲笑。面對嘲笑，孫中山除了言明自己喜歡閱讀外，也不去過多解釋。這樣過了段日子，有位叫何允文的同學心生好奇，有一天他約著幾個同學到孫中山的住處，隨意從《二十四史》全集中抽出一本，拿在手裡對其他同學說：「孫文說他喜歡讀這些書，說他記住了書上的內容，我今天要考一考他，看他到底答不答上來。」

一幫少年學子齊聲歡呼，想著藉機戲弄孫中山。不一會兒，孫中山從學堂回來，剛剛進屋，就見幾個同學在裡面說話，興沖沖走進來。未等他開口，就聽何允文大叫一聲：「孫文，你別動。」

孫中山嚇了一跳，問：「怎麼回事？」

何允文晃著書本說：「我想問你一個問題，如果你答對了，說明你沒有把《二十四史》全集當擺設，那樣我們以後再也不嘲笑你。如果你答不出來，說明我們是對的，你就該把你的《二十四史》搬出去。怎麼樣？」

孫中山明白同學們的意思了，微微笑著說：「好啊！悉聽遵命。」

所有同學都很激動，他們圍著何允文，催促他快點找出提問的內容。何允文翻來翻去，找到一個較為生僻的內容向孫中山提問，孫中山聽罷，毫不遲疑地說出答案。聽他對答如流，同學們有些吃驚，一人說：「這是碰巧了，何允文，你另換一本書提問。」

何允文從書堆裡又抽出一本，翻閱後尋出問題，孫中山依然回答得流利準確。這下，同學們有些驚奇了。何允文再次換書換問題，連試數冊，結果，孫中山次次對答如流。終於，何允文不再換書，同學們也不再言語，他們目瞪口呆地盯著孫中山，一時不知如何表達自己的心情。

孫中山卻呵呵笑起來，看著同學們說：「怎麼，現在還讓我把書搬走嗎？」

何允文第一個充滿激情地說：「孫文，你真了不起，我佩服你。」

其他同學也圍上來，滿是興奮地表達著對孫中山的嘆服之情。

這次「測試」，使孫中山在同學中的名聲大增，大家不但不再嘲笑他，反而十分敬重他，以他為學習的榜樣，與他關係日漸加深。

孫中山在學校裡威望日高，讓同學們留下極深的印象。這既來自於他優異的學習，也因為他不拘小節，交往甚廣，富有演講才能，胸懷大志，不墮世俗。有位同學曾經這樣描述孫中山當時的情況：「先生（指孫中山）年少聰明過人，記憶力極強，無事不言不笑，有事則議論滔滔。九流三教，皆可共語；竹床瓦枕，安然就寢；珍饈藜藿，甘之如飴。」從中可以看出，孫中山在很多方面，已顯示出卓然超群的特質。

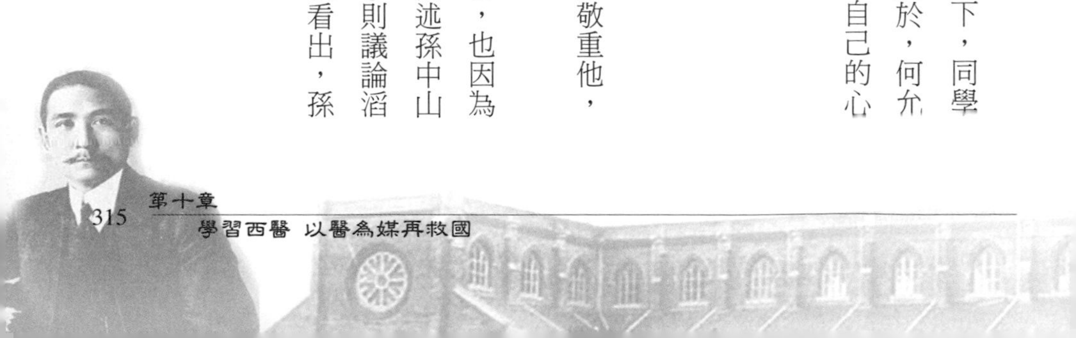

學生應該平等上課

隨著時日增加，孫中山在南華醫學堂的學習逐漸深入。他開始學習一些臨床課程，諸如外科、內科、婦科……等等。這些課程在學習書本的同時，伴有臨床實習，所以學生們經常到博濟醫院去，實地接觸病人，觀察病情，瞭解治療措施。一開始，學生們熱情高漲，學習氣氛十分活躍，特別是每次去醫院，大家都非常認真，希望多學習一點知識，掌握治療疾病的方法。可是不久，在進行婦科實習時，問題出現了。

這天，孫中山和同學們興致勃勃趕往博濟醫院，他們要去進行臨床實習，今天的課程是婦科。當他們走到醫院婦科門口時，就見裡面走出一位洋人醫生，他上前用英語招呼著：「外國男學生站到這邊，中國男學生站到這邊。」學生們面面相覷，不明白這是什麼意思，但還是很自覺分成兩部分，一邊站著外國男學生，一邊站著中國男學生。

看到學生們分隊站好，洋人醫生沒說什麼，帶著外國男學生很快走進婦科。剩下中國男學生愣在當場，他們不解地互相探尋著：「怎麼回事？怎麼不帶我們進去？」有些學生猜到發生了什麼事，低聲說：「學校有規定，中國男學生不准參加婦科實習。」另外一些同學緊張地問：「真是這樣嗎？那我們來幹什麼？」

學生們議論紛紛，孫中山站在隊伍前，心情非常激動，他早就耳聞婦科不許中國男學生實習的事，沒想到果真如此。看來，他們不過是外國男學生的陪行，無法參加實習，不能接觸病人。就在這時，裡面又走出位洋人醫生，說要帶他們去醫生辦公室，學習一下病例。學生這才停止議論，跟著他走了。

孫中山走在隊伍中，心情自始至終沉甸甸的，覺得學校的規定不妥。到辦公室後，醫生講述了幾個簡單病例，告訴他們治療的方法，接著，讓他們學習病例的書寫、閱讀。學生們認真地按照要求去做，卻都很不開心。畢竟，這只是一些表面工作，與實際接觸病情存在著很大差異。

從醫院回學校的路上，中國男學生個個沉默不語，孫中山帶著隊伍前行，心裡更是充滿憤慨，他暗暗決定，回校就去找嘉約翰校長，請他廢除這項不合理規定，還中國男學生自由實習的權利。

想到做到，回到學校後，孫中山既沒有去上課，也沒有回住處，他直接來到校長辦公室，敲響了嘉約翰的門。嘉約翰正在辦公室裡批閱作業，看到孫中山面容異樣地站在眼前，奇怪地問：「孫文，發生什麼事了？」

博濟醫院

孫中山筆直地站著，聲音有些顫抖地說：「校長，我有一事不明，特地來請教您。」

嘉約翰疑惑地注視著孫中山，在他心裡，面前這個中國學生不僅成績優異，而且思想活躍，很有見地，是可塑之才。孫中山入學不久，曾向他提出過一項建議。當時，學校採取男女合班上課制度，但是規定男女學生必須分開坐，在他們中間掛著幔帳隔開。孫中山上過好幾個西式學校，在那裡都是男女同時上課，大家相處如兄弟姐妹，關係融洽，學習並不受影響，所以他看到幔帳覺得十分彆扭，認為這是封建愚昧思想在作祟，於是提出這項制度不合理，請求校方提出撤除幔帳，讓男女學生平等上課。嘉約翰對孫中山勇於直言、思想開化的做法很賞識，經過研究後同意了這條建議。從此，南華醫學堂再也沒有隔開男女學生的幔帳，學校風貌前進了一大步。

今天，孫中山又提出問題，會是什麼呢？嘉約翰校長盯著他，等待他說話。孫中山激動地說：「學校只許外國男學生去婦科實習，而中國男學生被拒絕在外，我認為這樣的規定不合理！校長，從我們學校畢業的每一個學生，將來都要行醫救人，都有可能遇到婦產科病症需要診治，那麼中國學生沒有學到真正的婦科學技術，就有可能貽誤病情，造成傷害。這是對病人不負責任，有違醫生的天職，所以，應當改變這種不合理的規定。」

嘉約翰聽他說完，露出喜悅的笑容，他爽快地說：「孫文，你是第一個提出這項建議的中國學生，很不簡單啊！學校創辦這些年來，不少中國學生來學習，但他們接受了學校的規定，從不去婦科實習，也不提出異議。我一直以為這是你們國家的習俗，也不去深思，你今天提出不滿，我很受感動。」

孫中山依然難以平靜自己的情緒，他說：「國人愚昧，思想保守，他們不肯接受先進的科技，不肯改變，這是造成他們不敢反抗、甘於忍受不公的原因。試想一下，中國男學生和其他學生一起在這裡讀書學醫，本來可以接受相同的教育，要是不去婦科實習，畢業後行醫時，怎麼可能與其他同學相比？一旦遇到婦科病症，又怎麼可能採取先進的西醫來進行診治？從病人的立場出發，不實習就是不負責，就是醫生的失職。」

嘉約翰點著頭說：「好，說得好，行醫救人是醫生的天職，那麼不論男女中外，讓每個學生接受平等的教育就是學校的職責。學生只有接受完整系統的學習，將來才會成為優秀的醫生。」

孫中山見他贊同自己的主張，心情好轉，高興地說：「校長，我認為學校不僅要教授先進的科技，還要推行先進的教育思想，使每位學生從觀念到技術都有所進步，這樣才會培育出真正的人才。」

嘉約翰驚喜地說：「孫文，沒想到你年紀不大，思想卻這麼深刻，難得，難得。」經過這次談話，他更加確定自己對孫中山的認識，知道他在學業以外，還有更遠大、更宏偉的抱負。

很快，嘉約翰就把孫中山的建議反映到校方董事會，經過決議，校方同意了這項提議，廢除不許中國男學生到婦科實習的規定。從此，南華醫學堂實現了嘉約翰所說的「不分男女中外，所有學生都接受平等教育」的承諾，為中國培養了一大批早期優秀的西醫工作者，特別是促進了中國婦科的發展。

南華醫學堂的中國男學生得知這個消息後，無不擊掌相慶，他們對敢作敢為的孫中山更加佩服，提議請他出去吃飯。孫中山卻淡淡地說：「中國需要改造，這只是其中一小部分。你們要想感激我，還不如趕緊行動起來，為改造身邊的陋習奮鬥呢！」

同學們這才明白孫中山的志向竟然遠遠超出醫學範圍，學醫只是他藉以改造中國的一條途徑。日後的事實也顯示，孫中山雖然身在醫學，但他心繫天下，不忘蒼生，就是在學校學醫過程中，他也做了兩件與醫學無關的大事，而這兩件事恰恰是他志向的表露，與他日後的革命大業息息相關。

第二節 反清「四大寇」

為鼓吹革命再次轉學

孫中山在廣州學醫的一年間，結識了不少好友知己，這些人受他影響，逐漸成長為反抗清廷，勇於改造中國的革命人士。可見，從那時候起，孫中山就開始在朋友和大眾中進行比較激進和徹底的救國思想宣傳工作。這正是他在學醫之外做的第一件大事。

孫中山有位同學，名叫鄭士良，他從小練習武術，不愛詩文，多與江湖人士來往，不善學習之道。他曾經在德國教會辦的禮賢學校讀書，也加入了基督教。進入南華醫學堂後，他依然喜歡打打鬧鬧，結朋交友，到處遊蕩，很少靜心學業，但他卻被才智出眾、富有正義感的孫中山吸引，經常追隨其左右，聽他講述各種知識和救國理想。每當孫中山發表言論講說，他都細心傾聽，聽到會心得意處，不禁手舞足蹈，哈哈大笑。有一次，孫中山講了一段，看到鄭士良滿臉笑意，就問他：「鄭士良，你為什麼不愛讀書，不去看報，整天遊遊蕩蕩，無所事事？」

鄭士良一副認真的表情，爽朗地回答：「我自從聽你講說以來，經常有種想法，覺得沒有新思想的人不能做成大事，我一直想找一個這樣的人，與他共成大業。現在我確定你就是這樣的人。所以我很開心。」從此，這對同窗成為莫逆之交，出入相隨，不離左右。後來，鄭士良一直追隨孫中山進行革命大業，成為他最可靠的幫手之一。孫中山對鄭士良

鄭士良像

的評價也很高，說他「為人豪俠尚義，廣交遊，所結納皆江湖之士，同學中無有類之者」。

鄭士良富有俠義之心，喜歡打抱不平，有一次他和孫中山外出買東西，路過一家書店時，看見官吏們在裡面又砸又搶，十分野蠻。他們氣不過，進去與官吏們理論。官吏看見進來兩個學生，拿槍動刀地嚇唬他們，鄭士良武功在身，哪怕這個，抬拳踢腿就把他們打了。這下惹了麻煩，官府追查到學校，強令校方開除鄭士良，孫中山挺身而出，到官府為鄭士良說理，痛斥官吏們的暴行，指責官府袒護之罪。官府不把孫中山放在眼裡，不但不收回命令，反而威嚇說要一併開除孫中山。

嘉約翰校長得此消息，親自出面，這才留下了鄭士良和孫中山。鄭士良滿懷憤慨：「官吏太壞了，等我召集一幫朋友來教訓他們。」孫中山卻看得很明白：「這樣做沒有用，你想，整

個政府都已經腐敗透了，就像病入膏肓一樣，簡單地教訓其中一、兩個官吏能起什麼作用？」鄭士良多次聽孫中山演說救國之志，頗有感悟地說：「這麼說，政府腐朽透頂，已經無可救藥，不該繼續敬奉它，聽從它，而是要積極與它對抗，對嗎？」孫中山欣喜地說：「對啊！你說得太對了。朝廷腐朽，不值得尊敬，應該有新的力量來取代它。」他滿心喜悅，因為鄭士良終於從狹隘的個人義氣之中認識到整個民族的危亡，進而關心國事，看來自己對他演說的救國理想起了作用。鄭士良的覺悟提高了，孫中山覺得對自己是一大激勵。

這次事件對孫中山還造成另外一大觸動，那就是讓他強烈感受到廣州和香港不同的政治氛圍，覺得此地不利於自己的志向發展。經過深思熟慮，一年後，孫中山正式提出回香港讀書的打算。嘉約翰校長雖然非常賞識孫中山，不願他離去，但得知他的去意和決定後，還是尊重他的選擇，並積極為他聯繫新學校。這樣，1887年7月，孫中山得到香港西醫書院（麗雅英文醫學書院）教務長康得黎博士許可，轉學到了香港西醫書院。

香港西醫書院是曾留學英國的何啟博士為紀念亡妻而創

西醫書院

辦，學院移植英國醫科大學五年學制，學科設置先進，學習環境優越。這所學校有四個名譽贊助人，其中一位就是清廷重臣李鴻章，李鴻章當年還曾在信中稱讚這個學校：「將使知識由黑暗轉為光明。」正是這個緣故，幾年後，孫中山還曾上書李鴻章，提出改良中國的策略。

多年後，孫中山在談到這次轉學時，直言不諱其中原因：「香港醫校的學科設置更先進，環境又比較自由，可以鼓吹革命。」可見他依然把改造祖國當作首要志向和任務。

在香港西醫書院，孫中山很快贏得康得黎博士器重。康得黎博士是西醫書院第二任教務長，他對孫中山給予厚望，被他優異的學業和追求民主的思想深深感染，稱他是學校開辦以來最優秀的學生。當時，適逢達爾文去世五週年，進化論在歐洲乃至世界產生了廣泛的影響，遠在東方古國的孫中山因為涉獵廣泛，博覽群書，關注天下，也深受這些嶄新的、先進的思想影響。他在功課之餘，經常讀《進化論》或《法國革命史》，每每被其先進的思想和理論所吸引，閱讀至深夜。到了白天，他又會在同學好友間議論暢談，聯繫中國實際進行分析演說，革命理想進一步強化和堅固。

「四大寇」的故事

回到香港以後，孫中山在較為寬鬆自由的環境裡，繼續宣揚著改造祖國的大志。這時，與他交往最為密切的有3人，分別是楊鶴齡、尤列和陳少白。為了方便議論政事，孫中山與楊鶴齡商量，在他家開設的楊耀記裡獨闢一樓，做為聚會言論的地點。他們4人志同道合，只要有時間就相聚高論，暢談革命之志，宣揚「勿敬朝廷」的理論。後來，孫中山用「非談革命則無以為歡」來形容他們當時聚會的情景。人稱他們為反清「四大寇」。那麼，他們4人是如何走到一起的呢？「四大寇」之名又是如何來的？

孫中山與楊鶴齡早就相識，這一點毋庸贅述。在廣州期間，孫中山又認識了尤列。說起尤列，他是廣東順德縣北水鄉人，字令香，別字少袴，號小園。幼年時，他跟隨同鄉著名儒士陸南朗讀書，陸

1888年10月，孫中山在香港西醫書院學習時與友人的合影，前為「四大寇」，左起楊鶴齡、孫中山、陳少白、尤列，後排是友人關心焉

南朗有著強烈的民族意識，每每談及宋朝和明朝亡國歷史時，總是熱淚盈眶，悲傷不已。受他影響，尤列自幼對滿清懷有成見，長大後，遊歷過許多地方，對清政府的昏庸腐敗更加痛恨不已，反清意志更加堅定。

孫中山在廣州時，尤列也在廣州讀書，有一天傍晚，孫中山和鄭士良上街，正巧遇到賣荔枝的，鄭士良就挑了一些，打算帶回去吃。可是他們忘了帶錢，就吩咐賣荔枝的小販第二天去學校拿錢。小販不答應讓他們賒帳，鄭士良就與他爭吵起來。孫中山勸架不止，恰好尤列路過，見此情形，就替他們付款結帳。自此，孫中山與尤列相識，並邀請他一起趕回學校。這天晚上，他們幾人以水果當飯，邊吃邊談，十分投機。此後，孫中山與尤列經常來往，談政治，論時事，共同抒發對滿清的不滿，展望西方民主國家的美好前景，兩人遂結成志同道合的朋友。

不久，尤列進入廣州算學館讀書，又與楊鶴齡同學，他們兩人都與孫中山相熟，因此常常結伴去找孫中山談心。等到孫中山轉回香港西醫書院後，他們兩人每旬都從廣州返回香港，與

陳少白像

孫中山在楊耀記小樓相聚。

再說陳少白，幼名聞韶，號夔石，筆名黃溪、天羽、無咎，是廣東新會縣外海鄉（今屬江門市）人。他六歲入私塾讀經，天資聰敏，勤奮好學，習字、念書、學寫詩文均是同窗中的佼佼者。少白少年時，他三叔陳夢南經常攜多種西文譯本新書給他閱讀。少白從中看到世界局勢的變化，並接受了西方先進的民主思想啟蒙。時值美國教會哈巴牧師來廣東開辦廣州格致書院（即嶺南大學前身），1888年開始招生，少白第一個報考，被錄取入學。不久，陳少白在廣州受洗禮入教，成為基督教徒。

年少的陳少白身長玉立，豐姿俊美，才思敏捷，詩詞歌賦、琴棋書畫無不精通，在同學中素有「才子」之美稱。他經區鳳墀介紹聽聞了孫中山的名聲，後來從廣州來香港便專門去拜會他。孫中山見陳少白風度翩翩，才學高雅，有思想，有志向，兩人談論時局和民主思想，感覺頗為投機，大有相見恨晚之感。

當時，陳少白家境日衰，他想從廣州轉學香港，在此半工半讀。孫中山勸陳少白在香港學醫，與自己同校共讀。陳少白覺得自己對醫學很陌生，沒有即刻答應。孫中山憐惜人才，又與陳少白志趣相投，因此自作主張，替他報了名，把他引薦給了教務長康得黎博士。

陳少白糊里糊塗見完了康得黎博士，還莫名其妙，不知道發生了什麼事。後來，他聽說康得黎博士允許他去西醫書院讀書，才知道是孫中山的主意，打算埋怨孫中山，孫中山卻笑著

說：「你到西醫書院讀書，我們不是可以多交談，勤來往嗎？以後，也省得你我奔波相見之苦。」

陳少白這才明白孫中山的打算，也笑起來：「學校是言論自由的聖地，看來這話沒有錯，現在你是師兄，以後我要多請你賜教啦！」

孫中山說：「你我是志同道合的友人，彼此平等，不能以師兄師弟稱呼。」此後，孫中山又把陳少白介紹給楊鶴齡和尤列，4人情志相同，一見如故，自此，楊耀記小樓上又多了位思想進步的革命少年。

康得黎像

4位胸懷大志的年輕人時常相聚在楊耀記，有時候遇到颳風下雨，他們乾脆躺在一起，通宵達旦地暢談，縱論天下大事，抨擊滿清的黑暗統治，籌謀中國前途。不久，孫中山提出一個口號來激勵幾人的革命決心，這個口號就是「驅除滿人、實行大同、四人一心、復國是從、至死不渝、務求成功」。陳少白3人深表贊同，心意更加堅決。

在他們激進的言論中，最強調的一點就是「勿敬朝廷」，他們宣揚清廷的種種黑暗和腐朽統治，號召大家起來反抗朝廷，追求新思想，追求解放。有一次相聚時，4人縱談之後，孫中山突然想起一事，說：「洪秀全未成而敗，清人貶之為寇，而我們4人的志向正如洪秀全一樣，那麼，我們4人倒成了清廷的『四大寇』了。」在人們慣常的思維中，反對朝廷不是匪就是寇，所以他說他們是「四大寇」。

陳少白3人為之呼應，莫不欣喜點頭認同。「四大寇」的稱號由此傳播開來。

當時，「四大寇」的言行引起很多同學和外人關注。有時候有些同學也來楊耀記小聚，聽了他們的言論會非常震驚，坐臥不安，但他們四人卻毫無忌憚，說笑自如，如同聊平常事。

有位叫關景良的同學，偶爾去過楊耀記，他聽了「四大寇」的言論後，深受吸引，思想有所變動。關景良的母親是香港西醫書院的老師，非常器重孫中山，她聽說兒子與孫中山交往密切，而且時常議論天下大事，志向遠大，有一次，她就問孫中山：「你志高言大，想做什麼官？廣東制臺嗎？」制臺是清廷駐外省最高級官員的名稱。

孫中山搖頭說：「不，我從來沒有想過要當制臺。」

關景良的母親有些詫異，又問：「那你想做欽差大臣嗎？」

孫中山再次搖頭否認：「不，我也沒有想過要做欽差。」

關景良的母親更驚訝了，脫口說道：「那你是想做皇帝！」

孫中山依舊否定了這個問話，說道：「我都不想！我只是想推翻滿洲政府，還我漢族山

河。這樣的事業比做皇帝更高大！」

關景良的母親為之訝然，從此，她把孫中山比喻為「孫悟空」，以此形容他勇於反抗統治，不怕艱難險阻的鬥志。

孫中山的志向也是「四大寇」共同的志向，他們極力呼籲大家「勿敬朝廷」，可看做是一場歷時長久的言論革命。「四大寇」之一的楊鶴齡非常懷念這段經歷，為自己在澳門水坑尾巷14號的居所取名「楊四寇堂」。那時，孫中山在澳門行醫，「楊四寇堂」也就成為了他們新的聚會之地。

第三節 宣導農村改革

兩次請命修路

除了積極宣揚反清思想，號召大家「勿敬朝廷」，進行言論革命外，孫中山在學醫期間，還做了一件與學習無關的事，這就是積極宣導農村改革。

孫中山出生在農村，瞭解農村，他知道中國是一個農業國家，農村人口佔有著絕大比例，農村的愚昧落後不改變，中國就談不上進步。那麼，要想改革中國，農村應當首當其衝需要改進。其實，他在第一次從檀香山返回時，帶領著夥伴們修築道路，架設路燈，就是他身體力行的改革行動之一。只不過那些行動比較幼稚簡單。不過從中我們也可以看出他積極改造農村的決心和想法。

現在，孫中山在香港，離翠亨村比較近，每年都要往返幾次。他看到相距不遠的兩地差異甚大，感慨地想：「香山、香港相距僅僅五十里，可是兩地比較一下，情形迥異，香港整齊而

安穩，香山卻相反。這是為什麼呢？為什麼洋人能在七、八十年間在一個荒島上建立如此偉大的業績，而中國以四千年的文明，悠久的文化，卻沒有一處地方能夠比得上香港，這是什麼原因？」

時常思索之下，孫中山開始悄悄勾勒改革家鄉的草案。1888年前後，孫中山的父親孫達成病重，他大哥孫眉返鄉照料父親，其時，孫中山也常在鄉里。從1885年孫中山借錢回國，如今已有三年。三年來，孫眉不斷寄回鉅款資助弟弟學習生活，孫中山感激大哥相助之情，也清楚大哥管教自己的好意，兄弟之間的矛盾早已化解。孫眉看到弟弟日漸成熟，學業和生活比較安穩，也很高興，算起來從孫中山5歲時，孫眉就外出闖蕩養家糊口，為弟弟的成長傾注無數心血。孫中山從9歲入私塾，直到

孫中山與家人在老家的合影

1892年從香港西醫書院畢業，前後接受中西教育達十七年，尤其在檀香山和香港所受的西式教育，對他的一生事業產生極為深遠的影響。而孫中山無論在檀香山、香港還是廣州，求學所用資費全部都由孫眉支付，後來，孫中山從事革命活動，到檀香山組織興中會，孫眉在弟弟感召下，已經清楚革命事業的發展大勢，從早年的反對轉變為最堅定的支持力量，先後共拿出了70萬美元支援革命，最終幾乎傾家蕩產，而辛亥革命後不到兩年，他就去世了。從這一點來講，孫眉，一位站在孫中山身後，為其成長和成功付出巨大的人，功高無量。

1888年3月24日，孫達成病逝，孫眉兄弟安葬完父親後，分手告別。孫眉遠赴檀香山繼續生意，孫中山回歸香港讀書。這次居留家鄉期間，孫中山多次勸說村中長老，希望他們多做此改良鄉村面貌的工作，比如修橋、修路等，方便鄉人生活。村裡長老看到孫中山安心醫學，有了出息，對他少年莽撞的行為大都不再計較，但聽了這些建議，依然搖著頭說：「村裡都是清苦人家，上哪弄這麼多錢做這些事。算了吧！」

孫中山知道他們不肯出力，於是勸說大哥拿出部分資金，又找到在海外做生意、家有資產的人家，籌集款項，準備為村裡修築道路。這件事情得到孫眉支持，在孫中山主持下，翠亨村又開始了修築道路的行動。可是此事進展並不順利，當道路修到鄰近村子時，兩村之間因為地界劃分起了糾葛，互不相讓。孫中山年輕，又常年不在家，缺乏聲望，鄰村人對他不瞭解，而翠亨村長老又不肯出面調停。這樣，修路計畫被迫停止。

可是，倔強的孫中山並沒有因此放棄改革家鄉的想法，他立即起草文章，書寫修築道路遇到的問題，親自跑到香山縣衙，將其呈請於縣令，希望縣令予以解決。香山縣令一貫昏庸，很少關心鄉民生活，但他見到孫中山後，見他莘莘學子，愛鄉心切，不免同情，等到閱覽孫中山書寫的文章，感其文筆優美，計畫精細，於是高興地說：「香山縣近些年多出人才，要是他們都像你一樣為家鄉建設出力獻策，本縣定會大為改觀！」

孫中山說：「愛國愛鄉是人之常情，只要政府多給予支持和幫助，相信大家都會盡心盡力，不負所望。」

香山縣令倒也冠冕堂皇地答應了他的請求，准許說等到下個假期時，定會出面幫助孫中山實現修路計畫。

不久，孫中山在父親病逝後返回香港，他見到楊鶴齡等人後說起此事，他們都說：「官府不為百姓修路築橋，收取的稅金都跑到哪去了？縣令倒會做人，答應幫忙解決糾紛，他怎麼不出錢呢？」

孫中山一心等待下個假期，希望能說服縣令撥些資金支持修路計畫。令人意想不到的是，到了下個假期，孫中山滿心喜悅返回香山，帶著新的修路計畫急匆匆趕往縣衙時，卻發現事情出了變故。曾經答應幫助孫中山的縣令被撤換了，新上來一個縣官，對孫中山不理不睬，拒不承認修路的事。孫中山非常煩惱，悶悶不樂地退出縣衙，思索著新的辦法。當他走到大街上時，有人上前拉住他悄悄說：「我的老家離翠亨村很近，我聽說你籌款修路的事，很受感動。我侍奉過先前那個縣令，現在他調走了。如今新上來的這個，是花了五萬元買的官，正急著搜刮錢財補貼自己呢！不會為百姓做事的。你就死了這條心，趕緊回去吧！不要在這裡招惹麻煩了。」

得此勸告，孫中山方才明白自己的計畫無復希望。他熱心家鄉建設，並暗地勾劃試圖以一鄉之建設而後逐步推廣的計畫，但在當時社會環境下，他的努力只能處處碰壁。

致鄭藻如書

孫中山在家鄉倡議建設，屢遭失敗。但這不能阻止他熱心鄉村改革的想法，他在廣泛學習西方政治、軍事、歷史、物理的同時，遍閱農業專門書籍，撰寫農學論文，探討地理與生產的關係。

有一年假期，陸皓東返回香港，看到孫中山正在撰寫農學論文，很好奇地問：「你為什麼寫這些東西？這與革命事業有關聯嗎？」

孫中山說：「當然有。我們推翻滿清，不就是為了讓百姓過好日子嗎？以中國現狀，農村生活極其落後貧窮，怎麼改良才能讓農村變得富強起來，讓農民生活安樂，這可是大事。如果

農民生活不改變，推翻滿清和建立新政就是一句空話。」

陸皓東深有所悟，也埋頭攻讀農學書籍，與孫中山一起討論農學論文。經過努力，孫中山書寫了不少優秀的農學文章，陸皓東建議他投稿發表，但孫中山卻另有打算。原來，1888年，香山濠頭人鄭藻如因病居鄉，他是香山的名人，是官位顯赫的洋務官員，曾出任清駐美國、西班牙、祕魯大臣，聲名赫赫。孫中山為了切實宣導鄉村改革，將寫好的文章整理成書信，投寄給了鄭藻如。在信中，孫中山指出自己的家鄉「農桑不振，鴉片為害」，「吾邑東南之山禿然不毛，本可植果以收利，蓄木以為薪，而無人興之」，提出應該在香山興農桑、禁鴉片、辦教育的主張，並「從此推而廣之」。不久，《濠頭月刊》將這封書信刊登出來，題為《致鄭藻如書》。文章提出的興辦農學會、宣導農桑、禁絕鴉片、普及教育等治國主張一時成為愛國人士議論話題。他們都沒有想到，這篇切合時弊，顯露鋒芒的農學政論文章竟然出自醫科學生孫中山之筆。

鄭藻如像

《致鄭藻如書》發表後，孫中山一發不可收拾，連續撰寫了多篇農學論文，其中《農功》

和《商戰》兩篇引起鄭觀應注意。鄭觀應是香山三鄉人，是一位維新思想家，多與維新派人士來往，積極提倡改良中國。因與孫中山同鄉，兩人多有交往。鄭觀應欣賞年輕有為的孫中山，對其積極改造鄉政，提倡建設，熱心農業的行動尤為認可。他聽說孫中山撰寫農學論文後，對他說：「我要編輯一本《盛世危言》的書，你有好文章可以拿來。」孫中山即把自己撰寫的《農學》和《商戰》交給他。鄭觀應看罷，驚訝地說：「一個西醫學生，對於農學和商業竟有如此深刻的見解，能夠提出這麼詳盡的改良計畫，真是不簡單！」他稍加潤色，將這兩篇文章收入《盛世危言》之中。

鄭觀應像

鄭觀應維新改良的思想在當時非常熱門，影響了很多熱血青年，孫中山在與他密切接觸過程中，深受影響，對其日後的革命事業，以及三民主義的形成都產生一定作用。

說起三民主義，其中宣導的民生主義，是孫中山改造中國社會經濟制度的基本綱領，內容裡必然涉及到農業問題，孫中山明確將平均地權放在第一位，並且詳細提出地權劃分問題，以及農業改革辦法。相信這些內容的提出和完善，都得益於他年輕時期對於農業的關注，閱讀的農業書籍，以及撰寫的那些農學論文。

可以看出，在西醫書院讀書的孫中山正經由言論和實際行動，一步一步努力地進行著自己改造中國的宏偉計畫。那麼，所做的這些事情真的能夠改造中國，實現他的理想嗎？他還有哪些計畫要去想，要去做？

試製炸藥

當時，孫中山還做了一件事，可看做是他為革命做的準備工作。

這年假期，陸皓東返回香港，和孫中山結伴回鄉。他們當然依舊關注時局，談論反清之事。有一天傍晚，他們在村口散步，議論著法國大革命的事。陸皓東說：「革命少不了打仗，光靠言論是不行的。」孫中山深有同感，望著遠山幽幽地說：「是啊！言論不足以打擊舊政，推翻壓迫，武力是解決問題必不可少的途徑。」看來，他對革命事業的理解越發深刻和實際了。

陸皓東抬腳踢起一塊石子，在空中劃了一道優美的弧線，落進村頭的溪流不見了。他追著石子跑了幾步，回頭說：「我在去上海的路上見過戰爭場面，炮火硝煙令人膽寒。我有個朋友曾經參加過戰鬥，他說最怕洋人的炸藥了，威力太大，一下就能把很多人炸上天。」

被炸裂的「瑞接長庚」

孫中山靜靜地聽著，突然有了新想法，說：「我有辦法了，我們何不趁現在試製炸藥，以備將來之用？」

陸皓東瞪大了眼睛，一動也不動地看著孫中山，似乎沒有聽懂孫中山說的話。孫中山接著說：「我從書本上瞭解過炸藥的製作程序，很簡單，只要購齊用物，製作不成問題。」他越說越激動，腳步飛快，竟把陸皓東遠遠地落在後面。陸皓東快步追上來，喘著氣說：「這太危險了，你有把握嗎？」

孫中山頭也沒回，大聲說：「只要敢試，就有把握。」

就這樣，孫中山和陸皓東返回香港購置製作炸藥的用物，然後回村試製。不久，第一顆炸藥試製成功，他們興奮地拿到村外做試驗。結果，炸藥轟燃震天響，把村口樹立的「瑞接長庚」村門炸裂了一道紋。直到今天，翠亨村還樹立著這塊炸裂的村門，以紀念革命先人們勇為天下先，不畏險阻的鬥爭精神。

不久，學校開學，試製炸藥之事也就暫時擱置下來。不過，從這件事可以看出，孫中山在當時已經有了用武力對抗滿清的想法。

儘管孫中山做了不少與醫學無關的事，但他在香港西醫書院的學習生活還是比較穩定的，而且成績一直相當優異。1892年7月23日，孫中山在香港西醫書院畢業。我們從西醫書院成績簿上可以看到，從創辦到1913年併入香港大學停止招生為止，在統考的12門科目中，獲得10門以上榮譽成績的只有兩位，孫中山即是其中之一，而綜合成績最優異的只有孫中山一人。

孫中山少年時期在夏威夷的學習和生活經歷，讓他萌生了一個最樸素、最單純的想法，那就是讓自己的同胞也過上和平、安樂的日子。在香港前後五、六年的讀書歲月裡，他逐漸成熟，對於改造國家的問題產生進一步的思想和認識。整體來說，孫中山對於中國的擔憂在步步加深，對於中國的未來也產生過一些膚淺的想法，不過，他雖然激烈地主張推翻清政府，但用什麼方式推翻，以及要建立什麼樣的漢族政權等，並未形成清晰的想法，也就是說他具有強烈的反滿反封建，期望恢復漢族政權的思想，但是要想實現，還需要付出艱苦的思索和努力。

就此而言，孫中山曾經這樣描述「可知我之革命思想，完全得之香港也」。我們可以從中看出香港讀書生涯對於孫中山革命事業的影響。這也是他在大學畢業之後，決定拋棄其「醫人」生涯而從事「醫國」事業的根本原因。

第十一章

棄醫革命 推翻帝制建民國

孫中山一個學醫之人，究竟是如何走上革命之路？而他創建革命組織，發動一次次武裝起義，最終推翻了二千多年的封建帝制，將末代皇帝趕下寶座，創建民主國家，更是充滿了傳奇色彩。

在最後一章中，我們將選取幾個有意義的故事，簡單敘述一下孫中山成就革命大業的過程，以及他一生的功績，以此來讓我們共同緬懷先輩，激發奮鬥的勇氣和力量。

第一節 鏡湖俠醫

澳門第一位中國西醫

1892年7月，孫中山從香港西醫書院畢業，結束了自己的學生時代。此時他已26歲，接受了近二十年中西教育，思想激進，學業有成，滿腔熱忱，胸有壯志，正是風華正茂的大好青年。因他成績優異，才學突出，曾經得到香港總督羅便臣的推薦，把他推薦給北洋重臣李鴻章。李鴻章是西醫書院的名譽贊助人，也是清廷提倡洋務運動的主要大臣，改良派人物。年輕的孫中山雖言論激烈，思想激進，但他依然對保守的改良思想存有幻想，還沒有形成徹底的先進民主革命思想，也可以說正處於兩種思想轉變的時期。所以，他對李鴻章還抱有一線希望，便欣然答應前往京城。

結果，孫中山來到廣州，領取晉京的牌號時，發生了意外。兩廣總督見他是個年輕學子，出生寒微，又無背景，身無寸功，有些瞧不起他。與他進行一番談話後，認為他思想西化，不敬朝廷，對他更加苛責。加上孫中山一身正氣，不肯巴結逢迎總督，不肯放棄個人的理想和追求，遭到總督左右刁難。在廣州滯留一段時日後，孫中山看清這件事情的真相，認為兩廣總督的行為如同整個清廷一般無二，都已腐敗至極，不值得尊崇和效力。於是，他憤然返回香港，更加激發了反抗腐朽的滿清，創建共和國家的情緒。

回到香港後，孫中山得到澳門華人紳士邀請，請他到澳門行醫。澳門有家傳統的中醫院，由澳門、香港及海外華人中的知名人士共同出資倡辦，名叫鏡湖醫院。楊鶴齡的妹夫吳節薇是澳門富商，也是鏡湖醫院的投資者之一，他極力邀請孫中山到鏡湖醫院，孫中山答應了他的邀請。9月，受聘到鏡湖醫院，開始了自己的職業醫生生涯。

鏡湖醫院是中醫院，採取中醫中藥治療病人。孫中山進入醫院後，看到這種情況，即找到醫院管理者，提出自己的主張：「中醫雖可取，但缺少現代科學知識，應該在醫院中推廣西醫西藥，這樣才能惠及病人，提高治療效果。」

醫院管理者經過慎重考慮，把採用西醫治病的任務交給孫中山，讓他推廣西醫西藥。在澳門歷史上，雖也有洋人醫生採取西醫方法治病，但是中國醫生都是採取中醫治病，面

鏡湖醫院舊景

對第一個採用西醫治病的中國醫生，一時間引起很大轟動。

在孫中山的努力下，鏡湖醫院開設了西醫科，其中外科、肺病的診治率大大提高。而且，孫中山為自己制訂了一條規定，凡是出診「不受分文，以惠貧乏」。這種贈醫行為大受歡迎，行醫幾個月，孫中山已經成為澳門街頭巷尾都在議論的名醫，名聲鵲起，前來找他尋醫問藥的病人絡繹不絕，他常常每天工作十幾個小時，有時候睡至半夜，也有人來敲門喊他出診。

然而，孫中山沒有滿足於此，他在廣泛接觸病人的過程中，看到很多窮人生活清苦，根本無錢看病買藥，只能默默忍受疾病的折磨，其狀慘不忍睹。他心生悲憫，決定開設一家惠民醫院，免費為看不起病的人治病送藥。在這種想法驅使下，他多次向醫院提建議，並積極活動，尋求資助者。幾個月後，在吳節薇幫助下，孫中山從鏡湖醫院借款1,440兩白銀，於草堆街創辦了個人

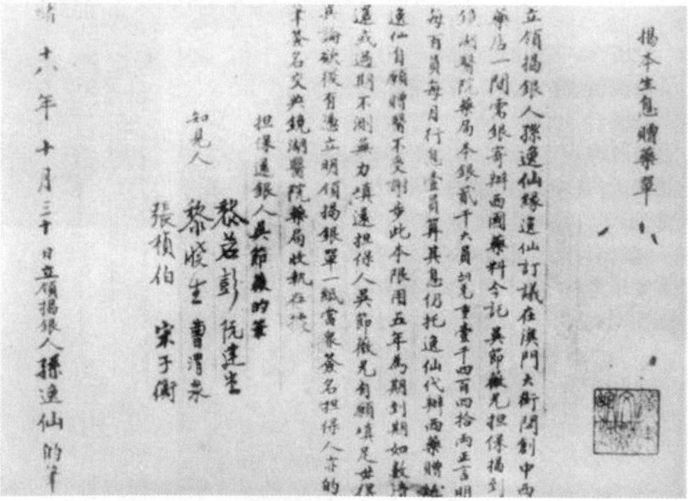
揭本生息贖藥單

立領揭銀人孫逸仙緣逸仙訂議在澳門大街開創中西
藥局一間需銀寄辦西國藥料今託吳節薇兄担保揭到
鏡湖醫院藥局本銀貳千大員訂明重壹千四百四拾両正言明
每百員每月行息壹員算其息仍托逸仙代辦西藥贈送
逸仙自願贈醫不受酬步此本限用五年為期到期如數清
還或過期不測無力填還担保人吳節薇兄自願填足毋得
異論欲後有憑立明領揭銀單一紙當衆簽名担保人亦的
筆簽名交與鏡湖醫院藥局收執存據

担保還銀人吳節薇的筆

知見人 黎若彭 阮建堂 黎晙生 曹渭泉 張禎伯 宋子衛

光緒十八年十月三十日立領揭銀人孫逸仙的筆

孫中山籌建中西藥局的借款單據

的診所，取名中西藥局。

開辦中西藥局後，孫中山致力於實行自己的計畫，展開向貧窮者贈藥贈醫活動。時人受惠，稱頌孫中山贈送的藥物「中西聖藥，神乎奇蹟」。孫中山俠義的舉動引起很大反響，不久，尚未從香港西醫書院畢業的陳少白輟學來到澳門，與孫中山一起行醫救人。

在這段時間內，孫中山不僅推行西醫，還重點研究中醫學和飲食營養，打算從飲食保健入手，提高國人身體素質，達到拯救蒼生的目的。在他努力下，中華醫學開了中西醫結合的先河。在當時，他發明推廣了好多中醫飲食藥方。其中「四物湯」就是非常有名的一例。

「四物湯」本是中醫補血、養血的經黃藥方，方用當歸、川芎、芍藥、生地四味藥組成。孫中山根據國人飲食習慣，以四種素食為原料，搭配成新的「四物湯」，與中醫的「四物湯」大相逕庭。新「四物湯」用黃花、木耳、豆腐、豆芽這四種食物組成，是他研究飲食營養的成果。

為了推廣自己的飲食營養藥方，孫中山身體力行，每味新方都要親自嘗試食用。當時，他多次食用新「四物湯」，陳少白等人曾經問他此方的妙處，他回答：「黃花菜又名金針、萱草，含有豐富的鐵、纖維素和維生素A，具有利尿、涼血等功效，可以治水腫、砂淋、衄血、便血等症，又能健胃、補脾、通便。木耳則富含蛋白質和多種維生素及鈣、磷、鐵等物質，具有養血、活血、收斂等作用，是血痢、痔瘡等患者良好的食品。豆腐與豆芽是我國發明的豆製

品，具有營養豐富、價廉物美的特點，它們不僅完全保留了大豆中所含的蛋白質、脂肪、維生素等營養成分，而且更容易被人體所吸收利用。」

聽他侃侃而談，陳少白等人無不欽佩地說：「沒想到澳門第一個中國西醫，反而如此精通中醫中藥。看來，你的醫術貫通中西，他日定會成為一代名醫。」

孫中山認真地說：「我行醫不求名，不求利，只求救助蒼生，實現改造中國的理想。這是你們都知道的事，可是行醫這段時間來，我發現醫治疾病容易，要想醫治人卻很難。」

一直追隨他的陳士良莫名其妙地問：「醫病與醫人有什麼不同？」

孫中山慨然說：「醫病指的是給病人服用了藥物後，他可以很快痊癒。而醫人，當然是改變他的思想，促使其進步。你說說，哪個容易？」

陳士良恍然大悟，摸著腦袋說：「我明白了，醫人是改造國人的大事，也是我們追求的事業，當然很難。」

孫中山、陳少白等人當然不會忘記他們的追求和目標。如今行醫大半載，他們一直沒有放棄當初「以醫為入世之媒」的理想，在廣泛接觸社會各階層人士的過程中，不失時機地宣傳反

四物湯

清言論，鼓動大眾革命熱情。

醫人不如醫國

孫中山試驗著多種方法喚醒愚昧的國人，希望國家走上強盛之路。隨著行醫日深，他結識的人越來越多，對於革命的方向也越來越清晰。中西藥局開辦不久，他贈醫贈藥、普救蒼生之舉引起業內人士的妒恨，特別是葡萄牙醫生，他們在澳門行醫多年，多得利益，現在，中國人有了自己的西醫，而且醫術高超，收費低廉，甚至免費贈藥贈醫，搶奪了他們的市場，降低了他們的收入。於是，一些葡籍醫生藉口孫中山沒有葡萄牙文憑，禁止他為葡萄牙人治病，不許各藥房為其處方配藥。

這樣一來，孫中山受到排擠，行醫之路變得艱難。這時，有人提議他回香山行醫，也有人提議他去香港行醫。但是孫中山早就有了打算，他在澳門大半年，看到這裡偏僻地狹，不利於宣傳革命，因此決定北上廣州，到更開闊的天地裡發展大業。

1893年9月，孫中山來到廣州後，視野大開，結交的人士也迅速增加。有一天，他為廣州府一高官的家人治病，看見一批衣衫襤褸的犯人正要被處決，他們的身上拴著鐵鏈，都在淒慘的喊冤，幾個劊子手站在一邊準備行刑。

孫中山忍不住上前問監斬官，他們都審問了沒有？為什麼喊冤？

「這些人還用得著審問，再殺幾個也不多！」

監斬官囂張地咆哮著。

孫中山心裡十分不忍，心想，我是醫生，眼看著這些人無辜被殺，喪失生命，卻無能為力。看來，醫生只能救人的病，不能治國家的病。如果國家沒有清廉的政府，還不知道多少無辜的人遭到屠殺，那麼，醫生再有本領有什麼用！想到這裡，他不由感慨道：「醫病不如醫人，醫人不如醫國啊！」

程璧光像

帶著這種思想，孫中山加緊了革命的行動計畫，他不再單純地演說鼓動群眾，激起大家的鬥志和熱情，而是暗地和陳少白、陸皓東、尤列、楊鶴齡、陳士良等密謀策劃，準備形成有組織的團體，進行有目的的革命活動。在這個策劃過程中，孫中山藉行醫之便，認識了很多有用的人才。其中程璧光就是在這種情況下與他相識相知的。程璧光是孫中山好友程奎光的哥哥，時任廣東水師廣丙軍艦管帶，年輕有為，握有軍權。他患有胃病，在弟弟推薦下，常常請孫中山上門看病。孫中山趁機對他說：「你的病需要每天早晨到野外散步，呼吸新鮮空氣，方可治癒。」

於是，程璧光在孫中山陪同下，時常外出散步。在郊外僻靜處，孫中山與他談天說地，批評時政，縱論天下形勢。孫中山對他說：「官僚生活中的烏煙瘴氣，猶如死海上的濃霧一樣。滿政府既借苞苴科斂、賣官鬻爵以自存，則正如糞土之壤，其存愈久而其穢愈甚，彼人民怨望之潮，又何怪其潛滋而暗長乎！華人之被桎梏縱極酷烈，而其天生之性靈，深沉之智力，終不可磨滅。」程璧光深受這些言論吸引，對孫中山激進熱情的改造國家大計非常感興趣。很快他們就結成好友，成為革命路上的夥伴。

1893年冬天，孫中山召集朋友們到廣州雅書局內南園抗風軒祕密聚會，醞釀籌備成立一個以「驅除韃虜，恢復華夏」為宗旨的「興中會」組織。他們按照計畫行事，由陸皓東、尤列、周昭嶽合資在順德縣北水鄉創辦興利蠶子公司，做為聯絡會黨的場所。由鄭士良負責四處奔走，結納會黨。經過一段時間行動後，蠶子公司成立，聯絡會黨，門經既通，端倪略備。

就在這時，孫中山深深顧慮的問題依然很多，他曾經反躬自問「秀才造反，三年不成」，他們這群熱血青年除了程璧光、程奎光是海軍軍官外，其他人都是手無寸鐵的書生。那麼，這群秀才能否成功？能否推動中國的進步？看起來是件把握不大的事。所以，孫中山在積極組織革命團隊的同時，還不忘尋求其他途徑。

1894年1月，孫中山決定放棄行醫救人之路，專心從事救國之業。這段時間，他把目光放

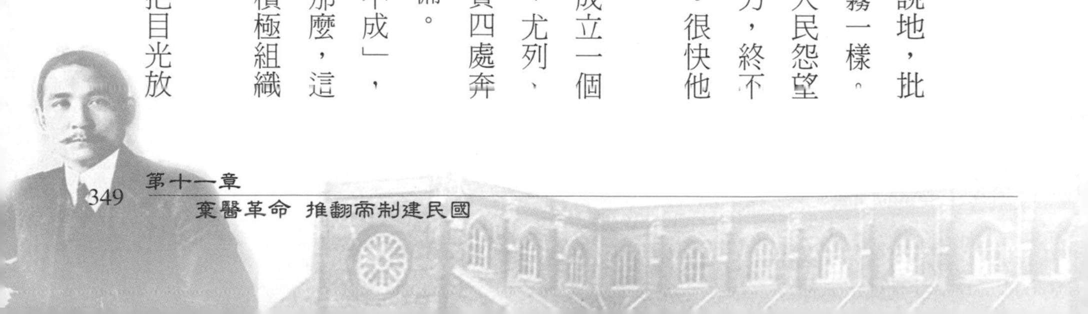

在洋務大臣李鴻章身上。我們在前面說過，李鴻章是香港西醫書院的名譽贊助人，孫中山剛剛畢業時，港督羅便臣還曾經把他推薦給李鴻章。那麼，李鴻章身為清廷重臣，孫中山為什麼如此關注他？希望透過他實現自己改造中國的理想呢？

原來李鴻章當時擔任直隸總督兼北洋大臣，是手握軍政大權的漢族重臣，這一點不用多說，關鍵在於他經營「自強求富」的洋務及海軍三十多年，是清廷主張改良救國的主要人物。1870年，他與曾國藩聯名上書奏請派遣子弟出洋留學，促成了中國第一批留學生赴美學習的行動。做為香港西醫書院的名譽贊助人，李鴻章在西醫書院的老師和學生中深具影響力，教務長康得黎博士稱他是「中國之俾斯麥」，認為他是中國的「鐵血宰相」，極具威力。孫中山畢業後，一直與康得黎博士保持聯繫。康得黎博士清楚孫中山志在救國，勸他與李鴻章交往，說不定可以透過李鴻章實現自己的政治主張。孫中山正為自己的大業猶豫，聽了這個建議覺得可以一試。不久，康得黎博士向李鴻章推薦了孫中山，李鴻章明確表示：同意孫中山進京候缺。

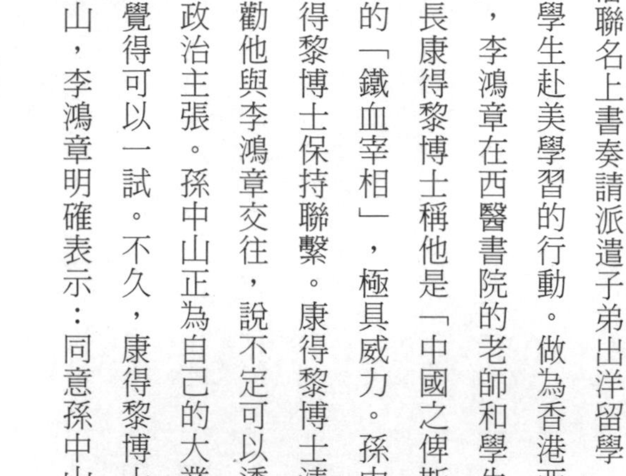

抗風軒

第二節 上書李鴻章

上書被阻

1894年1月，孫中山從廣州返回翠亨村，關起門來，埋頭撰寫上書李鴻章的文字。十天過後，一篇6000餘字，措辭激進，內容豐富的《上李鴻章書》完成了，文中提出了「人能盡其才，地能盡其利，物能盡其用，貨能暢其流」的改革主張，認為：「以中國之人民材力，而能步武泰西，參行新法，其時不過二十年，必能駕歐洲之上。」望著這篇洋洋灑灑，凝聚著自己多來改造中國的夢想之文字，孫中山激動不已。他返回廣州後，在陸皓東陪同下，乘輪船前往上海，準備從上海等候進京的時機。

在上海，孫中山和陸皓東積極活動，拜訪了曾經主編《盛世危言》的鄭觀應，以及改良人士王韜等人。孫中山與他們暢談時政，交流改良中國的各種設想，在交流中，鄭觀應等人對孫中山的主張多加肯定和鼓勵。特別是孫中山提倡的改造農村的種種構想，深得鄭觀應認可。鄭

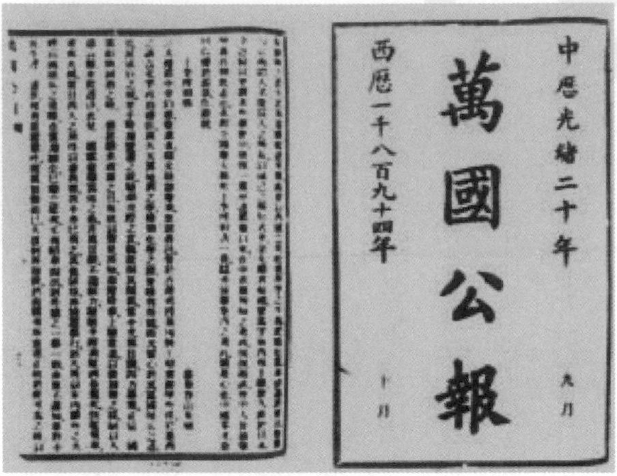
中歷光緒二十年　九月
萬國公報
西歷一千八百九十四年　十月

《萬國公報》上刊登的《上李鴻章書》

觀應是李鴻章的幕僚盛宣懷的老朋友，他為了幫助孫中山順利見到李鴻章，十分熱情地為孫中山寫了封介紹信，他在信中說：「敝邑有孫逸仙者，少年英俊，曩在香港考取英國醫士，留心西學，有志農桑生殖之要術，欲遊歷法國講求養蠶之法；及遊西北各省履勘荒曠之區，招人開墾，免致華工受困於外洋。其志不可謂高，其說亦頗切近，而非若狂士之大言欺世者比。茲欲北遊津門，上書傅相，一白其胸中之素蘊。弟特敢以尺函為其介，俾其叩謁臺端，尚祈進而教之，則同深紉佩矣。」

此時，中日甲午戰爭即將爆發，盛宣懷在天津籌備東征轉運事務。在鄭觀應安排下，孫中山和陸皓東乘船去天津，準備先去面見盛宣懷。當他們興沖沖趕到天津時，盛宣懷接見了他們，並且在鄭觀應的推薦信封面寫下「孫醫士事」幾個字，交給孫中山，介紹他赴京見李鴻章。

孫中山和陸皓東馬不停蹄，立即趕往京城。可令他們大感失望的是，推薦信呈送上去後，一直杳無消息。孫陸兩人只好居留京城，耐心等待。過了段日子，相府終於傳出回話，李鴻章告訴他們：「等打完仗以後再見吧！」

面對當頭一瓢冷水，陸皓東憤然難耐，孫中山勸說他：「目前中日之戰迫在眉睫，你我既已來到京城，不如留下來耐心觀望一番。」

陸皓東同意了，他們就在京城和天津之間漫遊交往，打算窺視清廷虛實。幾個月下來，孫中山對李鴻章有了新的瞭解和認識，心目中那個高大的形象不復存在，取而代之的是一個封建腐敗的舊官僚。確實，李鴻章從鎮壓太平天國運動發跡，依靠外國人幫助，一步步從普通官員晉升為當朝宰輔，其成功路上少不了貪污受賄之舉，也多的是骯髒不堪的交易。

有一次，孫中山在天津見到一位海軍軍官。這位軍官很年輕，與孫中山、陸皓東談得十分投機。過了幾天，這位年輕軍官突然找到他們說：「我已經遞交了辭呈，不幹了。」陸皓東吃驚地問：「為什麼？戰事在即，你難道要當逃兵？」軍官回答：「身為軍人，怎麼可以做出臨陣逃脫的卑劣舉動！我不是怕打仗，我是不肯昧著良心做事。」孫中山奇怪地問：「到底發生了什麼事？」軍官說：「我不得不簽署一個幾噸煤炭的受貨單，可是你們知道，這受貨單是做為火藥訂單付款的！」

聽了這件事，孫中山內心湧動著憤怒之波瀾，他清楚地看到，堂堂一國海軍，目前面臨重大戰事，可是不斷有人從中實施貪污之罪行，藉戰爭之際，發戰爭之財。他義憤填膺地說：「海軍是李鴻章一手發展起來的，身為宰輔，難道不去管理嗎？」軍官苦笑一下：「上樑不正

下樑歪，這是人人皆知的道理，誰知道這幾噸煤炭做什麼用了？李中堂怎麼會不清楚軍隊內部的情況！」

聽此言語，孫中山默不作聲。他已經不是第一次聽到這樣的話，也不是第一次見到這種事。他已經漸漸明白，李鴻章名為支持改良，實則依舊秉承封建皇權統治之路，成了清廷的看家犬，為了穩固自己的地位和勢力，他像所有封建官吏一樣，貪戀著各級官員敲詐勒索來的錢財，為他們鋪墊晉升之路，也得以使自己進一步牢固官位，逢迎媚上。當然，孫中山看到更多的是，李鴻章做為封建地主階級的代表，雖大力支持、提倡改良運動，但實質上依然尊奉傳統秩序，信奉「君君臣臣」之道，不會為新興的資產階級說話，更不會接受孫中山關於改造中國的激進主張。

檀香山興中會地址

時值慈禧太后60大壽，為了慶壽，上至慈禧太后，下至各級官吏，不顧國家危亡，戰事在即，依然醉心於大壽之事。李鴻章身為宰輔，掌控海軍大權，為了向慈禧討好，不得不違心地接受攤派，動用了軍餉和邊防軍費100萬兩。另外，慈禧下令挪用鐵路工程費200萬兩，向各省和京內各衙門攤派強征290萬兩，專供大壽使用。強征暴斂之下，民心大動，各地輿論一片沸然。

孫中山在京津幾個月時間，不但認清了李鴻章的真面目，也看清京城內齷齪的政治現狀，他終於徹底明白一個道理：腐敗無力的清廷已經無法用改良的辦法來挽救了。他慶幸地說：「幸虧沒有見到李鴻章，不然我還不能這麼徹底迅速地覺醒。」他和陸皓東商量決定，即刻創建興中會，準備武裝起義，進行改造中國的革命大業。

創建興中會

1894年秋天，孫中山乘坐輪船，開始了遠赴檀香山的旅程。這是他第三次遠渡重洋，第三次踏上檀香山的土地。大哥孫眉得到消息，親自到碼頭迎接他，兄弟相逢，早已沒了年少時的莽撞與衝動，他們促膝長談，甚為歡悅。

這次來到檀香山，與孫中山第二次來時，相隔正好十年。十年間，檀香山變化很大，許多朋友已經離開此地，也有不少人回鄉或者離世，孫中山聯絡以往的老師同學，並在大哥孫眉的幫助下，在華人中間宣揚革命言論，物色同志，尋求革命夥伴，密謀成立「興中會」。

當時，不少華人在檀香山居住經營多年，深受先進的資產階級思潮影響，已經成長為一代新興的民族資產階級，他們要求發展民族產業，渴望得到政府保護，反對國際列強對中國市

場的壟斷和控制，因此對封建腐朽、軟弱無能的滿清政府十分不滿。孫中山大力宣揚國內腐朽的政治現狀，鼓動大家聯合起來對抗滿清。當年，年少的孫中山在檀香山就曾經多次宣揚西學，發表反清理論，在當地具有一定的影響力。如今，他以年輕有為、思想成熟的醫生身分重返檀香山，積極籌備革命組織，立刻便引起了大家的關注。特別是當年與孫中山關係要好的同學、朋友，他們常常聚集在孫中山身邊，與他一起暢談革命理論，聽他發表組織革命團體的志向。受孫中山影響頗深的李清明第一個報名，要求加入革命組織。孫中山很高興，安排他四處活動，聯絡會黨。經過一個多月努力，11月底，孫中山聯合了20多名會員，他提出「驅除韃虜，恢復中國，創立合眾政府」的政治綱領，做為新組織的宗旨，然後，在大家一致表決認同下，新組織就以孫中山提出的「興中會」為名號。20多名會員書寫入會盟書，舉行祕密宣誓儀式，並選出興中會正副主席，分別由劉祥、許直臣擔任。就這樣，中國歷史上第一個具有資產階級性質的民主革命組織誕生了。

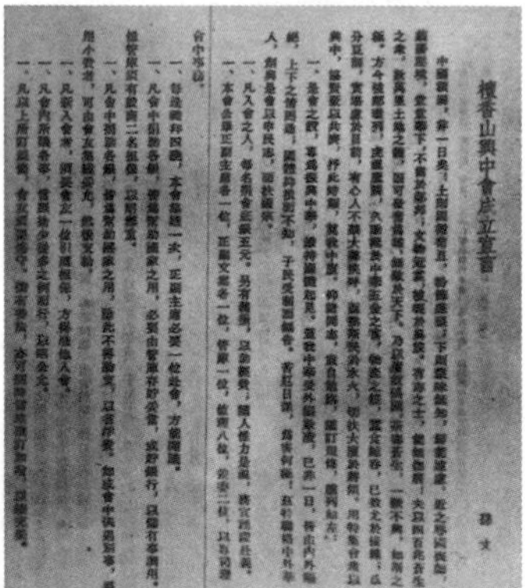
檀香山興中會成立宣言

檀香山興中會發展良好，派出會員到各地聯絡會黨，擴展組織，不久就在茄荷蕾埠建立了分會，由孫眉為主席。孫眉又到百衣發動鄧蔭南，以他為主席成立分會。在不長時間內，檀香山興中會吸納會員130多人，成為規模較大的組織。

看到檀香山興中會發展事態良好，孫中山轉道回香港，召集陸皓東、陳少白、鄭士良、尤列、楊鶴齡等人，討論在香港建立興中會事宜。陸皓東等人聽說檀香山已經成立興中會，而且發展不錯，為之激動。本來，他們早就商討過成立興中會的事，而且也確定了興中會的名稱和大體綱要。現在，孫中山遠赴檀香山，一炮打響，激勵了他們的熱情和鬥志。於是，經過緊張的組織和籌劃，1895年2月，在香港設立了興中會總機關，參加人數達幾十人。為了避人耳目，他們決定以「乾亨行」名義作掩護。

總機關成立後，孫中山領導會員們積極活動，祕密串聯發動革命志士，擴展組織和勢力，為武裝起義做準備工作。有一次，孫中山聽說外海茶庵寺有位慧真和尚，曾經參加過太平天國運動，是反清的積極分子。他決定前去說服他加入興中會，繼續為反抗滿清而鬥爭。陳士良聽說後，自告奮勇地說：「不就是個和尚嗎？不用你親自去請，我去說服他！」

孫中山知道陳士良言語不夠謹慎，脾氣急躁，擔心他惹出麻煩，對慧真不夠尊重，制止他說：「慧真和尚當年曾是太平軍的將領，反清鬥志十分高昂，現在不少太平軍戰士依然與他保持聯繫，我們需要這樣的人才，還是我親自去比較好。」

於是，孫中山帶著陳少白兩人親自來到外海茶庵寺，見到慧真和尚後，言明他們的主張，希望他加入興中會。慧真和尚隱居多年，早年的鬥志已經淡然，想到當年出生入死、被人追殺

香港「乾亨行」

的艱難之狀，不免有些膽怯畏懼之意。孫中山察覺出他的擔憂，滔滔不絕地向他講說民族大義，痛斥滿清暴政，激發他的鬥志。最後，慧真和尚被他們激進的思想和大無畏的精神感動，加入了興中會，並帶動不少太平軍老戰士加入興中會，成為興中會一支堅強的、特殊的力量。

除了在香港、澳門祕密活動外，孫中山還派陸皓東、鄭士良等人北上廣州，聯絡發展會黨。其時，不少江湖人士、游勇、防營、水師人員參與進來，強大了組織的力量。不久廣州設立興中會分會，陸續加入者達數百人，起義機關也逐步成立完善。

興中會逐漸完備，孫中山四處活動籌集資金，做為會費所需。另外，他們還聘請一位丹麥人做教官，令宋居仁、夏百子等20多人組織軍兵，進行軍事訓練，為起義做準備。

至此，中國第一個民主革命團體——興中會已經初具規模，成為一支有組織、有力量的革命隊伍。不久，它就要吹響推翻滿清封建統治的第一聲號角，在東方古國上進行一次又一次驚天動地的武裝起義，為徹底推翻滿清而不懈努力奮鬥。從此，中國進入一個翻天覆地的大變革的嶄新時代。

第三節　廣州起義

第一次總統的名義之爭

興中會初具規模後，孫中山和陸少白、陸皓東等人奔走於港、澳、廣州之間，策劃部署相關事宜，準備在廣州發動第一次武裝起義。不久，他們在廣州設立「農學會」做為掩護起義的機關，確定起義計畫和起義後的具體政策。在整個過程中，孫中山擔任軍務，擬定攻取方略；陸皓東負責主持廣州起義總機關工作，親自設計起義的旗幟——青天白日旗。經過嚴密商討，確定了起義的時間——農曆9月初9重陽節，西曆10月26日。

各項事情都已明確，要緊的工作就是籌集軍費和購運軍械。孫中山把這兩項任務交給在香港的楊衢雲，由他全面負責此二事。經過半年時間活動，楊衢雲購買了600枝新式手槍，做為起義所需。

另外，孫中山派遣鄭士良前往北江，聯絡英德、清遠、花縣一帶會黨；派遣李杞、侯艾泉

聯絡香山、順德各縣綠林人物；又派人聯絡潮汕、惠州的會黨和廣州三元里的鄉團。他們在廣州東門外鹹蝦欄張公館、雙門底聖教書樓後禮拜堂設立祕密接待站，做為接頭地點，接納來往人士，儲藏檔案、武器等。單等起義的槍聲一響，各地立刻造反回應。

再有，孫中山還組織炸彈隊，在廣州河南洲頭咀設置了由美國化學師奇列負責的炸彈製造所，由陳清專門負責炸彈隊工作。為了增強戰鬥力，他們還購置了兩艘做為運輸工具的小火輪。

起義工作緊鑼密鼓地準備著，在孫中山領導下，籌備非常周密，聲勢頗眾。後來，孫中山提議推選一位會長領導起義。10月10日，在香港召開興中會會員代表會議，進行選舉會長的工作，結果孫中山以絕大多數選票當選，成為興中會會長，又稱總統。中國歷史上第一位總統就這樣出現了。

廣州起義指揮部舊址

當選總統之後的孫中山，立即決定返回廣州，主持起義工作。臨行前，他把銀行裡的存款、存放香港的軍械全部交給楊衢雲，由他全面負責香港興中會事務。並且商定由楊衢雲在10月25日晚上，率領三合會3,000人乘夜船到廣州，天亮登岸，即時發動武裝起義。

安排完畢，孫中山決定第三天返回廣州，沒想到臨行前出現變故，這天一大早，楊衢雲見到孫中山後，忽然悄悄對他說：「前天商量的辦法，都是很周密的。但是我想了一天，覺得白己在香港主持一切事務，沒有一個名義不行，所以我想請你把總統的名義讓給我，讓我暫時領導這邊的工作，等到了廣州，事情辦好之後，我再還給你，你看怎麼樣？」

孫中山聽罷，略一沉思，坦率地回答：「這沒什麼不可以的，但是我這個總統名義是大夥共同選舉的，代表大夥的意見。所以你要當，還是請大夥再來商量一下，再做決定。」孫中山胸懷坦蕩，心底無私，他始終把革命大業放在首位，並沒有顧慮個人得失。在他今後的革命生涯中，他為了革命事業幾次讓出總統之位，表明自己以華盛頓為榜樣，志在求得國家民主和共和，歸政於民的決心，其偉大的人格和無私的精神光耀後世。

為了召集大家重新選舉總統，孫中山即刻找來陳少白、鄭士良等，向他們說明這件事情。鄭士良聽後勃然大怒，大聲叫嚷：「這怎麼行，絕不能答應！我一個人就能對付他，我非殺了他不可，看他還搶不搶著當總統！」

陳少白搖搖頭，慢條斯理地制止鄭士良說：「不要魯莽！殺了他容易，可是在香港出了人

命案，牽涉重大，我們還能起事嗎？要我說，我們先回廣州準備各項事情，要是成功就沒問題了。要是不成功，你們想，不是什麼人做總統都沒有關係嗎？」

孫中山考慮後，認為陳少白說的有理，為了能夠順利組織武裝起義，他決定當晚再次召開會議，主動提出把總統的名義讓給楊衢雲。由於事先大家都有耳聞，知道這是孫中山為大業做出的讓步，因此表決時大家舉手通過，中國第一個總統的名義竟然就這樣讓出去了。

英國出版的《倫敦蒙難記》

倫敦蒙難記

孫中山為了革命事業放棄了總統的名義，繼續領導起義大事。然而，就在起義前一天，事情出了意外。第一個問題出在楊衢雲身上，他在香港組織了一個小分隊，名為「總統衛隊」，專門護衛自己，規定衛隊成員與其他領隊待遇一致，這導致領隊們心存不滿，因為衛隊配備的武器精良，而他們的配備有好有壞，他們認為楊衢雲有私心，要求更換，並說如果不更換晚上就不帶士兵上船。事情緊急，楊衢雲無法滿足這些領隊的要求，只好急告廣州方面，要求延期兩天行動。

農曆9月初9（10月26日），也就是預定的起義之日，在廣州備戰起義的孫中山接到電報，急忙召集陳少白等人商議，一致認為事情一旦拖延，必定走漏風聲，因此電告楊衢雲，決定放棄此次計畫。孫中山將聚集的部分義軍分散，叫他們回去待命。並且帶人毀滅文籍、藏匿軍械，消滅各種行跡，以保存力量。

除了楊衢雲方面出現問題外，起義計畫還遭到更大的麻煩，就是起義大事被朱湘告發。朱湘是起義領導人之一朱淇的哥哥，他是位清末舉人，時任廣州西關清平局書記，碰巧看到了朱淇為起義起草的討滿檄文及安民佈告，害怕受到牽連，就以弟弟的名義向省河緝捕統帶李家焯告了密。李家焯又向兩廣總督譚鐘麟報告。譚鐘麟請孫中山為家人看過病，知道他是位名醫，不相信他會造反，並沒有放在心上。李家焯一時也不敢輕舉妄動。

可是，楊衢雲在香港的籌備活動已經暴露。10月27日，清總督府接到電報，稱約400名戰士乘坐「保安」號夜航進入廣州。廣州政府立即組織1,500多名清軍進駐廣州城內，開始了大搜捕，廣州城內的農學會、王家祠等起義的指揮機關都被清軍查獲。

當「保安」號抵達省河時，清兵已在碼頭守候搜查，抓獲邱四和朱貴全等40人，其餘人偽裝躲過一劫。廣州城內，搜捕依然在進行，陸皓東不幸被捕。

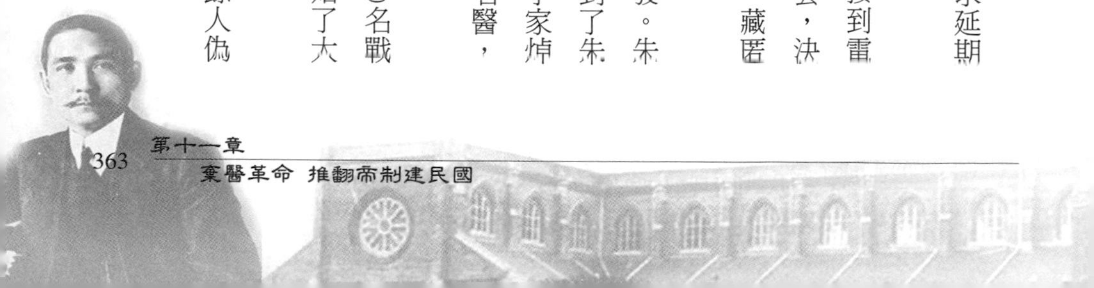

孫中山和陳少白、鄭士良躲過搜捕，搭乘一艘小火輪，離開廣州，經過順德回到香山縣，轉道澳門去了香港。11月2日晚，孫中山等人乘日本貨輪「廣島丸」號啟航離港，遠赴日本避難。

11月14日，孫中山抵達神戶，他從報紙上看到「支那革命黨孫文抵日」幾個字，對陳少白說：「革命兩個字，出自《易經》『湯武革命順乎天而應乎人』這句話，這與我們的事業宗旨一致，我看就以『革命』來稱呼我們從事的事業。」從此，孫中山的救國事業有了名號——革命。可見近代中國的「革命」一詞，由孫中山首倡，他意在指出「革命之名詞創於孔子」，否定它來自西文譯音或得自日本，以「順乎天而應乎人」為革命的定義，也可以看出孫中山對革命事業的虔誠和莊敬之心。

當時的清廷駐英使館，孫中山被囚禁處

孫中山策劃發動的第一次推翻滿清的武裝起義宣告流產。起義雖沒有打響，但它意義非凡，誠如胡漢民所言，這「是中國民族恢復自由平等的起點，在革命史上應該佔最重要光榮的一頁」。

這時，中日戰爭結束，兩國恢復邦交，清廷打算引渡孫中山，他只好借錢趕赴檀香山。1896年春天，孫中山剪去腦後的辮子，改穿西裝，從檀香山轉道美國，一路宣傳革命，發動華僑。其後，在康得黎博士邀請下轉往英國。

孫中山沒有想到，他在利物浦一上岸就被人盯上了。幾天前，清政府駐美公使楊儒已收到來自總理衙門的信函：「粵東要犯孫中山謀亂發覺，潛逃赴美，希即確查密覆。」他派人跟蹤，發現孫中山去了英國，於是函告駐英公使龔照瑗。龔照瑗即刻派人跟蹤孫中山。

孫中山到達倫敦後，住在康得黎博士家附近，對於跟蹤毫不知情。一日，他外出遇到一位同鄉，非常激動，與他交談甚歡，相約明日再見敘談。孫中山沒有想到這是龔照瑗的陰謀，結果被誘騙到清廷駐英使館，遭到扣押。

當時，英國法律規定，駐英外國使館沒有英方同意，不得私自辦案，因此，龔照瑗扣留孫中山，即刻密電清政府，打算偷偷將孫中山運回國去。康得黎博士得知孫中山身陷險境，立即想盡辦法進行援救，他與曾經是香港西醫書院老師的孟生共同努力，爭取到警方幫忙，並經由外交手段、輿論力量來營救孫中山。

這件事驚動了英國首相兼外相沙士伯雷，他肯定了救護孫中山的請示。於是警方派出6名偵探，他們每人拿著一張孫中山的西裝照片，分3班24小時在清使館外監視。還在泰晤士河上

佈署警力，監視所有開往中國的船隻。

10月22日，孫中山被關押的第十二天，英國《地球報》以「革命家在倫敦被誘捕」為標題，披露了孫中山的遭遇。當天晚報將訪問刊出號外，引起了英國上下極大關注。23日，孫中山終於被放。

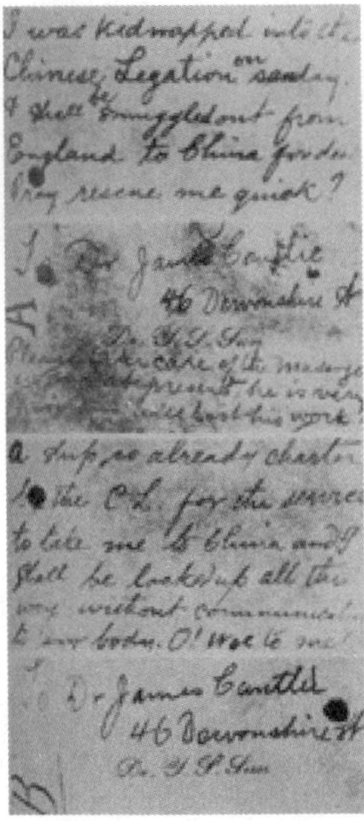
I was kidnapped into the
Chinese Legation on Sunday
& shall be smuggled out from
England to China for death
Pray rescue me quick?
To Dr James Cantlie
46 Devonshire St
Dr. Y. S. Sun
[illegible]
A ship is already chartered
by the C.L. for the service
to take me to China and I
shall be locked up all the
way without communication
to anybody. O! Woe to me!
To Dr James Cantlie
46 Devonshire St
Dr. Y. S. Sun

孫中山寫給老師康得黎的求救信

這次事件使孫中山獲得國際的關注，並成為國際公認的中國革命領導者。此後他名揚天下，帶領著革命同仁開始了更為艱難的革命事業。

第四節 創建民國

臨時大總統

孫中山沒有停下革命的步伐，1897年，他經加拿大轉往日本，結識日本友人，做為事業的支持者。這些人中的宮崎寅藏、平山周，一直支持孫中山的革命事業。透過他們，孫中山認識了日本軍政、幫會中人，積極為下一步革命大業做準備。1898年10月26日，「百日維新」失敗，康有為、梁啟超倉猝逃至東京。懷著共同改造國家的美好願望，孫中山前去慰問他們，可遭到以帝師自居的康有為拒絕，雙方志向不同，不歡而散。

其後，梁啟超打算與孫中山聯合，卻被康有為制止，並命令梁啟超趕赴檀香山籌備「保皇黨」，合作計畫流產。

1900年，義和團運動爆發，清政府引來八國聯軍，中國境內一片混亂。孫中山積極策劃第二次廣州起義，9月，他由神戶經馬關抵臺灣，在臺北設立起義指揮中心。10月，發動惠州起

義，屢敗清軍，後來因為糧食軍械不濟，而宣告失敗。

孫中山再度流亡日本，1903年夏，他在日本青山開辦革命軍事學校，改革命誓詞為「驅除韃虜，恢復中華，創立民國，平均地權」。9月，孫中山再赴檀香山，希望再次在華僑中發展革命。當時，以康有為、梁啟超為代表的保皇黨在華僑中廣造輿論，爭奪革命群眾，影響很大。1904年初，孫中山在檀香山加入洪門（即致公堂），往來於東南亞、日本及歐美，發展興中會，組織領導與保皇黨的理論鬥爭。2月，華興會在長沙成立，黃興被推選為會長，入會者有宋教仁，劉揆一、陳天華等約500人。

1905年，同盟會在日本東京成立，成員包括興中會、華興會、還有蔡元培和吳敬恆組織的愛國學社、張繼的青年會等組織。8月20日，同盟會召開

孫中山與洪門成員的合影

第一次大會，推舉孫中山為總理，以他提出的「驅除韃虜，恢復中華，創立民國，平均地權」為革命綱領，以華興會機關刊物《二十世紀之支那》改組成為《民報》。11月，《民報》創刊，孫中山在發刊詞中首次提出三民主義的學說，和康、梁改良派進行激烈論戰，推動革命事業發展。

1906年，在慶祝《民報》創刊週年大會上，孫中山發表關於三民主義的演說，正式提出制訂「五權憲法」的主張，宣示同盟會的任務是進行國民革命，創建中華民國。隨後，在同盟會領導下，國內各地展開了風起雲湧的革命起義，國民革命進入嶄新的時期。

1907年5月，發動潮州黃岡起義；6月，發動惠州七女湖起義；9月，發動欽州、廉州、防城起義；12月，發動鎮南關起義。1908年3月，發動欽州、廉州起義；4月，發動雲南河口起義。1910年2月，發動廣州新軍起義。1911年4月發動黃花崗起義。

此起彼伏的義事雖然屢遭失敗，但是革命的火焰如燎原之火，迅速燃遍了整個華夏大地，氣勢如虹，不可阻擋。革命黨人進行著不屈不撓地鬥爭，終於迎來了1911年10月的武昌起義。10月10日晚，新軍工程第八營率先發難，次日佔領武昌，這天晚上佔領漢陽，同日成立中華民國湖北軍政府。據統計，自1895年到1911年之間發動的革命起義事件計有29次之多。此前，受到清朝政府全力追緝的影響，孫中山從1907年開始，長期居留歐美各國，武昌起義時，孫中山正在美國。他得到革命成功的消息，隨即在海外華人與美國的同情者間籌集資金。12月25

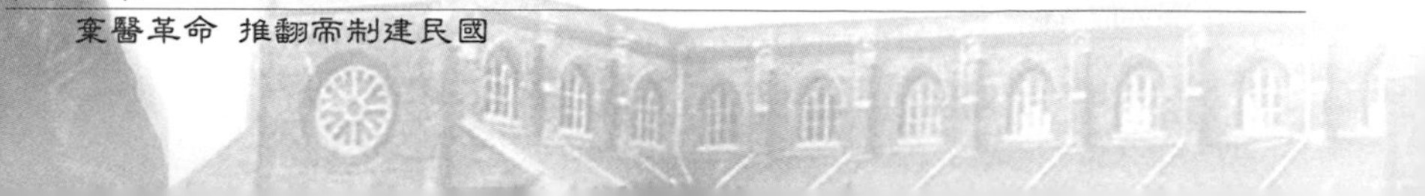

武昌起義

日他抵達上海，26日，被同盟會最高幹部會議推舉為大總統人選，29日，南京17省代表會議推舉他為中華民國臨時大總統。

1912年1月1日，孫中山在南京宣誓就任。此後，他制訂和公佈一系列改革和進步的法令，3月11日，頒佈帶有資產階級共和國憲法性質的《中華民國臨時約法》。從此，中國走完了二千多年的封建君主專制的歷程，迎來了第一個民主共和政府。

鑒於錯綜複雜的政治形勢，為了保存革命勝利的果實，孫中山就任後，遵循革命軍與袁世凱的協議，在2月12日清帝溥儀發佈《退位詔書》後，孫中山即於13日向參議院請辭並舉薦袁世凱以自代。他說：「清帝退位，南北統一，袁公慰廷為民國之友，蓋於民國成立事業功績極大。今日參議院選舉總統，若袁公當選，余深信必能鞏固民國。至臨時政府地點，仍設南京。余於解任後，亦仍願盡力於新政府也。」此後，他苦心孤詣協助袁世凱依照民主程序選任、就職、組織內閣、向國民宣誓，引導袁世凱步入民主程序。

孫中山大公無私，為了革命大業和國家前途甘願犧牲，誠為中國的華盛頓。但是，袁世凱背棄前約，不久竟然冒天下之大不韙，暗殺革命黨人，恢復帝制，自己做起了皇帝。孫中山發動二次革命，在東京組織中華革命黨，希望恢復和發揚同盟會精神，繼續民主革命。隨後，各地軍閥當道，《臨時約法》被廢棄，孫中山高舉護法大旗，與軍閥進行百折不撓的鬥爭。1919年，中華革命黨改組為中國國民黨，孫中山完成過去已著手撰寫的《建國方略》，對以往的革命經驗進行總結，提出了改造和建設中國的宏偉計畫。

三民主義

做為中華民國的開創者，孫中山先生為改造中國貢獻了畢生的精力，1905年，孫中山在《民報》發刊詞中公開提出三民主義學說，提出民族主義、民權主義、民生主義。他提出的三民主義，成為推動近代中國資本主義發展的理論依據。

首先，孫中山先生強調用革命手段推翻滿洲封建貴族統治的清政府，建立以漢族為主題的國家。其實質就是反對封建主義，進行資產階級民主革命。孫中山先生指出，排滿不是「仇滿」，各民族必須團結起來，不能互相仇視。他還提出各民族實行自決自治的政策。

民族主義的另一大內容，就是反對帝國主義的侵略，實現民族解放。他指出，國民黨的民族主義包括兩方面內容：一是中國民族自求解放；二是中國境內各民族一律平等。他特別強調第一點，這是反對帝國主義的核心內容。

孫中山先生還認為，必須聯合被壓迫民族，支持弱小民族的民族解放事業。他認識到，每個具體國家反抗帝國主義壓迫的鬥爭，都是緊密聯繫在一起的，這已是超越國家範圍，波及世界性範圍的問題。

其次，孫中山先生提出的民權主義認為，要想獲得解放，必須進行革命鬥爭。他明確指出，革命的主力是全體國民。在政權歸屬問題上，他更是無私地主張主權在民，民是權的主人；官是為人民服務的，是僕人。

另外，他強調依法治國，權能分工，自由

發刊詞　孫文

近時雜誌之作者亦夥矣姱詞以爲美囂聒而無所終摘埴索塗不獲則反覆其詞而自惑求其斟時弊以立言如古人所謂對症發藥者已不可見而況夫孤懷宏識遠矚將來者乎夫繕羣之道與羣俱進而擇別取舍惟其最宜此羣之歷史既與彼羣殊則所以掖而進之之階級不無後先進止之別由之不貳此所以爲輿論之母也余維歐美之進化凡以三大主義曰民族曰民權曰民生羅馬之亡民族主義興而歐洲各國以獨立洎自帝其國威行專制在下者不堪其苦則民權主義起十八世紀之末十九世紀之初專制仆而立憲政體殖焉世界開化人智益蒸物質發舒百年銳於千載經濟問題繼政治問題之後則民生主義躍々然動二十世紀不得不爲民生主義之擅場時代也是三大主義皆基本於民遞嬗變易而歐美之人種胥治化焉其他旋維於小己大羣之間而成爲故說者皆此三者之充滿發揮而旁及者耳今者中國以千年專制之毒而不解異種殘之外邦逼之民族主義民權主義殆不可以須臾緩而民生主義歐美所慮積重難返者中國獨受病未深而去之易是故或於人爲既往之陳跡或於我爲方來之大患要爲繕吾羣所有事則不可不並時而弛張之嗟夫所陟卑者其所觀不遠遊五都之市見美服而求之忘其身之未稱也又但以當前者爲至美近時志士舌敝唇枯惟企強中國以比歐美然而歐美強矣其民實困觀大同盟罷工與無政府黨社會黨之日熾社會革命其將不遠吾國縱能媲跡於歐美猶不能免於第二次之革命而況追逐於人已然之末軌者之終無成耶夫歐美社會之禍伏之數十年及今而後發見之又不能使之遽去吾國治民生主義者發達最先睹其禍害於未萌誠可舉政治革命社會革命畢其功於一役還視歐美彼且瞠乎後也翳我祖國以最大之民族聰明強力超絕等倫而沉夢不起萬事墮壞幸爲風潮所激醒其渴睡旦夕之間奮發振強勵精不已則半事倍功良非誇嫚惟夫一羣之中有少數最良之心理能策其羣而進之使最宜之治法適應於吾羣吾羣之進步適應於世界此先知先覺之天職而吾民報所爲作也抑非常革新之學說其理想輸灌於人心而化爲常識則其去實行也近吾於民報之出世覘之

孫中山為《民報》題寫的發刊詞

平等等先進民主的治國策略。

最後，他提出的民生主義認為，中國首先應當平均地權，實現耕者有其田的目標，調動農民積極性，發展農業生產。他還認為，為了發展經濟，必須節制資本。另外，發展實業，使中國繁榮富強。

三民主義反映出中國人民迫切要求推翻滿清民族壓迫和帝國主義侵略的共同意志，表達出各族人民渴望建立一個民族獨立、民族平等的資產階級民主國家的願望，為中國革命指明了前進的方向和道路。正是在孫中山先生三民主義指導下，中國人民發動了一次次推翻滿清的鬥爭，並在1911年發動辛亥革命，建立了亞洲歷史上第一個民主共和國——中華民國。孫中山先生的三民主義思想，對中國社會特別是知識界和思想界，產生了不可磨滅的巨大影響。

三民主義像一道光輝的旗幟，鼓舞了全國人民的革命熱情，沉重打擊了帝國主義和北洋軍閥的反動統治。

總之，孫中山先生的三民主義，在近代中國革命史上起了巨大的積極作用，哺育了整整一代革命的仁人志士，為民國以來所有政治家、思想家，所有黨派、政治派別所關注、繼承、吸收、發展並實踐。不僅如此，眾多經濟落後的亞非國家，也在不同程度上實踐過孫中山當年的構想，建立了民生主義經濟發展模式。

孫中山先生在歷史上建立了不可磨滅的功勳，在政治上也為後繼者留下珍貴遺產。194）

年，國民政府通令全國，讚揚孫中山「宣導國民革命，手創中華民國，更新政體，永奠邦基，謀世界之大同，求國際之平等」，尊稱其為「中華民國國父」。一位美國學者曾這樣評價孫中山：「是他站在人民群眾的立場上，要求國家的統一、和平，結束外國人在中國所處的特殊地位。一言以蔽之：『挽救中國！』——一種很老很老的呼聲！對此，愛國的中國人民肯定地會加以支持和回應的。」更有人將其與印度的甘地、土耳其的凱末爾、俄國的列寧、美國的威爾遜同列為「現代五傑之先知先覺者」。

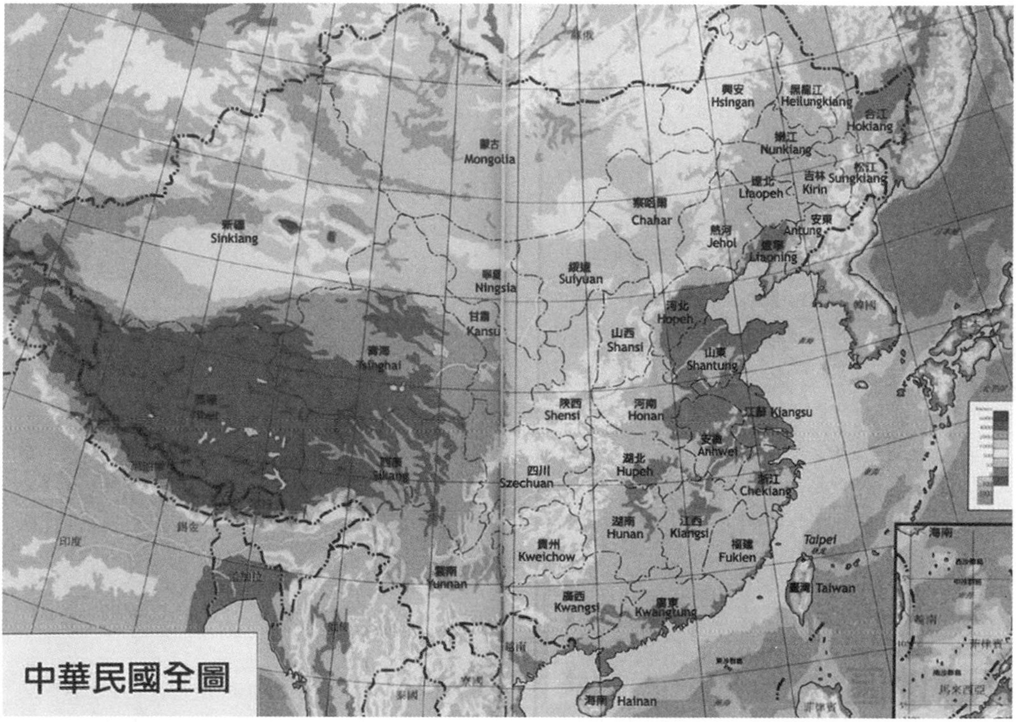
中華民國全圖
興安 Hsingan
黑龍江 Heilungkiang
合江 Hokiang
嫩江 Nunkiang
蒙古 Mongolia
遼北 Liaopeh
吉林 Kirin
松江 Sungkiang
察哈爾 Chahar
新疆 Sinkiang
熱河 Jehol
安東 Antung
遼寧 Liaoning
寧夏 Ningsia
綏遠 Suiyuan
甘肅 Kansu
河北 Hopeh
山西 Shansi
青海 Tsinghai
山東 Shantung
陝西 Shensi
河南 Honan
江蘇 Kiangsu
安徽 Anhwei
西康 Sikang
四川 Szechuan
湖北 Hupeh
浙江 Chekiang
湖南 Hunan
江西 Kiangsi
貴州 Kweichow
福建 Fukien
Taipei
雲南 Yunnan
臺灣 Taiwan
廣西 Kwangsi
廣東 Kwangtung
海南 Hainan

中華民國疆域圖

國父 孫中山 大事年表

西元1866年（清同治五年），出生。

孫中山於11月12日降生在廣東省香山縣（今中山市）翠亨村一貧苦農民家庭。幼名帝象，取名文，號日新，字德明。父孫達成，早年在澳門當鞋匠，後回鄉佃田耕作，兼村中更夫以補家用。母楊氏。

西元1876年（清光緒二年），10歲。

入村塾讀書。村塾課堂為馮氏宗祠，就讀一年，即對傳統教學方法極其反感。

西元1879年（清光緒五年），13歲。

跟隨母親由香港乘船赴夏威夷（檀香山），自述「始見輪舟之奇……自是有慕西學之心，窮天地之想」；隨即進入火奴魯魯（Honolulu）英人主辦的意奧蘭尼學校讀書，學習西方社會政治基礎知識、英語、聖經等。

西元1882年（清光緒八年），16歲。

7月，在意奧蘭尼學校畢業；同年秋，入奧阿厚書院（高級中學）繼續讀書。

西元1883年（清光緒九年），17歲。

自夏威夷經香港回國，返回翠亨村。在海外五年，接受歐美文化科學知識和西方民主主義思想，開始在家鄉抨擊封建傳統和迷信，並與摯友陸皓東砸毀村中神像；年底，受洗加入基督教。

西元1884年（清光緒十年），18歲。

4月，入香港英辦中央書院學習，努力攻讀中外書籍；11月輟學，再赴夏威夷。翌年4月，取道日本回國；5月，與盧慕貞結婚；8月，再赴香港中央書院，復學。

西元1886年（清光緒十二年），20歲。

於香港中央書院畢業，復入美基督教長老會所辦廣州博濟醫院附屬南華醫學堂讀醫學，並兼修中國經史。結識同學鄭士良。

西元1887年（清光緒十三年），21歲。

轉入香港西醫書院學習。結識何啟、孟生（Patrick Manson）、康得黎。在該校進修五年，廣泛學習西方政治、軍事、歷史、物理、農學，後自述「于中學則獨好三代兩漢之文，于西學則雅癖達文之道，而格致政事亦常流覽」。尤爱讀《法國革命史》和《物種起源》。

西元1889年（清光緒十五年），23歲。

在香港西醫書院繼續學習。課餘間往來於香港、澳門，發表對清朝政府不滿的言論，鼓動「勿敬朝廷」，被視為「大逆不道」。

西元1890年（清光緒十六年），24歲。

與楊鶴齡、陳少白、尤列倡言革命，時人稱為「四大寇」。

致信香山縣籍退休官僚鄭藻如，提出效法西方進行改良，在香山縣倡行興農桑、禁鴉片、普及教育，然後向全國推廣的建議（即著名的《致鄭藻如書》）。

西元1892年（清光緒十八年），26歲。

畢業於香港西醫書院，考試成績為「最優異」；接受康得黎教務長頒發的西醫書院第一名畢業證書。秋，到澳門鏡湖醫院當西醫師，並開設中西藥局，「聲名鵲起……戶限為穿」。

西元1894年（清光緒二十年），28歲。

年初，擬《上李鴻章書》，提出改革的綱領：「人能盡其才，地能盡其利，物能盡其用，貨能盡其流。」春，偕陳少白赴上海；6月，抵天津，未得李鴻章接見，上書亦不為採納。為此乃「憮然長嘆……知和平之手段，不得不稍易以強迫」。

11月24日，二十餘名華僑在夏威夷火奴魯魯舉行興中會成立大會，通過了孫中山起草的《興中會章程》，提出「是會之設，專為振興中華、維持國體」，制訂了「驅除韃虜，恢復中國，創立合眾政府」的革命綱領。

西元1895年（清光緒二十一年），29歲。

在香港成立興中會總部，祕密策劃武裝起義。事蹟洩露而失敗，遭清政府通緝。偕鄭士良、陳少白經香港逃亡日本，轉赴夏威夷；陸皓東、朱貴全、丘四被捕就義。

西元1896年（清光緒二十二年），30歲。

由夏威夷經芝加哥赴紐約，轉渡英國，考察西方政治，在華僑中宣傳革命；10月，在倫敦遭清使館綁架軟禁；幸得老師康得黎、孟生等發動輿論力量，才將他拯救出來。這就是有名的「倫敦蒙難記」。孫中山倫敦蒙難的遭遇，獲得國際的關注，並成為國際公認的中國革命領導者。為人身安全，孫中山繼續在倫敦居留，並在大英博物館研讀政治、外交、法律、軍事、礦產和經濟等書籍。在倫敦的研究和社會考察，使孫中山的思想和政治主張有了更大的提升，他的三民主義思想也更趨完整和成熟。冬，發表英文版《倫敦蒙難記》。

西元1898年（清光緒二十四年），32歲。

10月26日，「百日維新」失敗後，康有為、梁啟超倉猝逃至東京。孫中山準備前往慰問，建立友誼。但康有為以帝師自居，自稱不便與革命黨首領來往，託辭不見。兩天後，

孫中山委陳少白拜訪康、梁，陳少白痛陳滿清政府的腐敗，非推翻改造不可，結果不歡而散。

西元1899年（清光緒二十五年），33歲。

3月2日，宮崎寅藏為了促成兩黨合作，奔走其間。但康有為自稱有光緒皇帝的衣帶詔而以勤王領袖自居，並無合作的誠意。梁啟超開始也有合作的意思，但當孫中山前往會見時，他又藉故謝絕。

8月初，梁啟超前來會見孫中山。孫中山和梁啟超共商合併大計。經過討論後，梁啟超贊同兩黨合併，並推孫中山為會長，梁為副會長。會後，梁啟超將討論結果彙報給在新加坡逗留的康有為時，康有為非常生氣，並派人攜帶款項到日本，促梁啟超立刻赴檀香山辦理「保皇黨」的事務，不得延誤。於是兩黨合作的計畫告吹。

12月19日，梁啟超赴檀香山之前，請孫中山寫介紹信，介紹檀香山的朋友給他認識。孫中山不疑有他，寫信給自己的哥哥和多位僑商，請他們支持梁啟超。檀香山華僑接受到信後，對梁啟超非常禮遇，並且捐出鉅款。梁啟超極力向華僑宣傳，說「保皇黨」和「革命黨」原屬同流，名稱雖然不同，宗旨卻是一樣的。部分「興中會」的會員竟然被迷惑，變成「保皇黨」的會員。於是梁啟超就在檀香山創立「保皇黨」，並設立機關報《新中國報》，宣揚保皇思想。

西元1900年（清光緒二十六年），34歲。

9月，由神戶經馬關抵臺灣，在臺北設立起義指揮中心，10月，發動惠州起義，屢敗清軍，因糧械不濟，失敗。轉赴日本。

西元1904年（清光緒三十年），38歲。

在夏威夷加入致公堂（即洪門，為在美洲華僑中的天地會組織）；此間往來於東南亞、日本及歐美，發展興中會並組織領導與保皇黨的理論鬥爭。

西元1905年（清光緒三十一年），39歲。

同盟會成立。

7月30日，在東京赤坂區檜町三番黑龍會址召開中國同盟會籌備會議，與會團體包括興中會、華興會、光復會科學補習所的代表和國內17省均有人到會，經過熱烈討論贊同孫中山提出的同盟會十六字革命宗旨：「驅逐韃虜，恢復中華，創立民國，平均地權。」8月20日，中國同盟會成立大會在東京赤坂區靈南阪日本友人阪本金彌宅內召開。到會者百餘人。大會通過章程草案，推舉孫中山為總理，確定十六字宗旨為同盟會政綱，規定東京為本部所在地，本部下設執行、評議、司法三部。

11月，同盟會機關報《民報》創刊。為《民報》撰「發刊詞」，將十六字綱領概括為「民族、民權、民生」的三民主義。

西元1906年（清光緒三十二年），40歲。

12月2日，在慶祝《民報》創刊週年會上發表關於三民主義的演說，正式提出制訂「五權憲法」的主張（五權指行政、立法、司法、考試、監察）。

西元1907年（清光緒三十三年），41歲。

5月，發動潮州黃岡起義；六月，發動惠州七女湖起義；9月，發動欽州、廉州、防城起義；12月，發動鎮南關起義。

西元1908年（清光緒三十四年），42歲。

3月，發動欽州、廉州起義；4月，發動雲南河口起義。

西元1911年（清宣統三年），45歲。

4月，發動黃花崗起義。10月，武昌起義爆發。（10月10日晚，新軍工程第八營率先發難，次日佔領武昌，是晚佔漢陽，同日成立中華民國湖北軍政府；時孫中山行抵美科羅拉多州，後遊說美歐，取道馬賽回國。）

12月25日抵上海；26日，被同盟會最高幹部會議推舉為大總統人選；29日，南京17省代表會議推舉為中華民國臨時大總統。

西元1912年（中華民國元年），46歲。

1月1日，由滬赴寧。南京城內人民擁街塞巷，歡呼雷動。晚10時，宣誓就任中華民國臨時大總統。1月2日，通電各省改用陽曆紀年，以大總統就任日為新紀元開始；1月5日，發佈《孫大總統對外宣言》；3月11日，頒佈《中華民國臨時約法》；4月1日，蒞臨臨時參議院，辭臨時大總統職，並發表演說（次日，臨時政府遷往北京）。9月，受任全國鐵路督辦。

西元1913年（中華民國二年），47歲。

3月20日，宋教仁被袁世凱派人刺殺於上海火車站。

3月23日，孫中山離開日本長崎回國，發動二次革命。

7月12日，李烈鈞在江西湖口宣佈獨立，二次革命戰爭開始。

革命失敗後，孫中山出走日本。

西元1914年（中華民國三年），48歲。

1月，袁世凱下令解散國會；5月，袁世凱廢除《臨時約法》。孫中山勸導逃亡在日的革命黨人重新振作，恢復百折不撓、屢敗屢戰的革命精神，共同組成中華革命黨。

6月22日中華革命黨在東京召開第一次大會，任總理。

西元1915年（中華民國四年），49歲。

5月，復函北京學生，揭露「二十一條」真相，指斥袁世凱：「袁氏以求僭帝之故，甘心賣國而不辭，禍首罪魁，豈異人任？」

10月25日，與宋慶齡結婚。12月，發表《討袁聲明》，發動「護國運動」。

西元1917年（中華民國六年），51歲。

6月，北方軍閥張勳率軍入京，脅迫黎元洪解散國會，擁戴溥儀復辟；7月，段祺瑞僭任總理。

7月6日，離滬南下；17日抵廣州，發動護法運動。

8月25日，國會非常會議在廣州召開。

9月1日，非常會議選舉孫中山為中華民國陸海軍大元帥。

9月10日，中華民國軍政府正式成立；護法戰爭爆發。

西元1918年（中華民國七年），52歲。

5月4日發表通電，被迫辭去大元帥職，指出「吾國之大患，莫大于武人之爭雄。南北如一丘之貉」。離粵取道日本返滬。

6月26日抵上海，「專理黨務，對於時政，暫處靜默」，「對於時局問題，實無具體辦法」。

夏，致電列寧和蘇維埃政府，列寧復函孫中山，向「中國革命的領袖」致敬，「共同進行鬥爭」。

西元1919年（中華民國八年），53歲。

5月，《建國方略．心理建設》付梓。

5月28日發表《護法宣言》。

10月10日，宣佈改組中華革命黨為中國國民黨（加「中國」二字，以區別1912年的國民黨），並公佈規約，「以鞏固共和，實行三民主義為宗旨」。

西元1921年（中華民國十年），55歲。

4月7日，國會非常會議在廣州舉行，通過《中華民國政府組織大綱》。

5月5日，就任非常大總統，再次在廣州建立政權。

10月10日，《建國方略．物質建設》付梓。

10月13日，出席國會非常會議，宣佈赴廣西，準備取道湖南出兵北伐。

12月4日，在桂林成立北伐大本營。

12月23日，會見李大釗介紹前來的共產國際代表馬林。

西元1922年（中華民國十一年），56歲。

2月3日，以大元帥名義發動員令，命令各軍分路出師北伐。

4月16日，因湖南軍閥趙恆惕拒絕北伐軍過湘，遂指令各軍集中梧州，召開擴大軍事會議，決定「出師江西」，「以大本營設於韶州」。

6月16日，陳炯明叛變。

8月9日，因北伐軍迭次受挫，腹背受敵，決定離粵返滬。

8月23日，李大釗由京到滬會見交談，並介紹李大釗加入國民黨。

西元1923年（中華民國十二年），57歲。

1月1日，發表《中國國民黨宣言》。

1月2日，公佈《中國國民黨黨綱》，次日公佈《中國國民黨總章》。

1月26日，發表《孫文——越飛宣言》，復命廖仲愷與越飛商談中蘇聯合細節。

2月21日，離滬經香港抵廣州，再建大元帥府，就任陸海軍大元帥。

10月25日，在廣州召開國民黨改組特別會議，委任廖仲愷、譚平山組成國民黨臨時中央執行委員會。

11月12日，發表《中國國民黨改組宣言》、《中國國民黨黨綱草案》。

12月24日，發表《關於粵海關關餘問題宣言》，抗議美、英干涉中國內政。年底，李大釗抵達廣州，積極協助完成國民黨改組和召開第一次全國代表大會的準備工作。

西元1924年（中華民國十三年），58歲。

1月25日，為哀悼列寧逝世，電唁蘇聯政府並發表講話。下令籌辦黃埔軍校，2月23日，命廖仲愷負責籌備並兼籌備委員會委員長。

4月12日，發佈《國民政府建國大綱》。

8月20日，主持國民黨中央政治委員第六次會議，通過《國共合作草案》、《國民黨與世界革命運動草案》。

9月18日，發佈《北伐宣言》；同月，移師韶關，舉行北伐誓師典禮。

11月10日，應馮玉祥之邀，同意北上，發表《北上宣言》，重申反對帝國主義和反對軍閥，廢除不平等條約，召開國民會議。

11月12日，偕宋慶齡離粵，取道日本長崎、神戶北上，一路多次發表演講。

12月4日，抵天津，當晚肝病復發。

12月31日，扶病由津入京，發表《入京宣言》。

西元1925年（中華民國十四年），59歲。

1月26日，病勢加重，入北京協和醫院手術，確診為肝癌。

2月24日，病危，口授遺囑《致蘇聯遺書》。

3月11日，在《遺囑》及《遺書》上簽字。

3月12日，病逝，遺言「和平、奮鬥、救中國」。

少年漢武帝

西元前156年，劉徹出生了，他是漢景帝劉啟的第十個兒子，生逢盛世，貴為天冑，他盡可以享受先輩們積累下來的豐厚資產，過著安穩無憂的日子，可是劉徹沒有。這個注定不凡的生命一開始就有著更博大的使命，他勵精圖治，求新圖變，將漢家王朝推向了另一個嶄新的、幾無可比的高度，他確立了封建君主專制的根基，成為中國最成功的帝王之一。

漢武帝劉徹到底如何走向成功的呢？所有的傳奇故事都可以在幼年時候找到端倪，從他神奇的出生開始，從他好學求進的少年時代開始，這個少年一步一步從普通的皇子走上了高高在上的皇位，掃平了一切的阻礙，按照自己的心願改造整個世界，奠定了一個帝國空前的偉業。本書將追隨著他少年的腳步，一步一步探尋他成長的足跡，回顧他成功的精神奧秘和思想源泉，將最真實的他展現在人們面前。

少年唐太宗

火樹銀花中戎馬倥傯，刀光劍影裡豪氣沖天。

他的一生，金戈鐵馬，叱吒風雲。應募勤王，嶄露頭角，於百萬軍中單騎救父，揚威沙場；勸父晉陽起兵反隋，成為獨當一面的大將軍。

亂世紛紛，反王並起，隨父舉義，剿滅隋王朝，扶助其父李淵創建了大唐帝國。長纓在手，平定諸多反唐勢力，居功至偉，玄武門一戰，棋高一招的他終於登上了九五之尊的寶座。

他憑藉英主明君的襟懷眼光，細膩入微的計策與決謀，自如調配各種勢力，化敵為友為我所用，既能左右逢源也能翻雲覆雨，從而締造了貞觀大治的絕唱。

現在，就讓我們穿越時空，走進唐太宗李世民的少年時代，去感受其間的歡笑和淚水，溫情與殺戮……

關於作者

南宮不凡

自小學五年級暑假無意中看到《三國志》，開始對歷史產生莫名狂熱，國一時已經讀完柏楊版《白話資治通鑑》與《二十四史》。

白天是認真負責的科技公司小主管，晚上化身成為歷史名人研究專家，對於古今中外的名人有相當專精而獨到的看法。

對於中國帝王學尤其偏愛，耗時近十年，在繁浩的歷史典籍史料、民間流傳軼事中去蕪存菁，經過反覆的消化、整編，運用古典小說形式，完成秦始皇、漢文帝、漢武帝、唐太宗、宋太祖、成吉思汗、明太祖、康熙、雍正、乾隆、孫中山、毛澤東等十二位深具特色的領袖人物少年時代的風雲變幻。

書中每一位主宰歷史的偉大人物，都蘊藏著一部感人至深的故事。書中將這些領袖人物的親情、友情、愛情，以及自身對命運的努力和追求都融入到了扣人心弦的故事情節當中。

閱讀這套書，猶如看到書中主角的音容笑貌、言談舉止，感受他們的理想、信念、胸懷、情操，對我們學習如何做人、做學問、做事業都有很大的益處。尤其對於準備高飛人生的青少年朋友來說，這些故事除了好看之外，更是擴大胸懷、啟迪人生的最佳朋友。

少年趙匡胤

宋太祖趙匡胤出生時就充滿了傳奇的色彩，紅光盈室，異香繞梁，被取名為「香孩兒」；抓週之日選中了寶劍，似乎在預示著這個小小男嬰不同凡響的未來。

為了實現理想，他流浪江湖，在華山弈棋當中，參透了冥冥中暗含的天機。

古寺之中，他行俠仗義，偽裝神木顯靈，沒想到卻引來了真龍現身。

扶危濟貧，兒女情長，少年英雄不遠千里送京娘。

雪夜訪趙普，一代明君慧眼識英才。

陳橋兵變，杯酒釋兵權，他的政治謀略何其了得！

從宮廷計謀到沙場征戰，從熱血豪情到兒女幽怨，從江湖險惡到佛蹤道影，精彩緊湊的情節，本書將一一為您呈現。

少年成吉思汗

他手握凝血而生，是上天注定掌握蘇魯錠長矛的戰神；

他是蒼狼白鹿的後代，是草原上永不落的圖騰。

他成就一個民族的輝煌，創造了一個種族戰無不勝的神話。

然而，

這個被稱為「一代天驕」的蓋世豪傑，卻歷經了無數的艱險與磨難：

童年喪父，部眾離散；

隨母流浪，嬌妻被擄；

仇敵追殺，義兄反目。

……

讓我們穿越時空的隧道，伴隨著馬刀和狼煙，來結識這位百折不撓，終成霸業的少年英雄——鐵木真。

少年朱元璋

朱元璋與好友親見元軍暴行，痛恨非常，忍不住火燒元軍營地，遭到追殺，他們該如何逃脫此劫？

朱元璋好心救人，誰知對方卻是山賊頭目，他因此被舉報到官府，面臨危機，他應該怎麼做呢？

天災人禍，父母長兄接連病故，朱元璋身單力薄，走投無路，投入寺院為僧，誰知道一場瘟疫，寺廟缺糧斷炊，他被迫出外遊方，艱難世道，他能找到生存的希望嗎？

天下大亂，紅巾軍起義轟轟烈烈，朱元璋脫下僧衣，投入了造反的行列，但紅巾軍內部明爭暗鬥，各不相讓，身處風口浪尖，朱元璋倍受猜疑，他能安然度過危機嗎？

少年康熙

七歲的玄燁登上帝位，四臣受命輔政，但輔政四大臣各懷心機，互相攻擊，滿漢矛盾加深，天算案爆發，湯若望受牽連入獄，朝政危機四伏，年幼的小皇帝該如何是好？

首臣索尼病故，鰲拜逼死蘇克薩哈，收服遏必隆，一手掌握朝政大權，他日漸驕奢，金殿示威，要脅幼主，玄燁年少勢孤，忍讓退避，他會成為第二個漢獻帝嗎？如何做才能全身而退，擒下鰲拜？

三藩勢力日增，成尾大不掉之勢，玄燁到底該不該削藩？削藩之事提上日程，三位藩王或進京探路，或退守老巢，各懷鬼胎，朝臣為求自保，多半反對削藩，平靜中山雨欲來，玄燁又能不能獲得支持，順利削藩？

少年雍正

雍正個性鮮明，行事果斷，只是本性急躁、喜怒不定。為此，父親康熙多次批評教育他。為了改正缺點，他參佛修性，刻苦磨礪，書寫「戒急用忍」的匾額掛在房中，日夜觀摩，以求改進。19歲時，雍正跟隨父親征討噶爾丹，掌管正紅旗大營，他參議軍事，得到了鍛鍊。就在他透過讀書、實踐不斷進步之時，清宮內矛盾叢生，康熙和太子之間、太子和眾多皇子之間，為了爭奪儲位，展開了你死我活的鬥爭。

本書將為您一一呈現雍正少年時代的精彩故事，讓您看到一位誠孝遵禮、性情剛直、疾惡如仇、聰明好學的皇子形象，從中感知成長的快樂和艱辛。

少年乾隆

康熙帝有三十多個兒子，九十多個孫子，許多孫兒他甚至連見都沒有見過，為何弘曆卻獨得他厚愛，帶入宮中親自教導，這其中有什麼緣由嗎？

父親雍親王登基即位，將弘曆送到了風口浪尖。兄長弘時嫉妒他得寵，為爭儲位，暗起殺心，弘曆孤身在外，他要如何逃過這一劫呢？

年羹堯功高自傲，不知檢點，終受彈劾，弘曆為之求情，卻惹得父親大怒，他的地位是否不保？他又能救下年羹堯嗎？

弘曆私訪民間，卻無意間得知了考場弊案。他微服趕考，究竟能不能一探究竟，將事情調查個水落石出？

雍正崇佛論道，寵通道人，弘曆卻直言進諫，計懲奸道人，再次觸怒父王，這次，他又會遭到怎樣的懲罰？

奉旨辦差，弘曆初下江南，他洞察民情，大度包容詆毀和尚，智懲貪官，這些又是怎樣的故事呢？

國家圖書館出版品預行編目資料

少年孫中山／南宮不凡著
——第一版—— 台北市：宇河文化出版；
紅螞蟻圖書發行，2009.12
面　　公分——(Monarch；11)
ISBN 978-957-659-745-9 (精裝)

1..孫文 2.傳記 3.歷史故事

005.31　　98021845

Monarchh 11

少年孫中山

作　　者／南宮不凡
美術構成／Chris' Office
校　　對／鍾佳穎、楊安妮、朱慧蒨
發 行 人／賴秀珍
榮譽總監／張錦基
總 編 輯／何南輝
出　　版／宇河文化出版有限公司
發　　行／紅螞蟻圖書有限公司
地　　址／台北市內湖區舊宗路二段121巷28號4F
網　　站／www.e-redant.com
郵撥帳號／1604621-1 紅螞蟻圖書有限公司
電　　話／(02)2795-3656（代表號）
傳　　眞／(02)2795-4100
登 記 證／局版北市業字第1446號
港澳總經銷／和平圖書有限公司
地　　址／香港柴灣嘉業街12號百樂門大廈17F
電　　話／(852)2804-6687
法律顧問／許晏賓律師
印 刷 廠／鴻運彩色印刷有限公司
出版日期／2009年 12 月　第一版第一刷

定價 299 元　港幣 100 元

ISBN 978-957-659-745-9　　**Printed in Taiwan**